礼仪金说
LIYIJINSHUO

商务礼仪

金正昆 著

北京联合出版公司
Beijing United Publishing Co.,Ltd.

目　录

目　录

绪　论

礼仪就在你身边

各位好，我非常高兴地来和各位探讨有关交际礼仪的一些具体问题。

首先，我想明确一下什么是礼仪。"礼"这个字的意思是什么呢？它是一种道德规范：尊重。孔子说过："礼者，敬人也。"在人际交往中，既要尊重别人，更要尊重自己，此即礼者敬人。但是你只是口头说说尊重没有用。别人怎么知道你心里想什么？这就要求你善于表达，它需要一定的表达形式。你得会说话，你得有眼色，你得懂得待人接物之道。因此，在人际交往中我们不仅要有"礼"，而且还要有"仪"。

"仪"，就是恰到好处地向别人表示尊重的具体形式。下面，我来举一个简单的例子。我来讲课，主持人会介绍说"请金老师上场"。因为这儿是一个礼仪讲堂，金教授我就是老师，我在给台下的听众讲课。当然我们应该谈谈交往艺术的游戏规则。倘若你是外人，到人民大学也好，到北京大学也好，如果你不是我的学生，你也不是我的同事，游戏规则的一般要求则是：你不能叫我金老师，而要叫我金教授。为什么？在人际交往中，你要尊重交往对象，就要使用尊称，而使用尊称的一般性技巧是就高不就低。谁叫我金老师呢？主持人可以叫我金老师，我听说在座的有中学生、大学生，你们也可以叫我金老师，因为我的职业就是老师嘛。但是，如果是对外交往或跨行业、跨地区交往的话，你最好别叫我金老师，而是要叫我金教授。当然，我也见过不在行的人：

一天，有位同志对我说："我也想叫你教授，但是我不知道你评上没有。"我笑了，我告诉对方："你不太懂得游戏规则。到什么山上唱什么歌，你对别人尊重，你跟别人打交道，假如你没有使用必要的尊称，就会失敬于对方。"

我们再举一个简单的例子：逢年过节，家里会来客人。过春节的时候，过元旦的时候，有时候家里来的客人彼此之间是不认识的。作为主人，你要有基本的礼貌，你要为客人进行相互介绍。根据现代礼仪的游戏规则，谁是介绍人呢？女主人。我到你家串门去，我碰到老王、老李，我不认识他们。比如，我是你的朋友，你是男士，丈夫，那么你老婆的朋友也来了，我们彼此之间不认识，谁是介绍人？女主人。要介绍一下这是"人民大学金教授"，那是"化工学院王老师"，替我们彼此作一个介绍。你若不介绍，有时候就会失礼。

有一天，我到一个地方去，大家彼此之间就说起孩子来了。关心下一代，家长之天性也。一位女同志跟我年龄差不多，四五十岁，她说："我的孩子要报考大学了，不知道报什么专业好？"

旁边有一位同志知道我在学校工作，就把话题往我这儿引，问她家里是男孩还是女孩。

答："是女孩。"

这个同志就说："女孩还是报师范好，现在当大学老师，又体面，又有稳定的收入，而且将来还可以教育好自己的孩子。最重要的是有寒暑假，这对女人比较好。"

那位女同志马上说："我们家孩子才不想当老师呢！当教授有什么意思，'教授教授，越教越瘦'。"她当时还说了一些其他比较难听的话。

过了一会儿，她问我："你在什么地方高就？"

我说："我就是越教越瘦的那种人。"

为什么会出现这种情况？因为这家的女主人忘了作介绍了，其实她要先跟我们彼此说说话，介绍一下张三和李四，那就不至于失礼了。因此，礼和仪在现实生活里往往不可或缺。

实际上，你善待自己也好，善待别人也好；你尊重自己也好，尊重别人也好，都既要有礼，又要有仪，礼就是尊重，仪就是表达。也就是说，既要坚持尊重为本，又要掌握必要的表达方式。没有礼，是没有仪的！

比如，我给各位出一个小问题，大家可以扪心自问，倘若遇到这个问题怎么办：打电话时谁先挂？我们在比较正式的场合和别人通电话，你也别管是座机还是手机，请问打电话时谁先挂？

这个问题，其实就是礼和仪的问题。我遇到的同志经常犯以下两个常识性的错误：

第一个常识性错误是谁先打谁先挂，即误认为主叫方应当先挂断电话。

第二个常识性错误是什么呢？等着对方挂！这个说法根本没有操作性。你想想：我人民大学规定打电话对方挂，你清华大学也规定打电话对方挂，人大和清华两家通话时将出现何种状态？两边都不挂，死扛，大说其废话。那么，到底应该谁先挂呢？

交际礼仪有其游戏规则：地位高者先挂。

我在单位里上班，不管我的上司是男士还是女士，是年龄大还是年龄小，是我的学生还是我的同事，在职业道德中，尊重上级是一种天职，所以游戏规则是：上司先挂电话。我是一名北京市教委的工作人员，我和国家教育部通话，我不用考虑教育部的那个人是部长还是科员，因为他代表上级机关，所以上级机关的人先挂。现在我们国家和政府强调立党为公、执政为民，那么群众给我们的公务员打电话，不讨论，群众先挂。现在在商务交往中讲客户是上帝，不讨论，服务行业及其企事业单位和客户通话时，客户先挂。我经常跟别人开玩笑说："金老师我怕老婆，一般和老婆打电话都是老婆先挂，否则怎么能够证明她是我家老大。"地位高者先挂！我讲授礼仪时喜欢强调：你要尊重别人，你就得以适当的方式表现出来，否则你说什么叫尊重，没有形式就没有其内容。

———————————◦◦◦◦———————————

如果要让我来具体地解释礼仪，我喜欢从以下三个角度来讲。

第一个角度，礼仪是人际交往的艺术。现代社会生产力发达，人们的交际圈扩大，现代交通和通信技术使我们可以"坐地日行八万里，巡天遥看一千河"。我们交际圈子扩大以后，拿自己跟自己村里人打交道的游戏规则去对付外人，可能就没有用。比如，国家人事部颁布的《国家公务员行为规范》，第八条最后一句话是四个字——讲普通话。为什么要求公务员讲普通话？因为普通话是国家法律规定所要推广的，讲普通话有助于全国人民之间的有效沟通。你讲方言土语，有人会听不懂。

我上大学的时候，七八个同学住一间宿舍。开学头一天，七个人准时报到，第八个同学是从四川来的，来晚了。那时候也没有什么夜班车、早班车。好不容易我们睡着了，大概凌晨两三点，这位四川兄弟进来了。他好不容易找到自己的宿舍，进门，开灯，灯不亮，学校怕我们淘气，拉闸了。他自己就嘟囔，讲的是四川话："老子床在哪里？老子床在哪里？"他乱摸，把我们摸醒了，还当我们老子，我们当然很不高兴，我们在黑暗中窥视他，不吭气。他后来急了："龟儿子，你们说话呀！"结果"龟儿子"们就联合起来把"老子"给打了一顿。我们那时挺淘，也不是真打他，反正挺不高兴，就骂骂咧咧地给了他几下。很久之后才知道他有点冤，因为四川话里什么"老子"、"龟儿子"，跟北京话里哥们儿、兄弟姐妹什么的差不多，并没有什么装你长辈的意思，也没有把你当晚辈贬低或讽刺的意思。

这实际上就是没有有效沟通的结果。现代人交际圈大了，有时候不讲交往艺术就会自找麻烦。

再来问你一个问题：倘若你们想向金教授要张名片，怎样索取比较方便？

有一天，我在一个地方散步，一个同志过来说："金教授好，你有片子吗？"他倒挺直奔主题的。但说实话，他是不是有点糙？现代人要讲教养。不讲教养的人，在交际中往往会四处碰壁。

金教授喜欢讲一句话：教养体现于细节，细节展示素质，细节决定成败。

人与人之间打交道，有的时候细节之处如果不注意，往往就会自找麻烦。

一天，我到一所大学去，有位领导跟我说：一名博士生被推荐到一个国家机关去面试，他考试成绩优秀当然没得说，公务员考试也通过了。去面试时，最后一圈了，那个机关的领导要见他，他却晚到十分钟。没有别的原因，就是因为晚到十分钟，于是那个机关就不要他了。

这里面存在着一个个人修养的问题。教养其实体现于每一个人做人做事的具体细节之中。细节展示素质，细节决定成败。如果不注意细节，有时真的很麻烦。

回过头来再说，在人际交往中，索取名片省事的办法是有的。一般来讲，以下四个办法比较常用。

第一个办法，是交易法。它的具体方法，就是先把自己的名片递给对方。所谓将欲取之，必先予之，来而不往非礼也。想要索取金教授的名片最省事的办法，就是先把自己的名片递给金教授。不管金教授愿意不愿意，我得回你一张，我不至于告诉你"收到"。我在舞会上碰到一个女生，我是一个男生，我想认识她，我总不至于傻兮兮地上去问："同学，你叫什么名字？""这位女士，你怎么称呼？"你这样问太笨！你要聪明的话，你那时可以先作自我介绍。比如，坐飞机我们俩坐一块儿了，"这位女士，认识您很高兴，我是人民大学的老师，我叫金正昆。"我先自我介绍一下，你就得回应我一下。你不会只说"嗯"。来而不往非礼也，这是基本的游戏规则。

第二个办法，是明示法。明示法，就是明着说明自己的本意："金教授，认识您很高兴，能换一下名片吗？"在一些场合，此种直截了当的表达方法，往往也行之有效。

第三个办法，是谦恭法。倘若这个人地位比较高，身份比较高，你可以给他先作一个铺垫："金教授，听你刚才这个讲座很受启发。我本人呢，也深感自己在交往艺术方面有待提高，跟你相见恨晚。现在知道你很累了，不便打扰你，你看以后有没有机会继续向你请教？""以后有没有机会继续向你请教"这句话，实际上就是暗示"老金，能不能把电话号码留下来"，就等于问我要名片。我想给你就给你，我不给你你也有面子。此种方法，即谦恭法。

第四个办法，是联络法。比如，金教授我今年 46 岁了，对面坐一个女中学生也就是 16 岁。我想要她的名片，总不至于说"以后如何向你请教"吧？那样她什么感觉，碰上坏人了。说实话，太夸张了。我要跟一个晚辈或者跟一个平辈要他的名片，我可以说："认识你很高兴，希望以后能够与你保持联络，希望今后还能与你再见，不知道怎么跟你联系比较方便？""不知道怎么跟你联系比较方便"这句话的言下之意，就是要你的名片。你要愿意给我，我谢谢。不愿意给我，咱俩都不伤面子。如果你不想给我，其实很容易，你可以这样讲："金教授，以后还是我跟你联系吧。"其言下之意是："我以后就不跟你联系了。"这是一条很巧妙的退路。这种方法，即联络法。

第二个角度，礼仪是有效的沟通技巧。"闻道有先后，术业有专攻"。人和人打交道，沟通是比较困难的一条。有时候你如果不注意沟通，就会问题不断。比如，我举个简单例子：你说别人穿衣服，谁愿意穿的衣服让别人觉得自己没有品位？！待人接物，谁愿意让人说自己糊涂、傻？没有吧？我深信我国人民不管是城市的还是乡村的，不管是企业家、知识分子还是农民、工人，都有学习礼仪、运用礼仪的愿望，因为没有人愿意让别人觉得自己没有教养，没有人打算让自己丢人现眼，更没有人愿意伤害别人。有的人之所以弄巧成拙，主要在于他不懂礼仪。不知礼怎么去讲礼，不知礼就没办法去讲。虽说"沟通无极限"，但是沟通往往存在着困难。正确地运用礼仪，方可有效地进行人际沟通。

比如，我举一个简单的例子，现在的高楼、大厦，宾馆、酒店一般都采用无人驾驶电梯，假如你是主人，当你陪同多位客人出入这种电梯时，请问出入电梯的标准顺序如何？主人和客人应该怎么走，主人是先进先出，还是后进后出？

陪同客人出入电梯，假如是无人驾驶的升降式电梯，标准做法是什么呢？陪同人员需要先入，后出。为什么？有以下两个原因：

第一个原因，安全。你把门一打开，就把客人让进去，你能够保证电梯底板同时到位吗？万一它不上来呢？万一里面有坏人呢？

引导不就是带路嘛，是故引导者一定要走在前面。你在前面带路时，你往往需要提醒被陪同者此处有楼梯、有台阶，那个地方比较暗，请他留意，所以引导者必须走在前面。

第二个原因，方便。下次您坐电梯时，请您注意：电梯门口那个钮，我们把它叫做升降钮。一按它，电梯就来了。但是，它一般有设定的程序，大概几十秒钟就自动关门走了。我经常遇到这种事——客人还没上完，陪同人员着急了，拿胳膊跟电梯门搏斗，或者用脚挡在那里，还有的同志大喊"快来"。此举非常非常有损个人形象。如果陪同人员先进入电梯按住有开门标志的按钮，就不会出现这样的尴尬。电梯到达目标楼层，再次按住开门按钮，等客人陆续下完再出电梯。如此即方便了客人进出，也显得待客周到。

穿衣服时，谁愿意不讲规则与品位呢？没有吧？但是你要不懂有关的规则就很可能贻笑大方。比如，夏天的时候有人穿露脚趾、露脚跟的凉鞋，很多女孩子穿。但是依据"礼"，这种露脚趾和露脚跟的凉鞋适穿的场合则是有要求的。在非常重要的场合，上班的时候，特别是穿制服的时候，穿露趾和露跟的凉鞋是不得体的。当然倒过来说，如果你要休闲度假到海滨去，到海南、到泰国去旅游，那就另当别论。

在那种地方，你要穿着高跟鞋或套装反而不伦不类，它其实有一个适用场合的问题。

再举一个例子，在非正式场合穿露趾凉鞋是可以的，但是穿露趾凉鞋还有一条游戏规则：不能穿袜子。穿露脚趾凉鞋就是要透气啊，你要再穿一双袜子则叫煞有介事，等于告诉别人"自己的腿上有情况"，比如，汗毛粗重、毛孔粗大、胎斑色痣，害怕被别人发现。所以你穿露趾凉鞋时煞有介事地穿上一双袜子，自己觉得挺正规，看在行家的眼里却是稍逊一筹。这里我讲的是沟通技巧。礼仪就是一种沟通技巧。

又如，男人穿西装亦有它的游戏规则。请问：男同志穿西装的最高水准的要求是什么？

我在此要介绍的是三色原则。穿套装也好，穿套裙也好，穿制服也好，基本的游戏规则是：全身颜色皆应被控制在三种之内。包括上衣，包括下衣，包括衬衫，包括领带，包括鞋袜在内。比如我穿西装套装，套装是一个颜色，深色的；鞋袜是一个颜色，黑色的；衬衫是一个颜色，白色的；这就三色了。那么领带呢，领带只有一种选择，领带的颜色和西装是一个颜色为佳。当然，喜庆场合，比如，国庆或参加少数民族节日，喜庆一点，我可以打紫红色领带，那是比较特殊的情况。在一般情况下，三色原则是着装最基本的游戏规则。我有一个习惯，一个人要穿着西装，打着领带向我走来时，我通常不太在乎他自报家门，而是喜欢把他身上的颜色数一数。我的经验是：在他的身上，三种颜色一般是懂规矩的，四种颜色一般是不太懂规矩的，五种颜色以上肯定是不懂规矩的。

再如，一个男人穿西装外出的话，尤其在国际交往中，我们一般要求其遵守三一律。什么叫三一律？就是你穿西装的时候，身上有三个地方应该是同一种颜色，哪三个地方？鞋子、腰带、公文包！它们三者应该是一种颜色，而且应当首选黑色。当然，我讲的是很正规的场合。内行看门道，讲究的男人出来的话，他的鞋子、腰带、公文包肯定是一个颜色，而且首选黑色。不过我也见过不在行的。

那天，我在机场见到一个老兄。他脚穿白皮鞋，腰系红腰带，手拿咖啡色手袋。当他看见我后，马上就过来了。没办法，我边上还有很多外国朋友呢，怎么也是咱们自己人，我想替他圆场，就问他："你今天为什么穿得这么花呀？"没曾想他告诉我："那还用说吗，哥们儿今年是本命年。"

此刻他跟我用的不是同一个标准，于是他与我的沟通出现了障碍。

第三个角度，礼仪是约定俗成的行为规范。现代人是讲规范的，规范就是标准。礼仪，其实就是待人接物时约定俗成的标准化做法。前面我们讲到了"教养体现于细节，细节展示素质"，其实规范就是展示于细节的。在任何情况下，规范的问题你要不注意，那就会比较麻烦。我们强调：礼仪不仅是交往艺术，是沟通技巧，而且也是行为规范！

当然，现代礼仪是划分得很具体的，不同的领域，不同的对象，都有不同的讲究。一般而论，现代礼仪可以分成以下五大板块。

其一，政务礼仪。它是国家机关工作人员、国家公务员在执行国家公务、为人民服务时所讲究的礼仪。

其二，商务礼仪。它是企业的从业人员在商务交往中所讲究的礼仪。

其三，服务礼仪。它是服务行业从业人员——酒店、餐厅、旅行社、银行、保险公司、医院等单位的从业人员，在其工作中所讲的礼仪。

其四，社交礼仪。它是人们在工作之余的公众场合，在其迎来送往、私人交往中所讲的礼仪。

其五，国际礼仪。它是我们中国人和外国人打交道时所要讲究的礼仪。

之所以要把政务礼仪、商务礼仪、服务礼仪、社交礼仪和国际礼仪分类介绍，主要是想说明什么呢？想要说明的是：它们有不同的适用对象，你不可能以不变应万变。我们举一个例子，中国人吃饭有一个习惯：给别人夹菜。一般的社交场合我们经常受到这种厚待，长辈要给晚辈夹个菜，主人要给客人夹菜，以示那种谦让和友善。恐怕各位都曾经受到过这种待遇，比如爹妈和老前辈给我们夹一筷子菜，礼让给你。但国际礼仪是绝不允许此举的。国际礼仪讲究的

是：让菜不夹菜。为什么？道理很简单。换成另外一个角度，你又不知道我是谁，你又不知道我爱吃什么，你凭什么给我夹菜。不是讲尊重吗？尊重别人，就是要尊重别人的选择。你给我夹的那筷子菜，万一我不愿意吃呢？

有一次，我就非常倒霉。我肠胃不太好，不爱吃比较寒的东西。那天被一个同志请吃大闸蟹，他一会儿给我来一只，夹过来我就得吃。然后再给我夹一只，我又吃了。他连着让我吃了三只，我被他弄得连续一个星期胃痛。

他给你夹了菜，你没办法不吃。这还算好的，还有更差劲的。有人拿自己的筷子给你夹，还把筷子先在嘴里"处理"一下，等于给你派送一口唾沫，你说恶心不恶心？！不同的地方，是有不同的讲究的。如果彼此是熟人、自己人，就不讲这个。比如两个青年男女在谈恋爱呢，人约黄昏后，两人在属于自己的二人世界里一块儿说悄悄话，吃悄悄饭去了。那女孩子夹了一筷子菜，含情脉脉，给男朋友递过来了。可以想象那位帅哥当时会是什么感觉，他恐怕恨不得把筷子都吃了！此刻，他绝对不会要求对方出示健康证书之类的，那是没道理的。所以这里就要加以说明，礼仪它有自己特定的适用范围、适用对象，你不能弄错了。

———————————————❧◈❧———————————————

究竟什么时候需要我们讲究礼仪呢？大体上在以下三种情况下要讲究礼仪。

第一，初次交往。第一次打交道时，你要给人留下好的印象。你初次跟别人打交道，他不知道你姓甚名谁。比如，我现在跟各位在一块儿交往，我们假定要在这儿交往十天、八天，您知道我是一位礼仪专家，是一位大学教授，有的时候我随便点，这叫不见外。又如，你是我家孩子，或者是我晚辈，我给你夹一筷子菜，那我是看得起你，这个你挺高兴的。但我们彼此如果是不认识呢？不认识的话，上来给你夹菜，是不是有点不合适？所以初次交往要讲礼仪。

第二，因公交往。两国交兵各为其主。公事公办，有助于拉开距离。跟外单位、外行业的人打交道，即便是熟人也要讲礼仪，那样做有助于更好地进行公务交往。在因公交往之中，不能不讲究礼仪。

第三，涉外交往。"十里不同风，百里不同俗"。和外国客人打交道，有的时候你要不讲国际礼仪那就麻烦了。比如，北京的市花是月季和菊这两种花。逢年过节，尤其国庆前后都要用菊花装点国庆的北京。京城那时到处是菊花。但是有国际交往经验的人都知道，不少外国客人是比较忌讳菊花的，尤其是西方客人。在西方文化中，菊花往往是死人专用的。他们把它叫做妖花，叫葬礼之花。如果来了外国客人，你给他送了一盆菊花，那就等于是为他送葬。在西方，菊花往往在墓地摆放。你给他送一盆菊花，或放他家里去了，那怎么行？！所以，在涉外交往中，我们一定要讲国际礼仪。国际礼仪，其实就是人们在国际社会中所必须恪守的有关交际往来的"交通规则"。

———————————

那么，我们为什么要学习礼仪、运用礼仪？

学习礼仪、运用礼仪，简而言之，通常具有以下三大作用：

第一个作用，内强素质。作为现代人，你跟别人打交道也好，你要做好本职工作也好，恰到好处地展示自己的素质都是非常重要的。教养体现于细节，细节展示素质。言谈、话语、举止行为，其实都是个人的素养问题。荀子曾说："礼者，养也"，就是此意。比如，个别国人，在国际交往中和正式场合往往不修边幅，那么有的时候就影响形象。有的同志在你对面一坐，习惯性地顺手把裤腿往上一拉，露出一条"飞毛腿"，这个顶多说明他发育正常。还有同志按着鼻孔，一下就把鼻涕之类发射出去了。我还见过最高境界，他不发射，自己消化，他一下就把那个东西咽下去了。这样的人并不多，但是说实话，如果你要遇到其中的一位，您说他的个人素质如何？

在国际交往中，上述那样的同志往往会影响国家形象，影响民族形象，也影响我们的地方形象。因为任何一个中国人到外国去了，在公众场合擤了一下鼻子，别人可能就说那是中国人擤鼻涕，说那是北京人擤鼻子，甚至说那是某单位、某部门的人擤鼻子！总之，我们的个人形象其实代表着组织形象，我们的个人形象代表着国家形象、产品形象和服务形象。

第二个作用，外塑形象。在国际交往中也好，在国内交往中也好，员工的个人形象，就是代表组织形象，就是代表产品和服务形象。有鉴于此，我们一定要时刻维护好自身形象。

那天，我问一位男同志："你为何不照照镜子？"

他问："我照镜子干什么？"

17

我说："请你用它去照一照鼻孔，检查一下自己的鼻毛吧。它已超出你的鼻孔之外。走近之后，我们都会发现你的鼻毛正在鼻孔之外随风飘摇。"

它实际上是一个个人形象问题。在国内交往与国际交往中，个人形象都是比较重要的。

第三个作用，增进交往。现代人都有这样的欲望：要多交朋友，广结善缘。一个人不管你愿意不愿意，你必然要跟别人打交道。古希腊哲人亚里士多德曾说："一个人若不和别人打交道，他不是一个神，就是一只兽。"革命导师马克思则强调过："人是各种社会关系的总和。"一个人不论做任何事情，做农民也好，做工人也好，做企业家也好，做官员也好，做学者也好，做学生也好，你肯定都要和别人交往。既然要跟别人交往，你就要掌握交往的艺术，所以学习礼仪有助于我们的人际交往。说话时你得会说，什么话能说，什么话不能说，它有游戏规则。对此，我们要了解，更要遵守。

总而言之，上面所提到的学习礼仪、运用礼仪的三大作用就是：内强素质，外塑形象，增进交往。我可以把它概括为一句话：使问题最小化。它的具体含义是：学习并运用礼仪，能使你少出问题，或不出问题。说白了，就是可以令我们少丢人，少得罪人。从这个意义上说，就是使问题最小化。它实际上也是效益最大化。打个比方，我们搞外事工作，能为国民生产总值直接作什么贡献吗？能够多炼钢，多种粮吗？不可能的。但是，外事工作做好了，不出问题，就会有助于树立中国国际形象，有助于提升中国国际地位。从这个意义上讲，我们的外事工作不出问题就是对国家、对民族最大的贡献。因此，有助于使人际交往的问题最小化，是学习礼仪的基本作用。

———————————— ✦ ————————————

下边，我再来简单介绍一下，交际礼仪有哪些基本内容。从总体上讲，它包括以下两大内容。

内容之一，叫做形象设计。形象设计，其实就是一个人的穿着打扮、言谈话语、举止行为。比如说，你是一个有教养的人，你和外人打交道时，不能够随便去置疑别人、训斥别人、诽谤别人，这就是教养，这是你的形象。另外，对穿着打扮你要具有基本的常识。那天，我对一个女孩子讲：戴首饰一般不能乱戴。戴贵金属首饰、戴珠宝首饰时，都要讲究以少为佳，协调为美。你戴八只戒指，你戴三串手镯、手链，胳膊一晃，跟呼啦圈似的，好看吗？实际上，你若有经验的话，会知道协调比较好看，少而精比较好看。比如，现在我要戴一枚黄金的胸针，那么我的戒指和项链最好就戴黄金的。现在流行戴白金戒指，我要戴项链，我就得同时戴白金项链。礼仪上的游戏规则把它叫做同质同色。其具体含义是：同时佩戴多种或多件首饰时，它们的具体质地、色彩都要相同。

有一次我去参加一个宴会，对面的一个女孩把我看晕了。她戴了四枚戒指：一枚是绿色的，翡翠的；一枚玳瑁的，黑色的；一枚玛瑙的，咖啡色的；一枚玫瑰金的，彩色的。由于穿着高领衫，她戴的项链看不见。耳环则有两组：一紫一蓝。人家很大方地问我："好看吗？"

我问："你想听真话还是假话？"

她问："啥意思？"

我说："那就跟你简单说吧，反正你戴的首饰都是好东西。"

她又问："什么意思吗？"

我说："把它们放一块不好看。"

她问："为什么呀？"

我说："它们远看像一棵圣诞树，近看像一座杂货铺。你戴的饰物质杂色乱，彼此之间串了味了。"

这里所要说的，其实是形象设计的问题。

内容之二，叫做沟通技巧。你跟任何人打交道，其实都是一种沟通。沟通之事，往往难乎其难。举个例子，说话。你跟别人说话，你得知道什么该说，什么不该说。不该说的就不能说，该说就要说。国际交往也好，社交场合也好，个人隐私的问题就最好不要去说。不问收入、不问年龄，这些是最基本的忌谈问题。遗憾的是，有的人就是不注意此点。

那天，一位同志问我："金教授，您一个月能挣多少钱？"

我跟他开玩笑，我说："挣的跟别的教授差不多。"

我的所答非所问，就是不想跟他就此进行深入探讨。

没想到他很认真地追问："那别的教授一般挣多少？"

我说："国家给多少，就是多少。"

他又再接再厉地打探："国家到底给你们多少？"

他其实是在有效沟通的环节上出了问题，他不了解有关的沟通技巧。

最后，我想来与大家探讨一下礼仪应该如何操作。毛泽东同志说过："学习的目的，全在于应用。"学习礼仪，当然也不例外。学习礼仪，自然而然是为了学以致用。

交际礼仪有着下列三个具体的特点：

第一个特点，规范性。它强调标准化操作礼仪，要求人们在交往中不可肆意妄为。

第二个特点，对象性。它要求人们到什么山上唱什么歌，见不同对象有不同说法，具体操作礼仪时因人而异。

第三个特点，技巧性。它告诉人们:礼仪是讲究技巧、重视操作的。

在实践中，对此三点均应加以认真的注意。

比如，名人、企业家，到公众场合去，其穿着打扮有个游戏规则，叫"男人看表，女人看包"。当然那是大人物、要人的规则。讲究的男人的表是比较有档次的，此即"男人看表"。当然，有的男人也不讲究，为什么他不戴表，你问他"几点"，人家不用看表，一看手机就知道了。"女人看包"则是说，比较讲究的女性，她包里放着什么东西，包是什么色彩的，她都很有讲究。不过我也见过很不讲究的。

那天我跟一位女同志换名片，我说："认识你很高兴，我们换一下名片吧？"她把包拿过来了，挺高档一个包。包一打开，首先拿出一包瓜子。我装没看见，其实看见了，是洽洽的。然后翻出一包话梅，接着冒出一只袜子。最后，她告诉我名片忘带了。该带的没带，不该带的带了。

在公共场合，人们在打量一个人时，讲究"女人看头，男人看腰"。"女人看头"是看什么？首先看发型，其次看化妆。注重个人形象的女性，对发型都比较介意。有社交经验的女人知道，在重要场合是要化妆的，这是基本礼貌。化妆是对交往对象和对别人的尊重。男人看什么？"男人看腰"，我给男同志留一个小问题，请你扪腰自问："男人看腰是看什么？"

"男人看腰"，其实不是看我们的腰粗不粗，也不是看腰带威风不威风。当企业家的人系着高档腰带还说得过去，我是一个大学生，我花爹妈的钱，我系一条登喜路的腰带，两千多块钱，别人肯定认为不合适吧？不是看你衬衫下摆有没有掖到裤腰里去，也不是看你弯腰时会不会露出一截秋裤！看什么呢，看下面这样一个细节：重要的场合，有地位、有身份的男人，比较讲游戏规则的男人，腰带上面挂不挂别的东西？有地位、有身份的男人腰上是不挂任何东西的！有的老兄往我们对面一站，我们就会发现他有点问题，他腰上别着手机一只，打火机一枚，瑞士军刀一柄，另外还有一把钥匙。说句不好听的话，他

就是像是全副武装的远征军，很不正规。

综上而言，礼仪的操作实际上就是七个字：有所不为，有所为。什么叫有所不为？有所不为的意思，就是在重要场合、在待人接物时，有些事情不能去做。它规范了我们不能出什么洋相，不能犯什么错误。

比如，招待客人喝饮料，要是训练有素的公关人员、接待人员，你就会知道，绝对不能乱问问题。我经常遇到有人乱问，好心好意地乱问。

那天，我到一个单位去了，负责人没赶回来，女秘书刚赶回来。那位女秘书大概是大学生刚参加工作，经验少。她气喘吁吁跑来了，说："金教授，我们头还在后面呢，我先回来了。头儿交代了，让我伺候好你，要什么就给什么。"

我说："你夸张了，你这不是牺牲吗？你不能这么说。你也别跟我说别的，咱们搞一点喝的吧。"因为我们当时在一个酒店大堂里呢，两人傻站着，不合适。

她很实在地问我："金教授，喝点什么呀？"

有经验的人是不会问这种问题的。喝点什么？吃点什么？你想去什么地方玩？这叫开放式问题。那样去问问题，你会给客人无限大的选择空间！

如果你是当爸爸的，你宠你家孩子，你问他："孩子，今儿礼拜六，到哪儿玩？"美国迪斯尼！你飞得过去吗？当时那位女孩如此问我，我就开玩笑地答道："不客气了，来一杯路易十三吧。"

她当时眼都直了："你还真要？"

我问："为什么不可以？"

她说："那酒一瓶一万多。我没带那么多钱，我的口袋里一共只有三千多。"

我说："我告诉你吧，有经验的人，此时一定要使用封闭式问题。"

什么叫封闭式问题？就是给出所有选择，让对方从中挑选。比如，你招待金教授喝饮料时，你要这么问："金教授喝茶，还是喝矿泉水？"等于告诉老金：不喝茶，就只能喝矿泉水，不要想路易十三了。因此，"有所为，有所不为"的操作性是很强的。什么话能说，什么话不能说；什么事能做，什么事不能做，都是大有讲究的。

比如，穿西装时最不能出的洋相就是袖子上的商标没有拆掉。当然我们现在一般城市里的同志大部分都不至于出现这个问题了。刚开始流行西装的时候，有的同志的确不行。西装左边袖子上那个商标，按照游戏规则，一交钱一刷卡的话，服务生就该给你拆了。现在有的高档西装干脆就没有它了。一开始，有的同志不知道，认为袖子上有一个商标是名牌的标志。经常有人走路时有意做曲臂挺进状，他要露一手，不太好看啊。

有时候，还有一个有所为的要求。其含义是：在人际交往中，我们应该怎么去做。怎么把这个事给弄好点，怎么样展示自己的良好教养和训练有素。比如，你用手跟别人做指示，手最好不要指着别人身体——你、你、你，此举有教训之嫌，有指责之意。万不得已要指的话，手指要并着，掌心向上翻起来比较好看。若是手指指向别人的鼻子，或是向上勾动，则犹如要跟别人决斗。因此，应该怎么做，不应该怎么做，是有讲究的。

如上所言，具体操作礼仪主要有两个要点：

第一，有所不为。不能说的话、不能做的事、不能犯的错误别出现。

第二，有所为。怎样去把它做好一点？像我刚才所讲的穿西装的三色原则、三一定律，都是有所为。

在即将结束本讲之时，我还要强调一下学习礼仪、运用礼仪时，需要注重的三个基本的理念。

第一，尊重为本。"礼者，敬人也。"礼仪最重要的要求，就是尊重。尊重上级是一种天职，尊重同事是一种本分，尊重下级是一种美德，尊重客人是一种常识，尊重对手是一种风度，尊重所有人则是一种教养。我们必须强调：运用礼仪、学习礼仪时最最重要的就是尊重。当然，我们所强调的尊重，不仅是针对外人的，它同时也包括自尊。

第二，善于表达。和外人打交道时，你一定要恰到好处地把你的尊重和友善表达出来。你不去表达，像我们刚才讲的，打电话你不注意，穿衣服你不注意，和别人说话你不注意，你很可能就会自找麻烦，惹火烧身，影响到有效沟通。你对别人的尊重和自尊，往往可能会被别人误会。所以要善于表达自己的律己与敬人之意。

第三，形式规范。运用礼仪之时，你不能乱来。讲不讲规范，是你的个人素质问题；懂不懂得规范，则是你的教养和修养问题。

以上，就是我对交际礼仪所做的一个宏观概述。希望大家通过自己的学习和观察，通过自己的修养与努力，不断地增加自己在礼仪方面的知识，提升自己在待人接物方面的品位，增进自己的人际交往。

尊重上级是一种天职，尊重同事是一种本分，尊重下级是一种美德。

尊重客人是一种常识，尊重对手是一种风度，尊重所有人则是一种教养。

我们必须强调：运用礼仪、学习礼仪时最最重要的就是尊重！

——金正昆

第 1 篇

商务礼仪概述

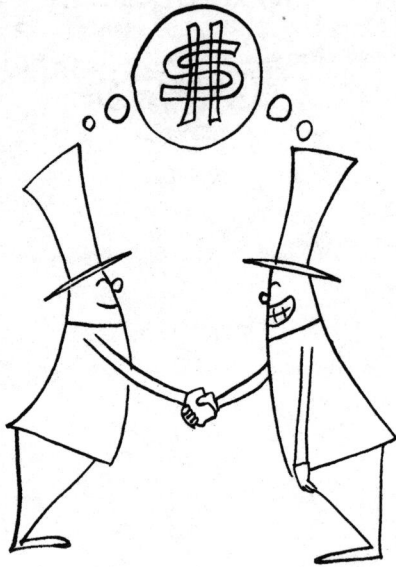

什么是商务礼仪？我们在谈到礼仪的时候，其实有多种多样的具体分类。所谓商务礼仪，实际上是在商务交往中所适用的礼仪。讲到这个问题的时候，首先有必要具体明确一下什么是礼仪？"礼仪"这两个字其实是有说道的。"礼"这个字，我一般喜欢把它解释为一种伦理道德的要求，即尊重。所谓礼者，敬人也，礼是尊重人的道德要求。在人际交往中尊重人，尊重自己，尊重别人，尊重社会，都是为人处世最基本的要求。强调"礼多人不怪"，实际上是讲在人际交往中，要多多尊重别人，尊重自己，尊重社会，其实这一点在人际交往中非常重要。

举个例子：我经常去开会。开会的时候你坐台上，主办方会给你放桌签。有的公司比较规矩，有的公司可能就敷衍了事了。为什么呀？后者有时制作桌签肆意而为。桌签作好后，按规矩是要确认的，比如您叫范秋丹，我叫金正昆，那么把我们两个人的名字打成桌签之后，有关人员要问你，或认真查证，你名字的每一个字具体是哪一个字，要确认。要不确认的话，经常就会出问题。实际上，姓名、职务、单位、头衔都要确认的。所谓"礼多人不怪"，它讲的是一种做人的要求。

"仪"是什么呢？仪这个字一看就很清楚了，仪式是具体形式，是表达尊重的具体交际技巧。如果说"礼"是尊重别人、尊重自己、

29

尊重社会的道德要求的话，而"仪"就是人际交往的基本技巧、具体做法。在交际中，只有礼没有仪是不行的。有一天我到一个单位去了，那是一个金融服务机构，我问负责人：你们这儿是不是要强调礼貌服务？他说：我们这儿早就要求礼貌服务了。我问：什么叫礼貌服务？他答：就是要对人有礼貌。我问什么叫有礼貌？他说一定要有礼貌，特别要有礼貌，不能没有礼貌的。说来说去，他在绕车轱辘话。其实"礼貌"这个词，就是要尊重别人。但是没有这个仪，就没有礼貌了。

比如我经常喜欢举的一个例子，打电话的基本要求。接听电话第一句话要说什么？要自报家门。首先应当问候对方，然后把自己的姓名与供职单位报出来。但有人不，有人拿起话筒第一句话便是：喂，喂！再问一声有人吗？这种做法是对自己或者别人的不尊重。再者，你打电话，还有比较具体的问题。比如在重要场合手机是不能发出声音的。否则是对在场者的不尊重：破坏人家的思绪，打断人家思路，影响人家正常的交流。其实这也是个规矩的问题。我去过很多大的单位、大的企业，说实话，正规军一下就能看出来。怎么看出来的？在正规的单位里，员工的手机是不响的，不正规的单位则往往此起彼伏。从这一点就可以看出来，教养体现于细节，细节展示素质。你说你见过什么世面？你说你吃过几碗干饭？你说你受过什么教育？说是说，做是做，只有行动才能够证明自己。

有一次我到一家单位去了，那儿的一个领导原来是我的一个学生，知道我比较忌讳手机乱响乱叫。我往这儿一坐，他就讲：今天难得请到金教授给我们作一个报告。我当过他的学生，我知道他的特点：凡是手机在课堂上响过的人都得不了优。所以今天在场的全体员工请注意：我是金教授的学生，你们是我的下属。今天谁的手机也不能响，谁响扣发谁的当月奖金。当时他很严肃，大家乐了，都先后把手机拿出来关机或调整为静音。结果我开始讲座了，讲了没有几分钟，"滴滴滴"，有人的手机响了。你猜是谁的响了？那位领导的响了。他光顾着要求别人，而忘了要求自己了。其实这是单位有没有规矩，个人讲不讲规矩的问题。

我曾经在外企工作过几天，那是个要求比较严的单位。员工一进门在刷卡报到的同时，手机就自动掏出来了，或者改为震动或者关机。这实际上是个习惯，更是下意识的。因为不那样做的话，一定会受到严厉的处罚。

从文化学的角度来讲，人是有交际的，动物也有交际，但是人和动物的交际有很大区别：

第一，人是群体交际，动物则是个体交际。人是有社会，有组织的。中国话叫单位，你是什么单位的，我是什么单位的，人们见面喜欢谈这个，而动物一般则是个体交际，即一对一交往。顶多是拉家带口。

第二，人是符号交际，动物则是信号交际。什么是信号交际？你注意了吗？马、驴、牛、羊它们都会叫唤，它们一叫唤，实际上是招呼同伴呢，招呼同性，招呼异性。春暖花开，百鸟鸣叫，后者实际上也是信号交际。而人不同，人是符号交际，写字。打交道的时候呢？你嘴上说的是一回事，你把它要形成文字，写出来挺有意思的。那天一个同志说他谈恋爱了，女朋友到国外去了，非常想念。他想寄一封短笺过去，字不能多，还要让人记住。我说你这路子对，字不能多，我给你支一招儿，有一首名诗："不见伊人面，一日抵三秋。我生时可恨，不知何日休。"一共二十个字，念起来好像没有什么意思，你要真把它写成文字之后再去看，很有意思的。此即符号交际，就是以文字、图像为媒介所进行的交际。

第三，人是经验交际，动物则是本能交际。动物凭其本能行事。饿了，它就要去找吃的；困了，它就睡着了。其交际亦是出自本能。人则不同，人是经验交际。为什么我们强调教养体现于细节，细节展示素质呢？实际上，一个人所受的教育，所受的训练，所处的社交圈，所接触的人，对他都是一种熏陶，都是一种经验。在人际交往中，人们往往凭其经验办事情。比如我们下面就要讲一个经验：打电话时谁先挂？公司里、政府里都有其讲究。比较容易出现的一个错误就是等对方挂。我问过很多人，尤其是在校学生，这个问题，往往有人答以

对方挂。为什么对方挂呢？答曰尊重他们。不是这样的。商务礼仪规定：地位高者先挂，礼讲的是尊重，仪讲的是形式。仪是表现尊重的具体操作性的技巧。下级服从上级不讨论，所以在公司里面董事长、总经理和部门经理、员工通话，通常应为董事长、总经理先挂。那天一个小姑娘问我：董事长是一个老头儿，五十八了；自己是一个小妹，二十三，文员，当秘书的。他们俩打电话谁先挂？我问上班还是下班，她说上班，我说：上班当然是董事长先挂。她问：不是讲女士优先吗？我说女士优先的适用范围是在下班呀。上班是公事公办，例行公事。

商务礼仪和其他礼仪有哪些区别呢？有很大的区别。实际上最重要的一个区别是什么呢？是其适用对象方面的区别。商务礼仪适用的基本对象就是公司企业的员工。换言之，它主要适用于经贸活动中的一种特殊的人际交往。据我理解，学习与运用商务礼仪，最重要的是要关注如下两点：

商务礼仪的第一个重点问题——摆正位置。

商务礼仪特别强调处理人际关系中的位置的问题，用我的话来讲就是摆正位置。在日常生活和交往中，我们必然和别人发生这样或那样的关系，家人关系，朋友关系，邻居关系，同事关系，伙伴关系，夫妻关系，恋人关系，父母子女的关系等等。马克思说：人是社会关系的总和。处理人际关系的时候，摆正位置非常重要。

我在这儿举一个例子，20 世纪 80 年代我做研究生时到一家外企去实习。那时候不到三十岁，春风得意，大公司进去，套装一穿，工资也不低，很威风。上第一天班的时候，外企的董事长找我谈话。董事长是个德国人，总经理是个新加坡人。这家公司是个德国公司，他用新加坡人来做总经理，主要是为了来跟我们华人容易沟通。董事长说：你要和总经理搞好关系。我以为他说套话呢，我说我一定服从总经理。他说不是服从的问题，现在你把本子拿出来，我和你说三句话，你把它记下来。我看他很严肃，就把我的本子拿出来，把他跟我讲的话记下来了，一共三句话。这三句话我记了一辈子。如果现在我要到公司、企业去，我会跟员工讲的。第一句话，他说：在工作中总经理是没有错误的，必须绝对服从。第二句话，在工作中，你不能认为总经理有错误。第三句话，如果你认为总经理错了，并且坚持这种看法，请立刻辞职。我当时听了这个话之后，心里非常不舒服。后来我在公司、企业工作了一段时间，我也负了几天责，终于明白了。实际上这是现代企业管理的基本要求：下级服从上级！你想一想，在日常工作和交往中，家人朋友之间，我们集思广益，各抒己见，往往是可以的，但是在一些重要场合却没这回事儿。

再举个例子，假定两个国家发生了一个突然的外交事件，比如一国飞机突然入侵另一国领空了，那你说打还是不打，理还是不理，赶还是不赶，这时候你能发扬民主吗？让全国人们投票打还是不打，然后议会、政府再开会，讨论，表决？没那回事儿。那时应由主管人决定，当机立断。当断不断，自受其乱。现代企业实行总经理负责制，董事会授给他管理权、执行权，他负责，他有错误他下台。别人则应"不在其位，不谋其政"。当然了，人站在不同的位置上，他看的事情不一样，实际上不同位置上的人往往会有不同的考虑。

比如，我有一天到外地去参加一个学术讨论会。正好是周末，人家放我们半天假，说时间自行安排。我就逛街去了。逛街的时候碰到我的一个学生，那学生是做房地产生意的，是一家公司的董事长。他开车过来的时候看到我了，他说你是金老师吧，我说是，他说见到你太高兴了，金老师，我请你吃饭。我也很实在，我说我这晚上没地方去，我就跟你去吧。我们到了当地一家高档的酒楼，一起去的还有他公司的总经理、办公室主任，总共三个人陪我吃饭。一进门，那家酒楼的那个档次在那儿，我也不是傻瓜，一看就能看出来，很有档次的。我们一进门那一桌饭菜已经都放那儿了。我在单位搞过接待工作，我说你这桌超标啊，这桌饭好几千。那位董事长说金教授你是我的恩师，怎么吃咱也不为过。你要吃什么，我就给你什么。我说你这话说得这么够朋友，我也得说实话了，否则对不起你。我这人好为人师，别怪我，老师就是老师。教不严师之惰。我给你提个意见：说实话，这桌几千块钱的饭，我看了不高兴，道理很简单，摆正位置的问题没解决好。我跟别人开玩笑，我说我在社交中有一个所谓的"金氏法则"，交往以对方为中心。我们不是讲礼是讲尊重别人的吗？！你尊重别人，你不把对方摆在中心，那叫什么尊重？你想想你请的是谁？请我！请我的话问都不问，去什么地方也不问，吃什么菜也不说，就往那里一拉。你问问我呀，到哪儿去吃？礼者，敬人也。这是摆正位置。我说难听点儿，你是好心我知道，因为你在路上认出我来了，你把我拉来的。你本来好心好意把我拉来，你为什么不问问我个人偏好与意见呢？举手之劳而已，这其实就是经验的问题。我刚才讲了经验交际，人

是经验交际，他这就是经验不够，说难听点儿档次不够。他的问题是：他们三个人请的就是我一个，那你为什么不问我的个人想法？他实际上是郑重其事，但是却给我一个敷衍了事的感觉。我这一说，那位董事长和总经理的脸上挂不住了，两人就恶狠狠地瞪着那个办公室主任，那是个女孩子，意即是那家伙干的。那个女孩脸上红扑扑的，有点按捺不住了，说金教授，这桌都是好吃的。我说我也说句实话，可能都是你爱吃的。

其实我们发现：有很多人、很多事，处理不好或者给别人不好的感觉，实质上都是交往双方彼此之间的位置没有摆正。有的时候，位置摆不正交际效果便会适得其反。

商务礼仪的第二个重点问题——端正态度。

运用商务礼仪时，必须强调端正态度。在我看来，你能不能爱岗敬业，你能不能善待他人，你能不能做好本职工作，你能不能度过自己幸福而美满的一生？很大的一个原因，跟你的个人态度有关。有什么样的心态，就有什么样的生活和工作的态度。心态问题从哪儿来的呢？它与你的心态，和你与别人摆的位置有关，都是相互联系的。这个问题其实非常重要，摆正位置才会端正态度，态度不好则是位置没有摆正所致。开个玩笑，我这个人脾气是非常不好的，有名的，认识我的人都知道我脾气不好。但是，我还有个优点，我有的时候发脾气是发脾气，可我自己不生气，我自己不会把自己气着了。我为什么这样？其实我有两个理念很重要，我经常跟别人讲，谁要能把我这两句话记住了，至少增寿三年。

第一句话：我从来不拿别人折磨自己。谁说我了，谁议论我了，谁给我脸色看了，谁跟我过不去了，我扭头就忘，我善于忘记。有的事儿你要想清楚：哪个背后无人说，谁个背后不说人？！虽然我们知道议论人不是个好事，但是人性中有其弱点：谁不议论人，谁不说人？

打个比方，有一天我到飞机场去了。那是好几年以前的事，好几年以前机场的物价水平是比较高的，好家伙，在机场吃饭时，我就要了一个炒菜，要了一碗面条，还要了一罐可乐，结果花好几百。后来一问，一罐可乐20元，一个炒菜100元，一碗面条80元。当时有人就大发牢骚了，感觉到这个价钱太高，暴利。我却不生气。我如果饿了，我肯定吃。我有一点想得很清楚：我要不吃，我的胃会不好，那会影响我的生命和健康。它们表面上好几百元，挺贵。但是我将来得了病，我花8800元也治不好。我不仅要看初衷，我更要看结果。在我来看，结果有的时候才能证明初衷是否正确。我不生闲气。它贵不贵，暴利不暴利，我生气都没用。我不能够让它不暴利，我不能让它降价。让它降价只有一种可能，我把这店收买了。我吃饱了撑的，我没必要。我爱吃就吃，不吃拉倒。伟大的哲学家黑格尔早就教育我们了：凡是存在的都是合理的。所以一个真正有教养的人，是不应该拿别人折磨自己的。

第二句话：我也不拿自己折磨别人。有的人常拿自己折磨别人。比如，他在工作中有时候有口怨气，比如说被领导给了脸色看了，他不敢跟领导过招，回家之后自我摧残。还有人回到家里摧残家人，到单位残害同事，到社会上与人民为敌，给别人脸色看。这种人大有人在。当然我是比较理解他们的，他们很大的一个问题就是没有摆正位置。一个人没有摆正位置，他的态度就有问题了。

学习与运用商务礼仪时，需要明确：它还有个适用范围。

一般而言，商务礼仪适用于商务交往。

礼仪这个东西有一个特点：该讲礼仪的时候不讲，人家会说你没教养；但是不该讲礼仪的时候讲了，别人则会说你装蒜，会说你比较酸。它实际上有个适用范围。

比如，在主持节目上，我做嘉宾，我与主持人穿的都是套装。她穿的是西式套裙，我穿的是西服套装。但是这身正装有的时候就没有必要穿。像是逛街、轧马路就没必要穿。有一个美国人跟我说：在洛杉矶街头上逛街，穿西装打领带逛马路的人，都是从你们那儿来的。当然这是开玩笑说的，但是确实我们有些同志没有这个经验，他穿着西装哪儿都敢去。穿西装、套裙是在重要场合表示自己规范，尊重别人，尊重自己，非重要场合则没有必要。今晚上我去农贸市场买菜，我肯定不会穿套装，为什么？穿套装去买菜的唯一好处就是菜价因此而上涨 80%，而且还可能招贼。这实际上是一个适用范围的问题。再如，坐，请坐，请上坐，这套待客礼仪实际上是适用于什么场合？适用于对外交往，来了客人的话你要让座，这是中国人基本的待客招数。但对于家人、恋人，此举则往往大可不必。

商务礼仪有其适用者——商务人员。有其适用的范围——商务交往。这是它最重要的两个圈了。

商务礼仪有没有一些规则可循呢？

———————————◦❧◦———————————

商务礼仪它是强调规则的，规范性应该是商务礼仪最大的一个特点。

商务礼仪的主要规则之一——尊重。

在人际交往中，最讲究尊重，尊重为本。在人际交往中，要尊重自己，尊重别人，这都是不讨论的，这是教养。但是不仅是心里想尊重，而且还要表现出来。比如，商务人员强调重视仪表。为什么要重视仪表？重视仪表是一种自尊。我经常告诉男同志：要出席重要场合的话，得多照点儿镜子。有老兄问我了，照哪儿？我说照鼻子呀。他又问我：照鼻子干吗呀？我说照鼻毛呀，因为男人到一定年龄鼻毛会长得飞快，二十来岁的人没有，四五十岁的长得比较快，五六十岁更快。寿眉倒好看，而那鼻毛则不好看。有的同志你离远看，穿套装挺精神。走近之后，却会发现他一撮鼻毛在鼻孔之外随风飘摇，像小刷子一样，搞不好上面还挂一鼻子牛儿。这说难听点儿是个人的不检点问题，说好听点儿则是尊重不尊重自己的问题。一个人不尊重自己，是不能得到别人尊重的。我也说说个别女同志的不是之处：你要穿休闲装倒无所

谓，但工作时正装歪穿，内衣外穿，就不行。你一个前台接待，你一个服务人员，你就得注意内衣和外衣的协调性问题。有极个别女同志，在公共场合一弯腰，内裤高于外裤，真的很难看。说实话，它是个自尊、自爱的问题。

商务礼仪的主要规则之二——沟通。

在商务交往中，沟通是其基本要求。运用商务礼仪时，沟通的意思就是要求我们把我们对自己和对别人的尊重表现出来。比如，在人际交往中，你和别人打交道时通常都要使用尊称，使用尊称就是一种沟通。一般而言，如何称呼他人，不仅反映着交往双方的关系，而且也体现着称呼者对被称呼者尊重与否。你对自己、对别人的尊重，一定要表现出来。

商务礼仪的主要规则之三——规范。

在商务交往中，处处讲究运用规则。规则实际上就是规范，规范就是标准。讲不讲规范，是你个人的教养问题。讲不讲规范，是你懂不懂规矩的问题。举个例子，老百姓讲穿衣戴帽各有所好。他是比较随便的，实际上也是现在的一种时尚。穿休闲装，那是非常普遍的一种现象了。但是商务交往中的重要场合则不行，你要不穿西装，你就失礼了。穿西装就要穿皮鞋，必要场合还要打领带。

商务礼仪的主要规则之四——互动。

商务礼仪还有一条非常重要的规则：互动，就是要看交际结果。我跟别人开玩笑说：我主张男人要爱老婆。别人就乐了，说你说这个话是什么意思？我说我实际上是讲一个互动。男人爱老婆首先是一种教养。尊重妇女是人类的一种文明的表现。但是说句功利主义的话，我这么做也不吃亏呀。我对老婆好，她就会对我好。我要对她不好，她收拾我太容易了。她不必给我下麻药，不必给我一刀，也不必离家出走。她只要不理我，臊着我就够了。实际上我在此讲的是个互动。所谓你敬我一尺，我敬你一丈。当你尊重别人时，你会得到别人的尊重。当你失敬于他人时，你必定遭到报应。经常有人跟我说，说本单位领导或者同事对他不好。我便问他：你对人家好吗？你自己把人家放到对立面去了，人家怎么会对你好呢？！实际上这就是互动。

一般而言，商务礼仪基本内容包括三点：

其一，办公礼仪。它适用于办公场所。

其二，公关礼仪。它适用于对外交往。

其三，接待礼仪。它适用于正式接待。

三者之中，一个是办公，就是自己内部的交往。一个是公关，就是走出去，对外的交流。还有一个接待，它们都是比较重要的。

尊重上级是一种天职，尊重同事是一种本分，尊重下级是一种美德。

　　尊重客人是一种常识，尊重对手是一种风度，尊重所有人则是一种教养。

　　我们必须强调：运用礼仪、学习礼仪时最最重要的就是尊重！

——金正昆

第 2 篇

商务活动主题之 企业形象

今天我要为大家讲的是企业形象与员工素养的问题。

这是从公共关系的角度来讲的。公关的基本宗旨就是所谓内强素质，外塑形象。在市场经济条件下，任何一个公司企业都必须面对市场的竞争。竞争什么呢？比尔·盖茨先生在 20 世纪末到北京来，他当时曾经讲了一句话我印象很深。他说：企业竞争以形象取胜。企业和企业竞争到最后，拼的是形象。而员工呢，员工竞争，你能不能发展，能不能进步，或者会不会被淘汰，拼的是素质。所以员工个人素质和企业整体形象是市场经济条件下任何公司、企业都必须面对的大问题。二者存在着因果关系。

商务礼仪从某种意义上来讲，就是塑造形象的艺术，就是塑造企业和员工形象的艺术。从一般角度来讲，礼仪是尊重别人、尊重自己的技巧。进而言之，商务礼仪的作用最简单地讲，就是内强素质，外塑形象。必须强调的是：企业形象，是商务活动永恒的主题。

在日常生活当中，一个企业好的形象是如何形成的呢？从理论的角度来讲，一个企业的形象和一个老百姓的形象不是一回事。总体来讲，企业形象是由知名度和美誉所构成的。我举个例子，你去吃冰激凌。如果你要渴了，完成任务那是另外一回事儿。如果有可能的话，你买冰激凌大概要选牌子。不同的人，根据自己的消费能力有不同的选择。但是一旦不考虑费用的时候，人们当然都奔那个最适合自己口味的或者知名度最高的品牌。它实际上是个知名度的问题。再者，还要考虑美誉度。实际上一个人的名气大，并不一定都是好名气。有的人名气挺大，但不是好人。我们知道：知名度和美誉度有因果关系，一个企业、一个产品、一项服务要赢得市场、赢得人心，首先得有名气。其次，得可持续发展，有好名气，要善始善终。它是怎么形成的呢？那么就有具体操作的技巧了。具体来讲，企业的形象有这样几个问题：第一，理念。第二，行为。第三，视觉。我们称之为 CIS 理论，又叫做企业形象可识别理论。

维护企业形象的三要素之一——理念。

首先，理念要可识别。什么是理念？理念即基本观念。国家也有理念。改革开放以来，我们国家是改革开放的中国、和平的中国、发展的中国。党和政府反复强调：以人为本这就是理念。即把劳动人民，把人民群众放在国家的核心的位置。国外和国内的大企业都有其基本理念。一般来讲，如果站在公关和礼仪的角度来讲，其实还是我们上一篇讲的问题：摆正位置，端正态度。这个理念是非常重要的。从礼仪的角度来讲，有两个重要的法则与此有关。

一个法则叫黄金法则。黄金法则是 20 世纪 30 年代美国一些著名的学者和专家提出来的，其中对它最关注的是美国著名教育家卡耐基先生了。很多人都读过他的书，卡耐基先生用了圣经新约中的一句话来诠释黄金法则，即："你希望别人怎样对待你，你就应该首先去如此对待对方。"其实，这个黄金法则我们老百姓倒未必知道来自卡耐基，但实际上很多人却是懂它的，比如有句成语叫"投桃报李"，中国老百姓有一句谚语"你敬我一尺，我敬你一丈"，实际上都是黄金法则。黄金法则有两个特点必须搞清楚：第一个特点，适用范围是平等交往。

第二个特点，交际的要求是自我中心。它实际上是把自己放在交往的中心，我希望你怎样对待我，我才会怎样对待你。换而言之，如果我那方面没需求的话，我也可能不如此去对待你了。这黄金法则一般是可以运用的，它主要适用于交往。

在讲到企业理念的时候，还要强调白金法则。白金法则是20世纪80年代美国一个著名的人力资源专家亚历山德拉博士提出来的。他是搞培训的，他在总结他的培训经验时说：他一生之中的成果就是那一句话了。后来人家叫它白金法则。它是这样讲的：别人希望你怎样对待他，那么就请你在合法的前提下努力去满足他。你要把它跟那个黄金法则比一比就会明白，它有以下两个特点：第一，交往以对方为中心。第二，行为必须合法。不存在我希望人家怎样对待我，我就怎样对待他；而是人家希望我怎样对待他，只要合法，我就要努力地去满足他。实际上这是一个理念问题。过去我国市场经济不发达，有

人功利性比较强，有人目光比较短浅、素质不高，他总提这样一个问题：谁伺候谁呀？我凭什么伺候你呀？为什么你可以挑剔我呀，我就不能挑剔你呀？我有的时候到一些企业去搞调研，经常有人问我：碰上吹毛求疵的顾客怎么办？我说：在我眼里没有吹毛求疵的顾客，只有提要求提得多和不多、高和不高、严和不严的顾客。只要不违法、不乱纪，他有权力提，人家是中心。你做不到，你不要做。那怎么能叫吹毛求疵呢？实际上这是位置问题。我个人觉得在企业形象里面、在理念上是不是能以对方为中心，是非常重要的一个问题。有道是形象就是效益。为什么讲形象是效益？因为你的形象好，社会上接受你，社会公众接受你，就会跟你形成互动，就会买你的东西，认你的品牌，接受你的服务。

维护企业形象的三要素之二——行为。

行为者，所作所为也。包括：言谈、话语、举止、行动、后续服务、市场营销，各种各样的情况。有的单位这个方面不大注意。比如，我买了大件电器之后，喜欢按照上面的那个维修电话打过去试试。为什么？道理很简单，凡是正规军，那个电话是一拨就通的，反之则是打不通的。这个其实就是形象，是个体行为所导致的形象。再如，我们到商场去逛，有时候你感觉就会不好：一上楼那个电梯都是好的，下来的电梯则全在"维修"。其实，我们下去的时候满载而归，更需要电梯。

个人有时候也有这个问题。比如，我和别人打交道时，交换名片，我是强调一定要看它的，而且我喜欢看的一个地方：跟公司的员工打交道，其座机号码是不是规矩，绝对能看出来这个人交际圈的大小。怎么看呢？内行看门道，看其座机号。如果这个人是以国际社会为自己的贸易对象的话，座机号码前面必有中国区代码0086。但有的人仅有本市代码010，那么我们有数，此人的活动主要在国内。有的人还更神呢，他没出村，他的名片上的电话号码连个010都没有。有人名片上的地址都是这样的：上面连北京市都没有，上来就是什么什么区，什么什么路，有的时候连什么什么区都没有。这种行为，它会给别人一种感觉。你说它跟知名度、美誉度有没有关系？教养体现于细节，细节展示素质。

维护企业形象的三要素之三——视觉。

视觉识别，就是眼睛所能看到的。一个人的穿着打扮、言谈举止、待人接物，都是一目了然的事。当然从企业形象的角度来讲，也有很多东西，比如，职工的制服，企业的那个厂旗旗帜、标志，产品的商标，这些都是视觉可识别的。国外有的企业在这方面比较重视，因为它的市场经验比较丰富，一些知名品牌的商标、广告都很有特点，相反我们有些企业在这方面稍显不足。

我举个例子，如果你在一家商场当导购，假定你是卖高档品牌服装的，那么现在有顾客向你走来了，你也不可能问顾客带多少钱，能买得起什么东西？内行看门道，你能不能看出这个顾客生活的圈子或者说消费层次？他是公务员还是老板，是大老板还是一般的小老板，你能看出来吗？在非常正规的场合，行话叫什么呢？男人看表，女人看包。讲究的男士，大企业家、社会名流，他出席重要场合，他对手表是很在乎的。那有人说你为什么不看车？我不看车，车可能是借的，表则很少会是借的。表其实是有身份的男人身上最重要的饰物，是有身价的男人身上最重要的装饰。手表不仅有其实用功能，而且也是一种装饰，类似女同志戴那个项链和戒指一样，它是为男人扮靓的东西。

同样的道理，手表的品牌实际上是跟自己的身价有关系，与自己的消费能力有关系。女人看包：包的色彩有讲究，包的内容有讲究，包的款式有讲究。讲究的话，我穿套裙时，女包的颜色应该跟皮鞋一个颜色，这是最正规的了。

判断一般人看什么？行话是：女人看头，男人看腰。打量一位女性，实际上第一是看发型，第二是看化妆。看发型实际上是了解这个人对时尚的把握，一个女人如果家庭生活比较美满，她会热爱自己，善待他人，享受生活的温馨，捕捉生活的美感，美化自我。倒过来说如果一个女人生活不大幸福的话，其发型往往不讲究。另外，看女性要看其化妆。在公司企业、政府机关工作的人都知道：重要场合外出社交，一定要化妆。首先，化妆是一种教养，其次，还须掌握基本的化妆技巧。男人看腰，看什么？看其腰带上挂不挂东西？有地位、有身份的男人出来的时候，腰上是不挂任何东西的。

在实践中，企业形象和员工素质实际上是一个因果关系。从个人的角度来讲，个人素质在人际交往中就会转化为自身形象，所以我们倡导：企业维护形象，提倡员工提高个人素质。

一般而言，形象的重要作用有四：

首先，宣传。企业要有一种宣传意识。在商务交往中，既要了解客户，也要被客户所了解、所接受。严格讲，目前，多数企业主动宣传自己的意识不强，好的形象有赖于宣传，形象本身就是一种宣传。

其次，展示。宣传是一种主动进取的状态，展示则是一种平等交流的状态。你不可能天天见到谁都去展示，有的时候你规范自己的言谈举止、所作所为，这样的话就会在无形之中展示你的团队形象。说实话，一个人仅懂礼仪不行，还需要全体员工令行禁止、整齐划一、训练有素。这个作用我们称为展示。

再者，互动。我反复强调人际交往重在互动。在人际交往中，你讲黄金法则也好，你讲白金法则也好，都意在互动。企业形象好，就容易赢得市场，容易赢得人心。因此说形象是金。为什么说形象是金？形象是一种宣传，它提高知名度、美誉度。形象是一种效益，知名度、美誉度提高了之后就能够占领市场，就会带来经济效益。在产生经济效益的同时，也会赢得社会效益。

最后，服务。现代社会强调服务。你的形象好，你的服务就容易被接受了。反之，你的形象不好，就有可能拖累你所提供的服务。因此，形象亦即一种服务。

那么如何来维护自身的形象呢？维护形象要注意以下两大问题：

一方面，必须树立形象意识。你首先要有一种形象意识。任何事情，你要不重视它，它肯定就不是这回事。如果你重视它，那它就是另外一回事了。你要有这种形象意识，要意识到企业在市场经济条件下销售的主要的内容不一定是产品，不一定是服务，而是形象！因为形象好，会带动你的产品和服务。形象不好，你的产品、服务则会大打折扣。从理念的角度来讲，企业实际上推销的是形象，而不仅仅是产品和服务。

在树立形象意识时，一定要注意一些最重要的规则。

其一，首因效应。它强调：初次打交道的时候，第一印象非常重要。产品的第一次出厂，人和人之间的第一次见面，往往会给对方留下深刻的印象。产品第一次登陆不成功，以后就难以翻过身来。你对对方的第一印象不好，以后就不一定喜欢他。

其二，近因效应。如果说，首因效应主要是关注初次交往的话，近因效应则关注最近的这一次的接触与交往。它强调：在常规交往中，人们更关注其交往对象最近一次的表现。

其三，定型效应。 什么是定型效应？就是一旦人家对你的那个产品，对你的那个服务，对你的个人印象形成之后，往往就不大容易变了。简言之，人们业已形成的某一印象很难改变。

另一方面，必须提高员工素质。 员工个人素养实际上涉及方方面面。它包括：政治的素养，业务的素养，人际关系的素养乃至职业道德的素养。一般而论，从员工培训的角度讲，我们通常强调以下三点：

第一点，要处理好人与人的关系。 人都是在特定的组织中活动的，故此需要进行集体主义与团队精神的教育，这是非常重要的。有的人其个人是一个英雄好汉，但是一到团队里去，便不善于和别人和睦相处，形成了非良性的互动，没有形成更好的合力，反而造成了内耗。

第二点，要处理好个人和社会的关系。 我们是中华人民共和国的公民，爱企业的教育，爱国主义的教育，社会主义的教育，都是要讲的。社会公德是要强调的。每一名员工不仅在单位要遵法守纪，到社会上去也要遵法守纪，因为员工个人的形象在社会上就是企业的形象。

第三点，要处理好个人和自然界的关系。 一个真正有教养的人必须意识到：他是生活在地球上的。地球的水，地球的空气，地球上的任何资源，地球上的任何生命，都直接、间接地和他有关系。所以人要热爱生活，人要热爱社会，人要热爱国家，人要热爱他人，人要热爱环境，人要热爱自然界，人要热爱这个世界的一切。这是一种必要的互动。

在进行员工素质教育时，这三种关系是人人都要处理的，而且必须努力处理好。

尊重上级是一种天职，尊重同事是一种本分，尊重下级是一种美德。

尊重客人是一种常识，尊重对手是一种风度，尊重所有人则是一种教养。

我们必须强调：运用礼仪、学习礼仪时最最重要的就是尊重！

——金正昆

第 3 篇

商务着装之穿着西装

俗话说：人靠衣装。在商务活动当中，男士是经常穿西装的。关于得体地穿着西装有哪些需要了解的知识呢？

什么是西装？西装怎么穿？什么西装适合你自己？这是很复杂的问题。所谓西装，实际上是相对于中装而言的，它指的是西方制式的套装。这是比较严格的说法。制式套装来自欧美国家，欧美过去在我们的概念中是在西边的，所以它叫西装。西装不仅穿法有讲究，而且它的适用范围也有讲究。它适用于商务交往,比如谈判,要穿商务套装，而且穿商务套装有其准确说法。所谓的商务套装，是指蓝色的或者灰色的三件套的单排扣的西装。

我首先想讲一讲服饰三要素。现在先问一个问题：如果对面过来一个男人或者女人，你评论他会不会穿，一般是从什么角度来考虑？其实我们说一个人会不会穿，倒不是说这个人能不能把衣服穿到身上来。在正常的情况下，谁还不会把衣服弄到身上来，实际上我们讲的会不会穿是一个美学的概念，指的是一个人善不善于选择和搭配适合于自己的服装。服装的选择和搭配是非常重要的，那么选择搭配什么呢？

服装三要素——色彩、款式和面料。

色彩、款式和面料即服饰三要素。内行看门道，我们说这个人会不会穿,主要是看这几点。举个简单的例子,如果一位老兄长得比较黑,不到万不得已的话，他就不要穿那种褐色、土黄色的服装了，否则变成黄军了。再如，一个女孩子穿白色的裙子，一般配白色的鞋子比较好看。白色裙子，黑色的鞋子也可以。袜子可穿可不穿。休闲我就不穿了，非休闲的话我可以穿。那穿什么呢？穿浅色的、肉色的、白色的或者浅灰色的。你不可能白裙子、白鞋子，中间加上黑袜子，那叫乌鸦腿。那非常难看，其色彩不协调。

实际上，我们所说的会不会穿西装，实际上就是讲它的色彩、款式和面料的选择。比如，它要选什么颜色的，要选什么款式的，要选什么面料的，都有其讲究。这儿可以找一个参照系数，谈一谈休闲西装和正装西装的区别：

首先，看面料。正装西装的面料一般是纯毛的。夏天天热的话可以穿混纺的，但它也是高比例含毛。当然还有比纯毛西装更高档的，即纯羊绒的。纯羊绒、纯毛面料制作的西装挺括，悬垂感好，有线条。而休闲西装在面料上则无所不用其极，皮西装、麻西装、条绒西装、真丝西装，往往随处可见。我有一次到日本访问，人家还送了我一身合成革西装，实际上就是塑料西装。它的外面涂了一层太空涂料，看不出来，也很薄爽，也很好。没事的话，我喜欢冬天穿身皮西装，它耐脏，不至于像毛西装那样每星期需要烫一下。夏天的话，穿麻西装、条绒西装也很好看。但它们不是正装，属于休闲西装。国家领导人也好，企业家也好，在重要场合出来，谁穿一件皮西装？没有这回事，那只是休闲场合的选择。

其次，看色彩。正装西装它一般有两个特点：单色；深色。它的上衣和下衣是一个颜色，单一颜色。休闲西装则有朦胧色。还有多色的，有图案的。比如条纹的、格子的。正装西装均为深色，休闲西装则有浅色的，像乳白色的、紫色的、粉色的、绿色的，都有。通常，正装西装首选为蓝色。一般公司企业的员工套装，首先是蓝色、藏蓝色。如果你要想有点变化的话，那就是灰色。灰色一般是谁穿呢，中年男子或者有地位有身份的白领，它令人显得稳重、成熟、温文尔雅，而蓝色西装则表示整齐划一。此外，西装还有一种可以选择的颜色，就是黑色。黑色西装一般可充当礼服，是参加宴会、舞会、音乐会或者当新郎的时候穿的。平常你看公司里穿黑色西装的人倒也真的不多，它有特殊讲究。

最后，看款式。正装西装和休闲西装在款式上最大的区别是什么？它其实是有说法的。很多人会说：区别于一个扣、两个扣、单排扣，双排扣？其实不是。最大的区别是：正装西装是套装，两件套或者三件套，而休闲西装则一般是单件的。我冬天经常穿皮西装，但是我绝不可能同时穿皮裤子，因为我不准备开摩托。很简单的道理，你会穿一件条绒西装，你再穿一条条绒裤吗？那你是斑马，你全身是条。有

的时候外观上也能看出来一些区别，休闲西装有时候会有一些装饰性的东西，比如说口袋多一点。正装西装一般是暗兜，就是有盖的；而休闲西装一般是明兜，无盖的。所以内行看门道，这大有讲究。欧美人比较喜欢穿格子西装，但格子西装也是休闲装。有一次里根总统到英国去访问，下飞机的时候他穿了一件格子西装。结果英国报纸登出照片并骂他，说里根到后院打猎来了。因为他不正式，格子西装实际上是在打猎、郊外度假的时候穿的。穿西装除了要考虑适不适合自己的身材之外，一定要明白正装和休闲西装的区别，这是公司白领第一个要考虑的问题。

穿西装实际上还有穿法的问题了。选择好了，要穿在身上去了，这穿也大有其讲究。比如，穿衣服的顺序有讲究：首先穿上衬衫，接着穿上长裤，然后梳理头发，最后穿上外套。最重要的是穿上衬衫，穿上裤子之后梳了头，然后再穿外套。为什么呢？因为换季的时候人容易有头屑，我们大多数人没有经验，往往是穿好了衣服再去梳头。他自己是看不见，结果后面一站人就会发现其领子周围雪花飘飘落一地。

关于西装的穿着，我们专业的讲法讲什么？"三个三"，"三个三"就是穿西装的时候有三个大的问题要注意，而在每个问题里都有一个三字，所以我叫它"三个三"。

第一，三色法则。我们已经讲过：服饰三要素里最重要的是色。从色的角度来讲，正式场合穿西装全身的颜色不能多于三色。包括上衣，包括下衣，包括鞋子，包括领带与衬衫，色彩不应在总体上多于三种。此即三色法则。这样比较协调，所以三色原则是非常重要的。白领有个讲究，一般在正式场合穿深色西装、白衬衫，社交场合则可以穿同色衬衫。比如灰西装选个灰衬衫显然可以。不过正规的衬衫都是白衬衫，而且是本白。

第二，三一定律。它是指男士在正式场合出场亮相时，要注意身上一些重要细节上的搭配。这些重要细节是指什么呢？鞋子、腰带、公文包。它要求男人在重要场合出现时，鞋子、腰带、公文包是一个颜色，并且应当首选黑色。它有讲究的。这样搭配，显得庄重和保守。内行看门道，正规场合三一定律是非常重要的。

第三，三大禁忌。三色法则和三一定律，我们把它叫做"有所为"，就是高水准要求。但一般人未必做得到，那天一个刚刚工作的小白领跟我说：金教授，我也想遵守三色法则，我也想遵守三一定律，那都是钱哪。这也是实话，这是物质基础问题。对一般人来讲，他更应该注意什么呢？三大禁忌需要避免，就是"有所不为"。可能的话，我肯定会美化自己的形象。退一万步讲，我美化做不到，至少别丢人现眼，问题最小化。"有所不为"，就是最后一个三。

第一个禁忌，袖子上的商标没有拆。以前经常或有的一个问题。我们现在买来的西装一般左边袖子上有一个商标，按照规矩，你买来之后，一交钱，服务生应该给你拆掉的，像你这套衣服启封了。等于你抽烟一样，抽烟时总得把商标揭开了吧。你到国外去买西装，交了钱之后服务生就会把商标给你拆掉的。但是我们这儿有的服务生不知道这回事，缺少基本的知识；还有的服务生知道了也不干。久而久之，害得我们不少兄弟误认为袖子上有此一横是名牌的标志，经常有人走路时有意做曲臂挺进状，他想要露一手，我称为门外汉基本特征。这是第一个禁忌。

第二个禁忌，穿夹克打领带。内外有别。如果是我们行业内部搞活动或者一些特殊情况，穿夹克打领带是允许的。比如，制服是有夹克式制服的，像军人、警察、工商、税务，你要注意观察的话，他们的制服是夹克式的。夹克式制服是单位统一规定。但是，对外交往是不允许如此这般的，国际商务交往绝对不允许穿夹克打领带。在外国人眼里，夹克属于休闲装，将它与领带配套，肯定不伦不类。要明白休闲装不是正装。

第三个禁忌，袜子存在问题。内行看门道，如果一个女孩子盯着一个男人的袜子看一看，他受过什么教育，见过什么世面，乃至家庭背景如何，都能看出来的。说句实话，一般人穿袜子讲究不多。我当过学生，学生穿袜子时讲究穿了没有？穿了就比不穿好，光着脚丫子就是没有那个穿袜子的讲究。一般白领讲究什么呢？一般的白领讲究是另外一回事了：两只袜子是不是一种颜色，两只是一种颜色就让自己过了。但是，真正讲究的人他有两种袜子不穿：第一，不穿尼龙丝袜。讲究的男人是不穿尼龙丝袜的，它不吸湿、不透气，容易产生异味，妨碍交际。在发达国家、发达地区，尼龙丝袜大概二十多年以前就开始淘汰了。第二，不穿白袜子。西装一般是深色的，皮鞋一般是黑色的。从美学或者协调的角度来讲，袜子跟皮鞋一个颜色最好看。除非你穿白皮鞋，否则一般不穿白袜子。所以袜子有两个选择，要么跟皮鞋一个颜色，要么跟裤子一个颜色，二者浑然一体好看。

此外，穿西装还需要注意其他很多方面，比如它的板型、式样、穿法等等。

首先，我说说板型。其实我们一般人买西装首先考虑的是价格，能打折当然就打折。你要有经验的话，在允许的情况下应该买一身比较高档、正宗的西装。男人穿西装只要身材不变的话，一身西装穿三五年没有问题。一身像样的能够经常穿出去的西装，比那种穿了之后有损形象的西装效益要大。西装基本上有以下三种基本板型：

其一，**欧版西装**。欧版西装最基本的特点是倒梯形。它的轮廓是倒梯形，同时多为双排扣。像一些著名的国际品牌，诸如杰尼亚、阿玛尼一般都是这种欧版西装。它看上去肩宽、收腰，跟欧美人身材的外观轮廓有关，像我这种身材不能说长得特别苗条，但是确实也不够魁梧，所以我一般不穿双排扣西装，否则像是小可怜儿。

其二，**美版西装**。所谓板型，指的是西装的整体造型，外观的那个轮廓。如果说欧版西装的特征是倒梯形的话，美版西装的基本轮廓则是 O 形，它以宽松、肥大、舒适而著称。它的知名品牌有布鲁克斯兄弟等。

其三，**日版西装**。它实际上是东方式改良西装。说句公道话，日版西装更适合我们中国男同志穿。日版西装是 H 形，直线条的，和我们肩膀不够宽、腰不够苗条这样的身材比较协调，而且它的基本特点是单排扣。有的西装你要不会穿很难看，比如有些小伙子穿那个翻边裤，他本来个子就比较矮小，再穿一条翻边裤，等于除以二，身材就更矮了。同理，你本来肩膀就不够宽阔，再穿一件倒梯形的双排扣西装。小可怜嘛？！怎么会给别人那种敦厚可靠的感觉呢？

其次，我说说式样。式样即款式。西装最基本的款式分为单件、两件、三件。单件一般是休闲装，一件西装，我可以穿一身灰，穿一件灰色上衣，配黑裤子，我自己去组合，当然这一般不是套装。商务装是讲套装。套装的话一般是两件套或三件套，两件套西装一般我们穿得比较普遍，此外还有三件套西装，就是除了西装上衣和下衣之外，加了一件背心，严格地讲，三件套的西装更适合有地位、有身份的男人，在重要的商务交往中穿上它会令人显得尤其庄重。它那个西装背心最大的一个好处是，会保护你的形象，也就是说把你的衬衫和裤子接缝儿的地方给挡住。有的人一使劲搞不好会露出一截秋裤，搞不好内裤也会露出来。还有一些同志着急穿衣服把衣服给掖错了，这很难看的。所以你要穿上西装背心就没有这回事了。即便衬衫不露出来的话，裤腰和衬衫接缝儿的地方皱皱巴巴的也非常难看。穿上西装背心它就被挡住了。它比较好看，所以从档次上来讲，三件套高于两件套，两件套高于一件套。

再者，西装的领型是很有讲究的。它讲究平驳领和戗驳领之分。它跟人的脖子的粗细、脸形有关。此外，还讲究西装开不开气儿，后面有没有缝。专业讲法叫中间叉、骑马叉。这个有讲究的。我经常跟有的同志讲：你的身材不够高大的话，最好选日版西装。日版西装后面开叉的概率少。而英国版、美国版西装开叉就比较多，因为跟穿着的人的身高有关系。我们这儿上衣的开叉一撩，撩的什么呢？撩出衬

衫来了，撩出腰带来了，撩出腰带后面挂的一串钥匙来了，撩出腰带掖在后面的部分秃噜出来了，像肠子似的，不好看啊。

对一般人来讲，款式最后的一个容易看出来的区别是扣子。注意过没有？最基本的区别：双排扣和单排扣。单排扣西装更为传统，而双排扣西装比较时尚。比如，我去参加宴会、舞会、酒会，穿双排扣西装更好看一点，时尚。而谈判、会议、办公则该穿单排扣西装。但是单排扣又有区别了：有一个扣、两个扣、三个扣，甚至还有四个扣。正装一般是两粒扣和三粒扣。

最后，我说说穿法。这西装你要会穿，还要合身。西装可不能不合身。从尺寸上来讲，你还得有自己懂得的一些基本规矩。比如，衬衫袖口就不能太长。衬衫袖口太长的话，反而要显得太秃噜了，老土、肥大，不好看。穿法上最终要关注扣子的系法。穿双排扣西装扣子都要系上，双排扣西装是不能敞开怀的。而穿单排扣西装的规矩是站起身来之后系扣，坐下身来之后扣子则要解开。

单排扣西装扣子的系法有讲究：一般的系法是最下面那个扣子不系。比如两粒扣子的话，就是最下面那一粒不系。三粒扣子的话是上面两个系上，最下面那个不系。三粒以上的扣子有什么特殊系法呢？

比如有三粒扣、有四粒扣，三粒以上的扣子有个系法就是中间的扣子系上，上下的可以不系。具体方法是：三粒扣系中间一粒，上下可以不系。四粒扣中间两粒系上，上下可以不系。这是它穿法上的基本讲究。如果穿一身西装的话，你把所有的扣子都系上的话其实是很傻的。当然你要是出现在很正规的场合，将西装敞着怀也不合适。正式场合站起来的话，习惯动作是要系上扣子的。这是关于西装穿法的一些最重要的讲究。

　　总而言之，穿西装时，以下三点要注意：第一，那个场合该不该穿西装。第二，这身西装是不是适合自己的身材。第三，自己会不会穿西装。这三个问题应该是我们穿西装时首先予以解决的。这三个问题解决了之后，应该就没有别的什么大不了的问题了。

第 4 篇

商务着装之搭配西装

中国人有句老话："功夫在诗外。"在谈及商务着装时，忽略正装的具体搭配是十分错误的。西装的搭配非常重要，非常讲究。男同志穿着西装和女同志穿着套装、时装一样，重在搭配。搭配什么呢？实际上是四件东西，即衬衫、领带、鞋袜以及装饰之物。这四件东西，应该是我们在这一讲中所要讨论的问题。

首先，衬衫和西装的搭配。

衬衫在重要的场合很有讲究。比如，一般来讲商务人员要出远门的话随身要带几件衣服，多有成规。不能像老百姓似的，我愿意带几件带几件，天冷了多带，天热了就不带，不是这样的。正装衬衫有其讲究。正装衬衫严格地讲都是长袖衬衫，换而言之，短袖衬衫若非制服就不是正装了。比如麦当劳，那工作装就是短袖的、白底儿的、红条的，它是制服，制服你管不着，否则的话正装衬衫都是长袖的。我们要出去商务旅行的话，假定要出去一个星期，我到美国出差，我到香港出差，一个星期。我一般要带四件衬衫或者三件衬衫，因为一个星期五个工作日。在这三件或者四件衬衫里面该有两件是白色的，纯白衬衫，确保每天换一次，衬衫要是袖口或者领子污浊了是很难看的。因为男同志头发长度有讲究，在商界对男同志的头发有非常具体的要求。比如说男同志头发最短一般不得为零，就是不允许剃光头。头发最长一般是前发不覆额，前面头发不挡额头；侧发不掩耳，两侧头发不挡着耳朵；后发不及领，后面的头发不触及衣领。因为你不是F4，你不是歌星、影星、球星，而且那个后发要碰到领子它有个最大的问题，会把衬衫的领子搞脏了。你要至少有两件白衬衫随时搭配或更换。还有一件和西装同色系的衬衫。如果社交场合的话穿同色系的服装也很好看。

我有一个讲法，叫做由深入浅法或者由浅入深法。什么叫由深入浅呢？就是西装颜色最深，西装是深灰；衬衫是中灰；领带是浅灰。从外面到里面看，由深入浅，这种穿法非常典雅，令人显得有文化、好看，别具一格，因为一般人不这么穿。还有一种穿法叫由浅入深，同样拿这灰色来说，可选择浅灰西装、中灰衬衫、深灰领带。由外侧往里面走，由浅入深，看上去非常时尚的。比如我参加宴会、酒会时，我就这样穿。

另外一件备用的衬衫可以是黑衬衫或者蓝衬衫之类的，我换一换，我们有搭配的。一般我出门一星期的话，我得带三四件衬衫，带五条领带。为什么？因为西装不可能天天换，说句实话，男人比较可怜，正式场合往往只有穿西装，不像女孩子那么多漂亮的衣服可选择。我们穿什么呢？西装：深色的、黑色的、灰色的、蓝色的；扣子：一个扣、二个扣、三个扣、没扣；衬衫：白的。没得换时，就要靠领带了，男人的领带永远少一条。懂行的人换领带，你穿蓝色西装，你穿白衬衫，你每天换一条领带，就给别人耳目一新的感觉。所以懂行的人是不经常换西装的，而是天天换领带。一周五个工作日，我可以五条领带交替就比较好看了。

具体而言，选择与西装搭配的衬衫时，应关注衬衫的色彩与图案。

首先，我们讨论一下它的色彩。一般来讲，衬衫的色彩首选白色。

此外，正式场合还可以有一个考虑，就是选与西装同色系的衬衫。艳色衬衫正式场合不可以穿。你不能设想一个男士穿一身黑西装，再去配一件红衬衫，多傻、多土、多笨、多难看、多不伦不类了，那是比较愣的一种穿法了。

其次，从图案的角度来讲，男士正式场合穿的衬衫最好是无图案的，顶多可以选条纹的衬衫。一般是竖条，而且条要小一些。正式场合男士不宜穿格子衬衫，格子衬衫属于休闲衬衫。要穿条纹衬衫的时候，最好避免穿条纹西装，打条纹领带，否则出现我上一讲讲的那种斑马式搭配。同样的道理，你要穿格子西装、格子衬衫，再打格子领带，那叫梅花鹿搭配，那会全身是格，很不好看。

衬衫的领形与下摆，通常多有讲究。

衬衫领子的形状有多种多样。正装的衬衫一般就是一种方领，此外还有一种扣领衬衫。后者就是领尖有扣，实际上是美式衬衫，它一般是休闲衬衫，非常重要的场合是不用的。还有一种立领衬衫，它把外面这圈领给去掉了，仅保留里面那个领。它实际上是一种时装衬衫。我穿一件休闲西装，我不打领带，我穿立领衬衫也很酷的，是帅哥的一种穿法呢。再者，还有一种翼领衬衫。翼领衬衫实际上是把一般领形的领尖翻了一下。它适合打蝴蝶结、穿燕尾服。

衬衫的下摆也大有讲究。下摆通常有圆摆和平摆之分。圆摆衬衫一般是休闲的，比较宽松肥大。它可以放在裤腰外面，有时候一些时尚的小姐也穿，将它系个扣，蝴蝶结，勒在这个肚脐上下变成了露肚脐装穿法了，也很时尚。但是它肥大，掖到西裤里面去搞不好鼓鼓囊囊的，不好看。所以正规衬衫多为平摆。

此外，衬衫袖子有讲究。我们刚才讲了，首先应该是长袖的。更讲究的还有法式袖。法式袖，实际上是翻边袖，它配装饰性袖扣。如想使用袖扣，只能选择法式袖衬衫。

在正式场合，穿西装的男士务必要注意衬衫的穿着要点。

在正式场合，衬衫配西装外套。你穿长袖衬衫可以打领带，而穿短袖衬衫则一般最好不要打领带。除非是制服，否则不伦不类，因为它是休闲装。但是，长袖衬衫打领带仅限于室内活动，比如我进办公室了，我把外套脱下来放到椅背上或者放在衣架上去了。穿长袖衬衫到外面去比划就显得不伦不类。一出门，不管外面刮风下雨还是多么酷热，一定要穿外套。你注意了没有，一些外商是比较讲究的，而我们国内个别企业家跟外商站在一起就相形见绌了，好像就我们怕热人家不怕热，往往只有我们的人不穿西装外套。长袖衬衫仅限于室内活动，出门要穿外套。

穿衬衫时，袖子是不能卷起来的，尤其不能当众卷袖。还有就是要注意：一般情况下衬衫袖子要在西装袖外面露出一到二指左右，专

72

业讲法叫一到三个厘米。为什么会有三个厘米的说法呢？因为欧美人骨架大，他的衣袖长。它有两个作用，第一，保洁。西装不可能天天洗，衬衫露出来的话，就避免把西装袖子给弄脏了。第二，反差。此举也是一种搭配性的协调，同时还说明我穿的衬衫有袖子，省得有人说我穿的只是一个衬衫的领子，假领子。

衬衫扣子的系法有讲究。比如打领带的时候扣子都要系上，而不打领带的时候，顶上的这个领扣可以不系。不打领带的时候系上领扣，有点煞有介事。但是打领带时你不系领扣就不好了。

最后，你在穿衬衫的时候还要注意，里面内衣和外衣的协调。我主张：贴身穿衬衫。尽量不要在它里面再穿什么保暖秋衣，三层保暖，羊毛绒之类。我们经常看到有这样的老兄，穿一件衬衫，穿个鸡心领背心，再穿个毛衣，再穿个羊绒衫，跟梯田似的，一层一层的。同样的道理，你要穿件内衣，也得注意色彩的协调。比如我穿个内衣的话，是不是要穿 U 领或者 V 领？！不能穿高领的啊。经常见到这样的老兄，衬衫领外露出一截"花絮"。有没有这种情况，内衣的袖子也露出来了，露出那一圈儿，非常不好看。最后，下摆一定要掖到裤腰里面去。这是穿衬衫的标准做法。

其次，领带和西装的搭配。

所谓"穿西装，打领带"，领带向来被视为西装的画龙点睛之笔。实际上，讲领带同样要看三要素。

领带的色彩与质地，往往需要优先考虑。

首先，要注意领带的色彩。一般来讲，领带的色彩最好注意两个点：其一，领带色彩跟西装尽量协调。比如，我今天要穿灰色套装，我首选的就是灰色的领带了。同色系容易实现三色原则。其二，要选那种容易和衬衫色彩搭配的领带，比如蓝色的、灰色的、黑色的、紫红色的等等。紫红色一般显得比较喜庆，开业剪彩、社交活动打起来比较好看，而灰色、蓝色显得比较庄重。此外，有的时候参加社交活动还可以打白色的领带。那是非常时髦的，就跟蝴蝶结一个道理。但是最好别打它，否则别人会觉得有点愣。

打领带时，还要考虑它的质地。通常，高档领带都是真丝的，或者纯毛的。工艺好的话，亚麻的也可以。但是其它领带你就尽量慎选了，比如打尼龙领带也可以，但是什么羊皮的、蛇皮的、珍珠的那就拉倒了，那有点煞有介事。

有一次我在山东教育电视台做了一个录像节目。播出之后，一个观众给我写信，说堂堂的金教授怎么领带打得那么难看。后来我给他回信，我说其实我那时的领带是最时髦的打法。当然这有个时效性问题。当时来讲，领带最时尚的打法就是领带结下面有一条"沟"，大一点儿，小一点儿，正一点儿，歪一点儿，都可以。这种打法叫"man's dimple"，意即男人的酒窝。你可以看看，国内外的许多企业家，欧美一些明星、电视直播主持人乃至布什总统、普京总统，诸如此类，都常那么打领带。为什么说它时尚呢？那天有一个女同志跟我说：金教授我瞧了半天也没看出你打的领带哪儿好看。还碰到一个更实在的，说老金你比较忙吧？我说我忙，他说你看你连领带都没有打好，我来帮你，随手就把我这个"酒窝"给我消灭了。他是不大懂。除了别具一格之外，此种打法很重要的是等于告诉别人我打了一条高档领带。因为只有真丝领带压的这个槽，它才容易保持。你拿一条尼龙领带压一个槽，一会儿它就自己缩回去了。它反弹，它抗不住。

进而言之，领带的款式、图案与打法不可不慎。

从款式上看，人们常打的这种领带，我们一般把它叫箭头领带。就是它顶端有一个三角的箭头。此外，还有平头领带，就是领带下端是平的。平头领带一般属于休闲和社交时候用的，而箭头领带则属于正装领带。领带图案多有讲究。商务交往强调庄重保守，你要给男朋友或者给老爸送领带，要看什么时候送？送了什么时候用？如果要是非常重要的场合，比如他当新郎或者接受电视台采访，我建议你送他单色，无图案的领带。图案太花哨反光，不好看。喜庆场合打一条紫红的就行了。如果当新郎可以打大红的，不过大红的领带一般不常打，一辈子可能就一次，否则正规场合打一大红领带太夸张。要是在公司、企业里，上班的时候打的领带，格子、条纹、点均可以考虑。打格子领带的人，一般显得做事比较有规矩。打圆点领带的人，考虑事情思圆行方。打条纹领带的人，属于干事比较果决的人。但是，千万不要打那种标新立异的图案:什么阿猫、阿狗、熊猫盼盼、米老鼠、唐老鸭，再整一个梦露的大嘴巴，会给人以花花公子之感的。

在大庭广众之前抛头露面时，打领带还要注意领带的长度。专业讲法，领带打好之后，最佳的长度在什么位置呢？在皮带扣的上端。为什么它的下端在皮带扣的上端呢？如果你这身西装合身的话，我们上面已经讲了，站起来要系上西装的扣子。我现在这是三粒扣西装，我实际上是要系上面两个扣子。我这西装合身的话，皮带扣的位置是什么呢？就是最下面这个扣子的位置。那你设想一下，我这条领带要长过皮带扣将出现何种情况？它从衣襟下面凸显出来，探头探脑地向外张望。我那天见一个老兄，其领带下端不仅露了出来，而且直达裤裆。真的惨不忍睹！所以领带的下端应该正好在皮带扣上端。当然稍微长一点、短一点也无所谓。有时比较讲究的人，他喜欢将领带打长一点儿，把皮带扣挡住。因为高档皮带那个皮带扣上有商标，他担心有招摇之嫌。

再次，鞋袜和西装的搭配。

在配西装的时候，袜子和鞋子也要注意。鞋袜实际上是个浑然一体的问题。一般来讲，鞋子要重于袜子，因为鞋子要是全方位地被人家看到的。

首先要讨论一下鞋子的选择。正装西装肯定是配皮鞋。你不能穿凉鞋，更不能穿拖鞋。刚刚改革开放的时候，有人穿身西装套装，却配上一双旅游鞋，绝对是一个煞有介事。就跟一个女孩子穿套裙时配上拖鞋式的凉鞋出来一样，不伦不类了，那不合适。皮鞋通常有时装皮鞋、休闲皮鞋和正装皮鞋的分法。一般正装皮鞋都是光面的、三接头的、系带式的皮鞋。磨毛的、磨砂的、艳色的、打眼的或者多种色彩相拼的相拼皮鞋，一般不是正装皮鞋。在此处特别要强调皮鞋要选单色的、光面的、系带的。还有就是要注意它的大小要合脚，你大小不合脚，踢拉踢拉地不合适。尽量不要用鞋垫，否则走动的时候，下面一个鞋垫滑了出来，也很惨。这是关于鞋子的一些最基本的讲究，其色彩是第一要旨，正装皮鞋的色彩一般要选黑色，休闲场合则可以选跟裤子同样一个颜色的鞋子。

接下来，要讨论袜子的选择。袜子要首选黑色的袜子，首选纯棉和纯毛的袜子。在可能的情况下，我还给各位一个忠告，就是要选那种袜筒稍高的袜子。如果你要出国的话，你就会发现欧美人所穿袜子的袜筒比较高。为什么呢？因为人坐在那里会翘腿。我们国内的袜筒其实比较短，有同志坐在那儿一翘腿，马上露出一截飞毛腿；而且搞不好袜筒一个拉得直，另一个拉的不直，真的有碍观瞻。

最后，饰品和西装的搭配。

男性的饰品都有什么东西呢？男士的饰品多了。第一个，男人看表，表是饰品。再者，男士的公文包也很有讲究。我穿一身正装西装，总不能背一只小背囊吧。我什么也没带，我拿一只密码箱也有点夸张吧，对不对？除此之外，像领带夹、装饰性袖扣、钱包，都是比较讲究的饰品。

其一，男士的手表。在重要场合穿西装时，要使用所谓正装手表。正装手表一般是机械表，而不是电子表。它在款式上要比较庄重。要避免戴那种时装表、大腕表之类的表。它们往往上面什么十几个表针，五六个时区，奇大无比，再用装饰性的图案和夸张的色彩，这就不合适了。有的同志喜欢戴一只什么太空表、潜水表。又不上九天揽月，又不下五洋捉鳖，其实并不合适。不要夸张，而要收敛，此乃商务人员的基本要求。另外，表的品牌要尽量和自己的社交地位、社交圈的大小以及收入和身份相吻合。那种劣质低档的表，那种塑料的电子表就别用了吧。

其二，男士的包。男士在正式场合出现，一般应使用真皮的公文包，而且应首选提式公文包。我们经常看到，有些同志喜欢手持一只手包或夹包。它们实际上是社交场合和休闲场合用的。在它里面装一个手机，装一把钥匙，装个钱包、卡比较方便。正规场合还是要用公文包，用它放文件可避免折叠，里面所装的内容可以多一些。一般而言，选牛皮、羊皮的，黑色的手提式的公文包比较好。平时放下公文包也是很有讲究的，它是放在自己右手下面的地板上为佳的。拿东西时可手到擒来，别随便乱放。放人桌子上，放人沙发上，都不合适。

包里放什么东西也颇有讲究。手机、名片、通讯录诸如此类，都应置之其内。

除此之外，男士的一些皮具还有讲究。比如钱包、钥匙包，最好要考虑跟你的皮具的协调性。应当都是黑色的，都是羊皮的，或都是牛皮的。有条件的话，还要讲究专包专用，分门别类。

其三，装饰性袖扣与领带夹。大多数中国人打领带时喜欢用领带夹。那天一个女同志就说我：老金你这个西装挺帅，你这个领带也挺好看，干吗不用领带夹呀？其实，领带夹一般人可以不用。为什么呢？用领带夹的往往是特殊身份的人，两种人，第一种人是穿制服的人，即公安、税务、警察、军人、空乘。你注意了吗？他们用的领带夹上有国徽、警徽、军徽、航空公司的徽记，好看得很，而且是 CIS——企业形象可识别系统。第二种人是 VIP，即大人物。比如说普京总统他检阅仪仗队，他跟别人打招呼，他挥手致意，他的西装上衣扣子要系上。那你想想，他要系上扣子的话，不用领带夹夹住领带，领带岂不蹦出来了。他去跟人家吃饭，我们一般人吃饭端着碗吃，你想总统能端着碗吃吗？他万一要喝汤，没夹住领带。谁先喝汤？领带先喝了。

所以大人物和穿制服的人该用领带夹，一般人是可以不用的。但是，国内缺少这种教育，搞得很多人误认为打领带必用领带夹。其实没必要呀。现在春暖花开，我去游山玩水去了，如果我打领带了，我在花园踱步，我快步疾走之时，清风吹来，吹面不息，领带随风飘舞。说句时尚的语言，很酷呀！这也是男人的味道呀。领带是要飘的呀，当然你别吹它，你让它自然地飘。这时候，你把领带夹住，很傻的呀。

当然，退一万步讲，你要夹领带夹也有讲究。夹领带夹的标准的位置是什么呢？领带打好之后的黄金分割点。领带打好之后的黄金分割点，实际上就是它的三分之二的地方。我现在穿的是七粒扣的衬衫，它的位置即从上往下数四到五粒扣之间，把领带夹夹在那里，系上西装外套之后看不见的，领带夹的作用是固定领带，并没有太夸张的作用。但是我们有的同志有误会，他是这样想的：既然俺用了领带夹，

就得让别人知道俺用了领带夹啊。俺是金利来的，花了两百多呢；俺皮尔卡丹的，花了五百呢。俺不让你看见俺亏了。俺得把它别得高一点，继续，继续。其实这个领带夹是可用可不用的。

如果有可能，我建议你用装饰性袖扣。如果你是董事长、总经理的话，你最好用装饰性袖扣。所谓装饰性袖扣，是在法式衬衫上用的。你在谈判桌上跟别人说话的时候，你两个手放在那儿的话，装饰性袖扣适度地显现出来会非常好看。但是装饰性袖扣一般都是贵金属材质，宝石、黄金、白银甚至白金之类的，价格不菲。你去买鱼、逛街的时候就没有必要使用它了，因为那种时候一般人不认那玩意儿，顶多说你多事。

除领带夹和装饰性袖扣之外，男人打领带时还有一些配饰。比如，领带棒、领带别针。领带别针欧美人比较喜欢用，它一般固定在领带下面的一到两指、三指这个位置。其用法是用它把领带穿透，然后把领带固定在衬衫上面，起着类似于领带夹的作用。领带棒主要适配于那种美式衬衫。把领带打好之后，用它在领口对领带进行内部固定。但是这个东西一般不大常用。

第 5 篇

商务着装之职业女装

今天社会上倡导男女平等，所以我们讲完男士所穿的西装以外，现在来谈谈职业女装。职业女装，实际上是一个比较大的概念。在国际社会强调女士优先，也就是要尊重照顾女性，所以职业女装的选择和要求相对男同志来说，要宽松得多。比如，在面料、色彩、款式等所谓服饰三要素方面，职业女装的选择其实就比男装可选择的范围广泛得多。以下，就跟大家系统地谈一谈职业女装的问题。

所谓职业女装，是指公司、企业的女性从业人员，即办公室工作人员，也就是所谓的白领，在其工作场合所穿着的正式的服装。人员，白领、办公室工作人员；场合，工作。它实际上就是一种职业女性最正规的商务着装或工作装。

作为职业女性，在其选择工作装时，有一系列特殊的讲究。她在穿着、搭配、适用的范围等方面，都有很多讲究。这个涉及的面很多，我们可以用一个例子来引起。

我现在问你一个问题：假如今天晚上在一个四星或者五星的酒店，有一个涉外的商务舞会或者是晚餐会，也就是社交活动。你要去参加，你要怎样考虑你的服装款式呢？是不是要穿晚装之类的？你的这种想法属于高标准了。有了晚礼服的概念，这很好。但实际上我们一般人，作为白领，到酒店去参加这种社交活动，基本上只要注意到正规一点就可以了。就是要穿裙装。换而言之，对职业女性来讲在重要场合裙装是正装。反过来说，裤装往往是便装或工作装。如果男士的正装是指西装的话，那么女士的正装实际上指的就是套裙。它通常是统一面料的、统一色彩的、浑然一体的，由上衣和下衣两件衣服所组成的套裙。上衣是西装，下装则是西式套裙。但是这个裙装有的时候还涉及一些搭配的具体问题。如果你现在去这种商务酒会或者商务聚会谈判、会见，你现在穿裙装去了，那么穿裙装不能出现什么问题呢？穿正式的裙装一定要穿丝袜，而且不可以穿露脚趾的凉鞋。实际上不同层面的人，会有不同的讲法。我反复强调经验交际：闻道有先后，术业有专攻。如果你不在白领的商海中游历三年五载的话，这方面也未必是高手。一般来讲，女士在正式场合穿裙装有四个禁忌：

第一个禁忌，有一种裙子是不能穿的——黑色皮裙。黑色的皮裙，讲究的女士在重要场合，特别是涉外交往中切忌穿着。除非自己是模特、演员或者化妆深入敌后。为什么不能在这种场合穿黑色皮裙呢？因为黑色皮裙在国际上是一种"专业服装"。皮裙者，鸡装也，它是特殊职业者的基本特征。当前我们中国安定团结，和平稳定，治安良好，这种事大家很少会想到。但实际上如果你要到国外去转一圈的话，那么你就会知道欧美国家，虽然穿着非常讲究个性，无奇不有，甚至有过多裸露的人，但却罕见黑色皮裙。我有一个朋友是做贸易的，浙江人。他带着老婆一块儿到加拿大、美国遛了一圈，回来跟我讲：没有人理睬他老婆。我把这事跟他一说，他说：怪不得呢！因为他是做皮装生意的，故此专门要求老婆现身说法，穿了一条黑色皮裙。那样子人家当然不会理她了，人家怀疑他带了一个特殊职业者。

实际上，这个问题我们是要强调的，因为有人确实不知道，而且也有人这样穿。有一次我参加一个外事活动，我们有一个有身份的女同志，就穿着一条黑色皮裙来了。我在门口碰见她，我说：你今儿为什么穿了一条黑色皮裙呢？她以为我跟她开玩笑呢，上来给了我一拳，说你讨厌。我说你少来这套，告诉你，如果你穿着这身衣服进去的话，人家把你拍了照，登了报纸，你丢死人了。她把裙子认真检查了一遍，然后告诉我：放心吧！咱这是真皮。她跟你划的不是一套拳，她想的事与你根本不一样。

第二个禁忌，忽略裙子、鞋子和袜子之间的搭配与协调。我们买衣服往往是单打一：这儿买的裙子，那儿买的袜子，第三个地买的鞋子，然后再随便配上一件上衣，号称自由组合。其实比较讲究的人，他认品牌，或者是讲究系列化、套装化，这是一个层次比较高的讲究。有时候，你要不注意就很麻烦了。有的女同志穿得很高档，一身套裙，却光着脚丫穿双露趾、露跟的凉鞋。凤凰头，扫帚脚，有人穿了一条很高档的套装裤装，下面却穿了一双旅游鞋，也很不协调。旅游鞋只宜穿于休闲运动场合，再者，穿凉鞋时，标准的穿法是不穿袜子的，但是正式场合又不得穿凉鞋。

第三个禁忌，在重要场合穿套装，尤其是穿套裙时光腿。说白了，就是不光脚丫子。说句您不爱听的话，有个别女同志爱穿皮鞋，又从不注意保养，其脚后跟和脚趾头必遭磨损，磨得发红发亮，还长着几块膙子，所以要光着脚丫子的话就不好看了。有的女孩穿那种拖鞋式凉鞋，去休闲度假，旅游，游泳，倒还可以。但是重要场合穿那个就不好看了，所以讲究的女人一般在正式场合都不穿凉鞋。如果非要穿凉鞋的话，有些室外活动，什么露天的茶会、Party 之类的，她会穿"双包鞋"。你注意了吗？"双包鞋"是指前包脚趾、后包脚跟的女式正装凉鞋。它会把比较惨的地方挡住，不让别人看见。要穿凉鞋的话，其实讲究的人是不穿袜子的。凉鞋就是要透气儿,穿袜子等于骂自己,等于告诉别人:自己腿上汗毛比较重,或有胎斑、色痣或者诸如此类的问题。

还有一个说法,在国际交往中,欧美人的思路跟咱们中国人不一样。欧美人说:女人光腿穿套裙,有卖弄风骚之嫌,或是卖弄性感。韩国、日本说得就更恶毒了,说女人光腿穿裙子等于没穿内衣,翻译成中文即有耍流氓之嫌。当然这属于跨文化沟通。我经常告诉外国朋友:你夏天到北京,会见到很多小姐光腿。到上海,会见到大姐也光腿。到广州,则会见到大妈也光腿。你不要认为中国妇女都想勾搭你们,我们这儿光腿的基本考虑是凉快,痛快。穿袜子太憋了!再者,我们这儿袜子比较贵,容易破。我们不穿,不破,省钱嘛。

第四个禁忌,三截腿。三截腿实际上在我们国内女士中还是比较常见的,是一个着装的常识性错误。如果说,男同志穿西装最容易丢

人的地方那就是白袜子配西装了；那么女同志穿套裙最容易"露怯"的地方就是三截腿了。什么是三截腿？就是穿半截裙子时，穿半截袜子，袜子和裙子中间露出一段腿肚子。有的女同志是这样想的：光脚丫子不文明，脚又容易脏。穿高筒袜太热了！那就穿半截的吧！于是袜子一截，裙子一截，腿肚子一截。术语叫它恶性分割。它容易使腿显得粗短。再为了省钱，买的袜子质量不好，弹簧扣、松紧口，腿肚子又比较粗，袜子把它一勒，像一截大香肠一样，惨不忍睹。总而言之，男人白袜子，女人三截腿，这是职业装里最寒碜的地方，容易贻笑大方。

说实话，对于礼仪其实很多人都会有兴趣。因为没人愿意丢人，没人愿意露怯。有时有人之所以出丑、露怯，就是因为不懂。下面，再来介绍一下职业女装需要注意的方面。

面料应该尽量避免选择发光的、发亮的、过分透的。因为发光、发亮的面料，一般属于劣质低档面料或者时装面料，或者做晚礼服用。职业女装的面料要选择纯毛的、纯棉的、纯丝的、纯麻的。它们的档次比较高，我们称为四个纯。此类纯天然质地面料吸湿、透气、悬垂感比较好，穿在身上又比较舒服。

从色彩角度来讲，职业女装的色彩要注意协调。色彩的协调其实是个高难度动作，就是要跟自己的形体、肤色以及适用的场合相协调。比如，做电视节目的人都知道，如果我们现在的背景是蓝色的，我再穿身蓝色套装进去，我被融化了，就只剩一个小脸了。同样的道理，我们在重要场合也要注意。

高矮胖瘦其实跟着装有很大关系。着装有一个基本原则就是要应己。适应的应，自己的己。说白了，就是要令其适合自己身体的特点。我在这儿开个玩笑：我要穿衬衫或者高领衫，首先就要考虑脖子的长短。如果我的脖子有问题,比如我的脖子是缩脖,就是脖子比较粗短的,那就不能穿高领衫,一穿高领衫,我的脖子就没了。聪明的人怎么穿呢? 穿 U 领或者 V 领的内衣或衬衫,U 领或者 V 领会露出一段胸部,视觉上就等于冒充了脖子。如果我的腰比较粗,或是腿长得比较困难的话,是不是就不要穿露脐装或者超短裙了? ! 不到万不得已千万别穿,否则我露出那个比较困难的地方,有人会说那叫腿,也叫腰,就比较惨了。说白了就是老百姓那句话,我不能哪壶不开提哪壶! 着装要注意扬长避短,也就是应己。我有一次到哈尔滨去,发现哈尔滨的姑娘会穿,身材也好。有一天,在中央大街碰到一个女孩穿了一条裙子,长裙,到脚脖子附近。看那姑娘的身材其实不大好。因为我这个人经过专业训练,她个子多高,腿多长,体重多少,我看一眼大概就有数了。那女孩大概也就是 1 米 6 左右,她在哈尔滨恐怕不算高个。但是她真的会穿,她那条长裙把腿全挡住了,所以腿粗或腿细你都看不见。说实话腿要长得比较困难的同志,一般不穿超短裙,不穿紧身裤吧! 有的女同志穿紧身裤,血管都鼓出来了,好家伙,跟蚯蚓似的,真的不好看,如果长裙把腿全挡住了,也没有意思呀! 人总有点儿好奇心。她的裙子美在什么地方呢? 裙子正前方有一个很高的岔儿,人走路一般伸左腿,那个岔儿在左边。一伸腿,就露出来了。想看吗? 却又没了。美就在于含蓄,实际上这就是服饰的基本品位。美是距离,若隐若现,会让人浮想联翩。有的时候身体裸露得一览无余,就没有美感可言了。

选择职业女装,有时重点是要考虑款式。款式其实还是形体问题。一般女装的款式有以下几个基本款式:其一,X 形。X 形适合于什么身材呢? 它适合于腰比较细。这里我们要夸夸美女。美女身材好的一个基本特点是腰细,而且胸部和腿部的线条都比较常规,穿成 X 形。

她穿的衣服一卡腰，上下线条就出来了。其二，A形。A形适合什么样的人穿呢？说白了就是腿上有点问题的人。有的人腿比较粗，下身比较肥大，上身比较收缩，而其胸部线条比较占优势，所以她就适合A形。其三，Y形。它相当于把A形倒过来了，换而言之，就是腿部可能长得比较修长，线条比较好看，上半身则可能穿紧身装有难度，所以要求上面相对宽松，就转移了别人的视线。其四，H形。它适合那种身材非常苗条的人。其五，O形。一般服装很难适合于这种人，休闲装倒是还可以。一般没有人穿O形服装的。职业女装一般就是裙装。裙装一般是上衣下裙。有上长下长，就是上衣长，下衣也长。有上长下短；有上短下长；有上短下短。实际上它有各种搭配，但总而言之，一定要考虑身材，要扬长避短，而且着重强调避短，这是非常重要的。

下面，讲讲女性套装的搭配。职业女装的搭配，其实非常重要。它的搭配在我看来，首先要强调符合身份。什么叫做符合身份呢？说白了，就是干什么像什么。比如，职业女性在工作场合不能够戴过多的珠宝饰物。平时，职业妇女顶多戴一个项链，略作修饰；戴一个戒指表示结婚了也就罢了，不要戴那种过分招摇的珠宝首饰。说难听点，你戴一只价值八万多的钻戒，你打扮得比人家客户还漂亮，那算是谁伺候谁呀？你那钱哪来呀？你招摇什么呀？根本没必要，像珠宝饰物之类要收敛，但是有些能够体现自己的品位的饰物倒也可以。比如，我主张女同志出席重要场合的话，除了女人的包，丝巾其实也很重要。比较时尚的女孩子都知道，如果自己比较时尚,比较喜欢装饰自己的话,丝巾可以用得恰到好处。比如，你可以系在脖子上。当然前提是脖子比较修长，有优势。脖子很短你就别系了，不系别人还发现不了，你一系，别人一看，没注意到丝巾的漂亮，倒发现你的脖子很短，这就是哪壶不开提哪壶。如果你的脖子修长，那么系一条丝巾会非常好看。再者，如果你有一头秀发，那么可以把丝巾扎在头发上。你的腰比较细的话，去参加宴会、酒会可以顺手把丝巾系在腰上。把它当腰带用也可以。用丝巾做只腕带或一朵头花也可以。实际上，丝巾有多种装饰用途。但是说来说去，还是我开始那句话，干什么要像什么，不能乱来，要得体。

　　现在的时髦女孩，不管国内还是国外，她基本都有几个套数。那些时髦小姐，现在你去看她，大概都有这么几个套数，要从下往上看。因为男人看女人有规律：远看头，近看脚，不远不近看中腰。一般时尚点儿的女孩子，现在往往会脚穿松糕鞋或踢死牛。再往上面一点，时尚的小姐会穿吊带裙，穿露脐装已经很老土了。吊带裙的色彩、款式、面料不限，其基本特征就是"超低空"，更有勇敢者，露背，带子细，并且不对称。再时尚点儿的，前两年流行穿小背囊，这两年则讲究戴太阳镜。女孩出去必戴太阳镜，但是我也注意到了，一般人都不戴在眼睛上，戴在眼睛上的不是警察就是盲人，而基本都是架于头顶，仰望天空。还有的人挂在脖子上，这是年轻姑娘的行头，好看。如花少女总是诗啊！在社会中她是一种点缀，确实好看。但是将这身打扮放在过了年龄的人身上，或者放在男人身上就不对头了，我能穿一双松糕鞋吗？我能背一个小背囊吗？不像男人了。同样的道理，过了年龄的女同志恐怕也不合适。比如小背囊，6 岁小女孩可以背；16 岁小女生可以背；26 岁的女人就临界了；46 的中年妇女就过了；86 岁的老祖母则坚决不能背。我们不能设想一位 60 岁的大妈，脚穿松糕鞋，身背小背囊，头架太阳镜，那叫"超龄小甜甜"，那有冒充少女之嫌，它不对路。在选择职业女装的时候要量力而行，要量体裁衣，这是非常重要的。

按照职业妇女衣着搭配的原则来讲，首饰、手包、丝巾应该是最重要的行头了。除此之外就是鞋袜。鞋袜被叫做女人的腿部时装，懂行的人对此要再三推敲、斟酌。

首先，说说鞋子。一般来讲，穿套裙或其他职业女装的时候，要求穿制式皮鞋。制式皮鞋，就是黑色的，船形的，高跟或者半高跟的皮鞋。什么系带皮鞋、丁字皮鞋、旅游鞋之类，拉倒！正式场合所穿的鞋子强调不露趾、不露跟。此外，懂行的人知道：鞋子的装饰要少一点儿。可以有一个花饰，但是不能猫狗鸟鱼全有，不宜再弄一个小铃，再弄一个小穗。它们全是晃动的，它只适合小女生，往往令人有失端庄。

其次，说说袜子。懂行的人知道，女孩子的袜子是很有讲究的。比如，穿套裙的时候，一般要穿高筒袜或者连裤袜。可能的话，最好穿连裤袜。因为穿高筒袜如果不合体的话，它会摇摇欲坠。按照国外白领的说法，穿高筒袜的话就要穿吊袜带。但我们国内大部分女人是不用它的。有的时候我去开会，秘书来接我。原则上秘书接我，她应该在前面引导，她得在前面带路，我不认路呀！可是她却往往跟在我身后，告诉我：上去，下去。我挺不高兴，扭头一看，她干吗呢？提袜子呢，原来她的袜子变成麻花了，前面拧到后面去了，那幅图景很惨。其实她要用吊袜带就没这个事了。当然要避免麻烦的话，选择连裤袜会更好一些。此外，袜子的色彩也很有讲究。上班时，宜穿肉色的、浅色的，不要穿发光的、发亮的。有过分异样图案的或者网眼的丝袜，也不合适，如果不是很冷，也不要穿毛袜，尤其别用健美裤代替袜子。

同样的道理，像皮靴之类的就不登大雅之堂。国外的白领，在其上下班路上可以穿靴子，很时尚，进门就要换。再者，鞋子落地时鞋跟都不能很响。管得严格的国内企业，它的楼道里面都是鸦雀无声的，不像有的小企业跟大杂院似的。那里的女孩子穿着金属跟的鞋子，响个不休，会影响别人的注意力。

特别强调的是：穿制式皮鞋时，配上肉色丝袜是最好的。如果要有点变化，可以穿黑色袜子。但是黑色一般是薄形的丝袜，透明的那种，穿得太厚也不好看。浅灰色的袜子也可以考虑，白色的、粉色的、红色的。彩色的袜子，则一般是不穿的。

穿职业女装要区分场合，一般职业女性会遇到以下三种场合：

第一，工作场合。工作场合，就是在办公室里处理公务的时间。在这个时候，着装要求庄重保守，最好穿套装或者套裙。如果天气很热没有空调的话，退而求其次，可选择长裙、短袖，至少是有袖的服装，以体现自己比较端庄稳重的一面。牛仔装、旅游鞋、健美裤，甚至高腿热裤之类的，超低空之类的则就算了。

第二，社交场合。社交场合，就是所谓宴会、舞会、音乐会。在这种社交场合，着装强调时尚个性，人无我有，与众不同，标新立异。在这种场合你要穿制服去，会破坏人家的注意力，也不合适。这是个强调着装个性的时候，而上班则强调着装的共性。

第三，休闲场合。休闲场合，实际上就是在家里休息，诸如逛街、轧马路以及锻炼身体。在这种情况下的着装强调舒适自然。只要不触犯法律，只要不违背伦理道德，只要不影响个人安全，你大可随便穿，没人认识你啊。说句实话，逛马路的时候如果不跟熟人一块儿逛，谁认识你呀？！穿得太正式，顶多让别人觉得你有病，你自己跟自己过不去。你挤公共汽车穿高跟鞋是很痛苦的；你上长城上得去下不来。总而言之，职业女性的着装，在工作场合一定要注意庄重保守。因为我们所讲的商务礼仪是指上班礼仪，要避免那种弄巧成拙、过分前卫、与众不同的做法。在此我们强调职业女装六忌，即六个不准：

其一，过分杂乱。即乱穿、乱搭配，不守章法。比如，上面穿件西装上衣，下面穿条长裙；上面穿身套裙，下面光脚穿一双凉鞋。这就显得过分杂乱。

其二，过分鲜艳。即色彩多、图案怪。不能打扮得花枝招展。上班提供的是服务、是工作，而不是吸引异性的注意力。这个是一定要注意的。

其三，过分暴露。即裸露不宜裸露之处。严格来讲，有那么两个重要部位是不能过分暴露的：首先，不能过分暴露胸部；再者，就是不能过分暴露肩部。比如，不能穿无袖装。有的女同志没有修剪腋毛的习惯。腋毛不修剪的话，就像男人不修剪的鼻毛一样，这种样子在异性眼里会怎么样呢？说句最文明的话就是有失美感；说句不好听的话，则是看了会让人做噩梦。有的女同志不自觉，还自认为感觉良好。

其四，过分透视。即不能穿得太透。时装其实有透的，那你管不着，人家讲究的是个性。但是，在工作场合不能透，你穿过分透视的服装坐在男性对面，对男性其实是一种折磨、一种不尊重。对方不看你吧，对不起你；看你吧，却会什么都发现了。因此，讲究的女同志在工作时千万不要穿透视装。

其五，过分短小。即既短又小。诸如内衣外衣不协调，一弯腰内裤高于外裤；另外，工作时穿露脐装、超短裙也很麻烦。假如你穿一条超短裙当引位员，一弯腰时，狂风一刮，孔雀开屏，这也不合适。

其六，过分紧身。即过分凸显身材的服装。现在流行紧身装，小一号的衣服好卖了。下班之后，你爱穿多紧穿多紧，但上班不可以。前面讲了扬长避短，重在避短，不在扬长。紧身装是展示线条的。你在客户面前把自己打扮得像一颗性感炸弹一样，我想要问：你准备炸谁呀？你准备把总经理搞晕，还是准备把客户搞定，那不可以呀！不合适嘛！紧身装在家里穿可以，在自己老公面前穿尤其是好，因为就是要把那家伙搞晕嘛！搞晕之后，他就不会对别的女人贼眉鼠眼了。但是你不能在工作场合这么狂轰乱炸呀！这实质上讲的也是职业道德。

上述六忌，假如出现于非正式场合，则不为过分。但在正式场合，职业妇女则绝对不可以如此为所欲为。

第 6 篇

商务着装之修饰仪表

大家好！现在我们要讲的是仪表的修饰。在商务交往中，仪表的修饰，往往与商务人员的着装相互关联、互相陪衬。作为商务人员，从礼仪的角度来说，在仪表的修饰上需要注意一些什么？又有什么样的要求呢？这其实是一个非常大的问题。《礼记》里面讲到礼仪的个人修养时，具体的要求有三句话：正容体，齐颜色，顺辞令。正容体，齐颜色这两句话其实讲的都是仪表。仪表是什么呢？仪表者，外观也。仪表，相对指的是一种静态。

一般而论，我们强调员工个人的形象代表企业的形象，员工个人的素养体现了一个企业规范化的程度。有鉴于此，在商务交往中，商务人员的个人仪表是否得体而规范，既是其个人教养的问题，也是企业形象的问题，是非常重要的。古人讲，见微而知著，我们也强调过首因效应和近因效应。在一个人的具体形象中，仪表是非常重要的一个环节。具体而论，仪表在商务礼仪中的基本要求有以下四点：

首先，整洁。干净、整齐，永远是仪表的最基本要求。

其次，雅致。整洁者好看也，雅致者顺眼也。

再次，文明。你是一个现代人，你的仪表就要体现出现代文明的素养。古调虽自爱，今人多不弹。不能不土不洋、不中不西。

最后，规范。即个人仪表修饰要符合自己行业的具体要求。

这四点，构成商务礼仪在仪表方面的具体要求，也是其基本原则。

那么在这四点要求整洁、雅致、文明和规范之中，据我个人理解，恐怕整洁最重要。一个人的业务能力和爱岗敬业的精神，并不一定与其相貌成正比。但是一个人干净整洁，肯定会给别人留下良好的印象。我在这儿问你一个问题，站在女性的角度来讲，你觉得什么形象的男人最不能被接受？长头发？你这说得比较具体。在一般宏观层面上概括的话，其实绝大多数女人最不能够容忍的男人是什么样的呀？不干净的男人！一个男人不一定要长得有多么好看，多么帅，但是，他一定要干净整洁。抗震、救灾、逃难、避险，那是另外一回事儿，男人在常规情况下一定要干净。

一般来讲，在讲到仪表的问题时，首先要强调一些具体可操作的细节。一个人的仪表其重点实际上是指两个部位：第一，就是头发；第二，就是面部。看一个人，主要是看这些地方。我们已经讲过：远看头，近看脚。离远看的话，就轮廓来看，首先是一个人的发型。其实，我们看一个人的形象如何，主要是看其发型。再者，就是看其面部。那么二者从操作的层面来讲，有哪些具体要求呢？

首先，来讲讲头发。头发最重要的一点，就是其长度。男女有别，其中的一个区别，就是头发的长度了。

第一，要注意长度。作为常人，特别是讲究庄重保守的商界人士，其头发要求长短有度。虽然现在男人的头发似乎越来越长了，女人的头发越来越短了，男女发型正在趋同，流行中性化的妆饰，但是依旧存在区别。严格来讲，女性的头发再短也不可能没有吧？再长的话，在其工作岗位上不宜长于肩部。那天，有一个女孩子跟我说，金教授你讲的别的话我都爱听，就是不爱听这句话。她说我们领导特信你的话，我的头发好不容易快留到腰部了，你今儿这么一说，我们领导回去非一刀给我剪了不可。我说：你没听清楚，我说女孩子的头发在工作岗位上不宜长于肩部。换而言之，就是不能随意披散开来。说句实话，女孩子一头飘逸的长发，在男人眼里是很有味道的。在工作场合，你要不把它束起来的话，你在这儿若无其事的一甩，搞不好附近的某个兄弟就晕菜了，那叫搔首弄姿，搞不好人家说你这是不正当的竞争手段。

男人头发的长度也有要求。我们已经讲过：在正规场合，男人讲究前发不覆额，侧发不掩耳，后发不及领。大体上来讲，男人的头发不易长于七厘米。当然我这里讲的是大概的数字。那天一个同志问我：金教授，是不是六点九就可以，七点一就剪？我说也倒不是，就是前发不覆额，侧发不掩耳，后发不及领。我还碰到过更较真的呢！他说我那头发是卷发怎么办？其实你只要别让人家觉得你邋遢就行。我必须强调的是：作为公司的白领，男士头发不能太长，除非是广告创意人员、搞艺术的，否则一个男人留一披肩长发，不分男女，这不合适。当然，实际上有些男人也有留长发的，比如歌星、影星和球星，但人家不是一般人。

第二，要注意干净。要把头发梳理得整洁，要洗干净。头发一定要常梳，常洗，常理。现在人们的头发不至于长虱子，但是你要有头皮屑也是很难看的。另外走近你的话再有味道，也属于不洁，所以头发整洁是非常重要的。

第三，要强调修饰。男人头发上很少有饰物，但是女孩子有时候会有些饰物，诸如发卡，发带、甚至会插一朵花之类的，那你要看场合。在社交场合，你爱插什么插什么，你哪怕插十朵花我们也不管。但是，在工作场合不能这样。在工作场合，强调女同志的发饰越少越好，其样式越简单越好。此外，其图案越简洁越好。比如，你用发卡、发带，管理严格的公司都有要求，它最好是蓝色的或者是黑色的。同时，还不应该有鲜艳的颜色，不应该有奇异的图案。也就是说，不要搞什么大红、大绿、大蓝、大紫之类的。

第四，还要关注式样。所谓式样指的是什么？在此是指头发的式样，这方面讲究男女有别。我们做发型式样的时候，主要考虑两点：第一，要考虑商务人员的基本要求，庄重保守，不能太时尚。那天我去一个公司，进去之后发现前台接待的那些小姐的发型极其前卫，我都怀疑自己误入夜总会了，它不像一个正规的公司。文艺界的从业人员、娱乐界的从业人员，他们有他们的讲法，公司则有公司的讲法，不伦不类就不合适了。比如染彩色发，在管理严格的公司企业里面一般是不提倡的。这就是说干什么你要像什么。比如男同志，有的同志不仅给自己刮一秃瓢，而且还在头上给你搞出各种各样的文字。有的男人不仅留长发，而且还梳小辫，还把那个小辫弄得怪怪的，比如独辫。其实这个东西都跟个人的特点有关。比如，一个小姑娘扎上一个小刷子就很精神。年龄越小，那刷子越朝上。你注意了吗？竖在头顶上，那就是小妞妞。发型式样要符合自己的身份，要跟自己的工作场所、性别相吻合。一天我去参加一家公司的礼仪论坛。一个同志就问我：金教授，商务人员一般都是比较讲究发型的，您老兄为什么在发型上选择了板

寸，而且极短。我说：这个问题其实我也很想说，但是不好意思说，你要问我就说了。这其实是一个扬长避短的问题。我的头发，上面比较少，我要留一边倒或者留中分就等于暴露自己的秘密，宣布自己中间没有头发，所以我留板寸，它助我掩饰自己的不足之处，一般人就发现不了了。我这个板寸的发型，上面是比较平的。但是如果我是个大方脸，那就不合适了。大方脸的话，你弄个板寸就过分方正了。同样的道理，前两年女孩子流行一种欧米茄发型。注意了没有？即翻翘式，一般鹅蛋脸、瓜子脸似乎更适合于它。我们中国人讲的美女是鹅蛋脸、瓜子脸，下颚比较尖。但你要长得比较丰满，比如两个下巴，那你还搞什么翻翘式啊？本来人家没注意到你是两个下巴，但是这个发型让别人一看就发现你的两个下巴了。

接下来，谈一谈面部。修饰面部强调无异味、无异物。人来自动物界，人也有味道。比如你自己闻自己的那个被窝，那个味道你自己觉得特别亲切。但不到万不得已，你借人家床用，那被子，那枕套，那枕巾，那味道……则必定令你能不用就不用，能避之就避之。你自己闻自己的味道特亲切，闻别人的可能就惨点儿了。何况我们有时候会分泌汗液、体液之类的东西，它们往往会加重我们的体味。这个你就要注意了，所以一般来讲：发必洁，面必洗，这都是常识。可能的话，头发最好每天洗一次，至少两天洗一次。洗澡的话，能做到一天洗一次，那最好了。从白领的角度来讲，洗澡往往不是为自己，而是为了别人。一般人洗澡是什么时候？晚上回家洗，那样的话自己睡觉舒服。其实你要从"为别人"的角度去考虑，我建议早晨上班之前洗澡。否则，你又会带着一身汗味出去。这是一个是否尊重自己，尊重别人的问题。

在常规情况下，我们提倡白领不要吃带有刺激性气味的食物，尤其是工作场合忌讳如此，因为这体现一个人的教养。

修饰面部时，一定要确保无异物。人有内分泌，动不动就会分泌东西。比如，鼻涕。说话多了，搞不好嘴上就会有白沫。有的时候，眼角也会出东西。切记，在外人面前，手千万不要乱动。很多人的手都不老实，他不摸东西就难受。比如，有的同志吃饭，手就会向脚丫子摸去。有的人在那做沉思状的时候，要么搓鼻子，要么在脸上抓抓、挠挠，这些动作，都是登不了大雅之堂的。没人的时候，你怎么挖鼻孔咱都管不着，但是有人的时候你别乱来。设想一下，你跟别人说话的时候挖了半天鼻子牛儿，然后把它发射出去，谁跟你握手啊？还有的同志当着别人的面，把眼屎给弄出来然后一弹，这也是不合适的。这种无异物，不仅是外观上无异物，而且不要给别人有异物的感觉。比如，天冷，有人咳嗽。咳嗽应该找个没人的地儿去，万不得已你要用手挡一挡。可是有些人偏不，他要让全国人民都知道：他将要发射，而且成果丰富。

修饰仪表时，手臂和腿脚也需要注意。比如，指甲要经常修剪。白领一般有两个不准，即不准留长指甲，不准染彩甲。长长的指甲没用，尤其是男士。那天一个老兄跟我聊天，我说你留这么长的指甲干吗？它真的好没有意思，只会给别人一种不干净的感觉，而且不规范。一般来讲，指甲的长度不宜长于指尖。你要过分地长于指尖，就不伦不类了。另外，不染彩色指甲油，涂无色的可以。上班的时候，你涂彩色指甲油就有点过分夸张了，和自己的身份不符。与此同时，还要强调作为白领，特别是搞公关、接待、营销的同志，要对手部经常进行保洁。不仅要令其干净整洁，而且还要注意，手部如果患有传染性疾病的话，就要尽量避免与外界接触了。

腿部有时候也要注意。比如，不宜光脚。万一要在社交场合、休闲场合穿凉鞋的话，趾甲要剪干净，至少趾甲缝里不能是黑的。不到万不得已，男士千万不要露出一双飞毛腿。有老兄往那一站，腿一蹬，蹬出两条飞毛腿，而且一高一低。更有甚者，还会用手抓抓，搞得腿上一道一道的，这不合适。

讲究仪表，同时需要关注仪态。仪态指人的举止动作，它是动态的仪表。在仪态方面应该注意哪些事项呢？仪表关注的是一个静态的问题、局部的问题。而仪态呢？它则关注整体协调。古人讲：腹有诗书气自华。一个人的风度，一个人的教养，往往在于其举止动作是否协调、得体，这个问题还是值得谈一谈的。一般来讲，仪态由具体部位的动作及其整体的协调构成。首先，站姿，站立的姿势。其次，行姿，行走的姿势。然后，坐姿，就坐的姿势。另外还包括其他一些动作，比如蹲。蹲的这个姿势，往往不甚正式。有教养的人都知道，在大庭

103

广众之下最好不要蹲。蹲的动作，有个比较难听的说法，叫卫生间基本姿势。所以大庭广众之下你要蹲下来就麻烦了。在欧美国家更麻烦了，确实形象不雅。所以讲究的人是不蹲的。有的地方有特殊的习惯，比如有个别的地方"椅子不坐蹲起来"，什么什么几大怪之一，但这几大怪恐怕在正式场合也不能用。

仪态还包括些什么呢？比如手的姿势。手的位置、手的动作。手的动作宜少不宜多。有的时候手的动作过多的话，就显得指手画脚、手舞足蹈，都是很难看的。

对商界人士而言，在正式场合，站立和就坐有什么样的要求呢？站立、就座往往是一气呵成的，但实际上又都是相对静态的。因为一站起来，或者一坐下来，相对而言就不会有太大变化。

我们首先谈谈站。古人讲究站如松，一般来讲站得就是要直。强调什么呢？平视，眼睛要看着正前方。肩平，两个肩不能一高一低，你想想一个人肩膀一高一低算怎么回事儿，不好看。挺胸，收腹，双腿并拢，两手垂放，这是基本要求。站，表面看是腿在那儿站，但是目光直视很重要。你设想一下，一个人说话时，贼眉鼠眼地是什么动作。用眼角扫你，那不合适。还有人看你时对你进行全方位"激光扫描"，就好像看到一个毛贼。这样一来他站得再好看也不好看也。不仅要平视，而且要直视。需要看人的话，头要转过来看着对方。站时要双手垂放，不到万不得已双手不要端着。站时尽量不要倚靠。比如有的人喜欢靠着墙角，靠着门边，或者靠在桌子椅子上。似站非站，似坐非坐，这种边缘状态会给别人一种邋里邋遢，过于松散和疲惫的感觉。

还要注意的是，在可能的情况下，两腿不要过分的岔开。比如一个男士，腿部岔得再开，也不能宽于肩部。你想想一个男人站在那儿，两个脚的间距比肩还宽，那是什么感觉？练气功呢？对女同志来讲，在可能的情况下，两腿并拢会更加好看一些。

再者就是坐。坐时有以下几个讲究，从礼仪上来说是很重要的。

第一，尊卑有序。请地位高的人先坐，叫尊卑有序。一般的规矩是：客人应该先坐，主人后坐；长辈应该先坐，晚辈后坐；女士先坐，男人后坐。

第二，坐不宜满。坐下来之后也有讲究。跟外人面前一般是不满坐。满坐的话，有点自封老大的感觉。请教别人、拜访别人时，一般坐椅面的三分之二就可以了，当然你也别坐得太少，你要只坐一个边儿掉地上去了怎么办？

第三，手脚到位。做事过犹不及。坐好了之后，两条腿的摆放和两只手的摆放是有讲究的。比如这两只手，如果从比较好看的角度来讲是可以叠放在某一条腿上的。找一个支点，重心就比较好看了。还有就是腿部，对于男性来讲，腿部稍微放开一点儿是可以的。但对女性来讲，从文明礼貌的角度来讲，两腿还是并拢比较好，否则两腿过分放开的话，有时候真的不好看。比如女同志坐时膝盖并拢了，下面却开着，好似 A 字。你要穿裙装的话，搞不好会走光。还要注意什么呢？在比较重要的场合，尽量不要翘二郎腿。所谓二郎腿，就是一条腿放到另外一条腿上面。其实翘腿是可以的，小翘是休闲，但在一般情况下不要这样。万不得已要翘起来的话，你还要注意脚尖一定要朝下。有人会朝上，让对方研究鞋底，粘了什么鼻涕和糖块之类的东西没有。还有个别同志脚丫子直晃悠，一高兴脚和鞋子就分离了，呈脚尖挑鞋状，最后脚后跟踩在鞋帮上。这样就显得自己有点儿过分松散了，不合适。

以下，我们讲讲走的问题。通常在行走过程中强调这样几点：

第一，尽量直行。就是朝一个方向前进，你别像喝醉了酒的司机驾车似的曲里拐弯，前途叵测。

第二，保持匀速。在行走的时候，一定要尽量保持匀速。就是速度应该自始至终差不多。你走的一会儿快，一会儿慢，忽悠忽悠的，会把后面和前面的人都吓一跳。大家可能想这个人是中风呢？还是抽风呢？

第三，不出声响。走动的时候，尽量不要发出声响。有些人走路连蹦带跳，不稳重。一个有教养的人，在公众场合是不会制造噪音的。不管是说话还是举止动作，都不要弄出响声来。响声大作者，骚扰他人也。

第四，步幅得体。要从文明的角度来讲，走路还得有个样子，比如男女有别。男人走路和女人走路一步大概有多长？男的一步大概有八十厘米左右，女的一步大概是六十厘米左右。它存在一个步伐和步速的问题，这个相对的需要控制一下。讲究好看的话，这两只脚谁前谁后、如何运动，都是有讲究的。关于走，最重要的是直行、匀速、别出声。

手的位置也很重要。在常规情况下，恐怕手的姿势用得越少越好。尤其要避免对别人指点，我有时候也指点，但我是空指的。这点要注意，绝不能实指。尤其指着人家鼻子，再三再四，则更有教训之嫌。欧美国家对这点很忌讳。到国外去跟外商打交道，别忘记十里不同风，百里不同俗。正式场合之内手的姿势亦有不同的讲究，不要乱用手势，这是很重要的。

除了站立、行走、手的姿势之外，通常仪态还涉及到笑容、目光和眼神的问题。

在人际交往中，我们强调眼神，要正视他人。所以一定要养成习惯，和别人打交道时要正眼看着人家，不看不行。那天我给一个单位提意见，我去他那儿买东西，整个交易过程大概十分钟，其中八分钟收费，因为钱比较多嘛，点着呢！服务小姐倒是很忙，很认真，但是从头到尾不看我一眼，我说：你看我一眼吧！我也是个活物，你目中无人，令人感觉不好。固然你没必要从头到尾地看着我，但你总要互动一下，要正视我呀。

面对他人时，要注意尽量平视。什么意思呢？你对别人尊重的话，就不要居高临下地看别人，而是应该在同一个高度看别人。必要的时候，仰视也是可以的。比如，老师讲课的讲台一般都高，学生在下面仰望着老师，老师的尊严感、满足感就有了。同样的道理，我是老师，你是学生，你站得如果比我还高，那么谁是老大？平时一定要注意眼神，一些错误的眼神,则更要避免。比如人家说话的时候,你闭着眼睛不看。眼不见，心不烦吧，不行吧？反复扫视人家，不行吧？斜眼看着人家，也不行吧？这三种眼神是最可恶的，我们称为闭视、斜视以及扫视。

笑容也大有讲究。 说实话，我不大欣赏什么微笑服务，见人就笑并非必要。笑要发自肺腑。我喜欢讲一句话：礼由心生。礼是一种教养，礼就是尊重别人。尊重别人，要来自于内心的真情实感，你不要让别人感到你是在例行公事敷衍了事。在很多情况下其实都不需要你笑。你是一名交警，这边出车祸了，你纠正违章，你笑着说:掏钱吧！你这不是招骂吗？对于公司企业来讲，这个产品有问题，我找你投诉来了，你笑，也不合适。何况你笑总得有个互动呀！比如，我在柜台那站着，你走近我，问我问题时可以笑：谢谢，欢迎光临。如果你离我老远，周围没有一个人，你在那笑，花痴呀！没有对象我跟谁笑，我有病？我自得其乐？笑要有些讲究，职业化的微笑有时候则有更专业的要求，笑时一般露几颗牙齿，看着什么地方，笑多长时间，出不出声音等，都是有讲究的，都有着具体的规定。

第 7 篇

商务用语之交谈

交谈，乃人与人之间进行沟通的最为常规的方式。人际交往最重要的一个方式，就是交谈。交谈，亦称谈话。谈话这个问题，在日常生活中是非常重要的。对商务人员而言，交谈乃是与人沟通之桥，因此大为重要。你若不注意谈话的问题，有的时候说了还不如不说，话越多越伤人。我曾经碰到过这样一个情况，朋友们去吃饭，本来都很高兴的，你带你的朋友，我带我的朋友，吃着吃着有人就开始聊了起来。

一个同志问我："金教授是哪里人？"

我说："我是上海人。"

"你们上海人全是抠门，而且怕老婆呀。"

"嘿，你怎么知道我怕老婆，"我说，"我老婆怕我。"

一会儿，另外一个同志说话了："你们谁知道大白菜现在多少钱一斤？"——那天很冷，我们吃的是火锅——没人吭声。人家又盯上我了，因为我坐在他对面，他问我："你知道大白菜多少钱一斤？"——我这个南方人不大爱吃大白菜，但是他问我也不好不回答。我说："好像晚报上登过，三毛钱一斤吧。""谁说三毛，明明是两毛八嘛。"差两分钱，他非要跟我过不去。这时，旁边一位老兄出来打岔说："北京今年天气反常，太热。冬天不像冬天，怎么这么热？"刚才那个人又说了："北京热，哈尔滨也热，广州更热。"

说实话，上面所说的这种人到哪儿都只起一种作用——给别人添堵！你要碰上了这位之后还真有可能让你不爽。所谓"良言一句三冬暖，恶语一声六月寒。"谈话的问题，真的不可不慎。

谈话是要表达自己的思想情感，同时也是要和对方交流信息。谈话所拥有的以下三个功能不可不知：

首先，交流信息。交流信息，这是最基本的谈话功能。小孩儿饿了，会跟妈妈要饭吃。自己吃饱了，会说不吃了。这就是借助于谈话与人交流信息。

其次，表达情感。你对别人友好还是不友好，有的时候表情是一种表达方式，语言则是另外一种表达方式。语言和表情在一起可以互补，二者均可起到表达个人情感的作用。

最后，进行互动。有的时候，你所说的一句话的本意，和别人对它的理解，可能会不大一样。要使谈话行之有效，就要力求谈话双方的互动。打个比方，男女有别，男人有男人的长处，女人有女人的长

处，有时候你要不了解它就比较麻烦。比起来，女人的长处是什么呢？女人的形象思维能力比较强，她能说会道，观察细致，感情丰富，善于幻想，比较小资。

女人的语言能力甚强，此点男人往往是比不了的。曾经有个男同志开玩笑说，对老婆最好的惩罚方式就是不跟她说话，言下之意就是憋死她。我经常和年轻的男同志说：再忙再累，回家也要和老婆多说几句话。道理很简单，女人都爱说话。你不和她说话，别人就跟她说话，你不就亏了。不能给"敌人"机会！这是原则问题。一定要知己知彼。我知道女同志语言能力强，所以我从来不和老婆吵架，因为吵不过她。我心里知道是怎么回事就行了。做不了的事我绝不做。

有一天，一位老兄挑衅地问我："你老婆找你吵架怎么办？"我说那家伙其实也经常找我吵，每个月总要吵上几次。每当她向我进攻的时候，我总是以静制动，笑眯眯地看着她，先累死她再说，因为我知道吵不过她。

就交谈而言，内容和形式这二者哪一个更为重要呢？交谈礼仪其实就主要涉及这两个问题，第一个问题，是如何说？第二个问题，则是说什么？二者相辅相成，在交谈中所发挥的作用往往难分伯仲。

首先，我们来介绍有关"如何说"的礼仪。这是一个非常重要的问题。所谓言为心声，语言是用来沟通的，是用来交流感情的，是要传递信息的。但是，怎样表达则是一个十分重要的操作性问题。没有形式，往往就没有内容。形式用以表现内容，内容则通常体现于形式。

"如何说"，即运用语言表达一定的信息、情感或思想，是人们在日常工作与生活中所难以回避的问题。其实有的话你是不大愿意说的，但是你必须说。举个例子，有六名学生报考我的研究生。人家是信任我、看得起我，才来报考的，我应该感谢他们的支持。大家都不考我的研究生了，我就没饭吃了。但是，我每年只能录取两三名，必须优中选优。在我按考试成绩与有关规定斟酌之后，恐怕有人就要被淘汰。那我怎么通知他呢？其实我很不愿意和他讲这种不好的消息。他被录取了很高兴，他被淘汰了则会很不高兴。但我必须通知人家。所以有些内容你是必须表达的，这个时候就必须关注其具体形式。

比如，当我向别人提出忠告时，我往往喜欢这样说："您一定知道"，"正如您知道的一样"。我很少问他"知道吗"，"听说过吗"。我说"您一定知道"，意在照顾对方的自尊心。人人都希望自己知道。反之，你说"知道吗？"，"听说过吗？"，他就不开心。

有的时候，在向别人提一些比较宽泛的建议和意见时，我喜欢用我自己或我的家人来打比方。比如，我们家那口子怎么样，我以前怎么怎么样，我们家孩子或者老人怎么样。因为人们容易对号入座。你一说什么什么，他可能认为你说他呢。这种事儿，你不注意就不行了。

一般来讲，说话的时候，有一些重要的技巧性问题是需要注意的：

第一，要懂得礼让对方。当别人说话的时候，你不要争，不要抢。晚辈要让长辈先说；下级要让上级先说；男士要让女士先说。让对方先说话，有时候并不吃亏，而且也是一种礼貌的做法。

第二，要懂得少说多听。在一般情况下，智者善听，愚者多说。别忘记古训：言多语失。比如，在三口之家里，面对太太、孩子，你身为老公或父亲要真正树立自己的权威，就要少说话。一旦说了，则要说一不二。不然的话，你一件事情啰唆起来没有一个完，可能就没有人再听你的了。

在现实生活里，一个人的年龄、地位往往与他说话的数量是成反比的。

第三，要善于同别人合作。要注意：在交谈之中，不要搞一言堂。当你遇到那种话不投机的场合，切勿一如既往。有的人好像是记者招待会上的新闻发言人，管你爱听不爱听，我就一如既往地这么说。与别人交谈时，当别人对某一话题不感兴趣了，就不要再说了。如果你面对一群文化素养不高的人，你去跟他谈信息技术，谈电子战，谈3G，他们虽然也有了解这方面知识的权利，但是他们并不一定感兴趣。你和一个大学生谈就业，谈恋爱观，谈日常工作的经验，谈对生活尺度的把握，他才会感兴趣。如果你要谈的那些东西对方没有任何兴趣，所谓"话不投机半句多"，就不容易互动，对方就不大可能积极地与你在交谈之中进行合作。

在与人交谈的时候，一定要注意双方之间的位置。谈话人之间的位置摆不正了，也是很麻烦的。专业的讲法叫做角色定位。它有两个意思：其一，我干什么，我像什么。其二，我要因人而异地去选择谈话的内容和形式。即俗话所说：见什么人说什么话，到什么山唱什么歌。

当我们跟别人交谈的时候，一定要摆正自己和对方的位置。在此方面，主要有下述五点需要注意。我们把它称为"交谈五忌"或"交谈五不准"。在形式上，这五条界限是不能越过的。

其一，不打断对方。不打断别人，俗称不插嘴。当别人发言的时候，他有说话的权利。你既然尊重别人，就要让别人把自己的话说完。你自己可以把话说完，但也要让别人把话说完。真正有教养的人，是不会打断别人说话的。万一别人和你同时说话怎么办？那就要退一退、让一让，注意礼让。要让对方先说话，互谅互让是一条基本的礼仪。只有长辈对晚辈，上级对下级，才可以打断对方的话。

其二，不补充对方。只要不涉及原则问题，就不要补充对方。人们看待问题的角度不一样，地位不一样，知识构成不一样，兴趣所在也不一样，所以其关注的问题往往也就不一样。比如，一场球赛，你喜欢的可能是甲方，我却喜欢乙方；或者我们都喜欢甲方，你喜欢6号队员，而我却喜欢9号队员。所以人家爱说什么，就可以说什么。我们尊重别人，就是要尊重对方的选择，就不要去补充他。可是有些人就喜欢补充别人。补充对方的结果，无非是逞强好胜，显得自己比人家懂得多，其实大可不必。

比如，你说现在北京流行钓虾，他说广州也流行钓虾。你说现在上海流行钓虾，他说那是广州人发明的。你说广州流行钓虾，他说是从台湾传过来的。无论如何，他总显得要比你懂得多一点，知道得多一些。其实，一个真正懂得交往艺术的人，是会给对方创造表现机会的人，而不是努力表现自我的人。简单地说，就是没有必要自己处处都要去争强好胜。这一点是非常重要的，这是对别人的一种尊重。

其三，不纠正对方。与别人交谈时，不要随便对对方的是非进行判断。有些人喜欢是非分明，这个应该没错。但是我们所讲的是非分明，应该是大是非。诸如党纪国法、国格人格、四项原则、财务制度、人生观、世界观等等，这些大的问题，就要是非分明。但是，有些小是小非，比如，这个地方的白菜卖三毛；那个地方的白菜卖两毛八，实际上难言是非，那就要得过且过。那时，往往就没有必要讲谁是谁非，所谓"水至清则无鱼，人至察则无徒"啊。非要讨论清楚你为什么卖三毛，他为什么卖两毛八有意思吗？！你要是在这种事儿上无休止地纠缠下去，会浪费多少宝贵的时间啊！其实大可不必，因为人站的角度不一样，想的事情不一样，很多事儿谈不上孰是孰非。有的事情，站在这个角度来看肯定是对的，再换一个角度来看它可能又错了。

比如，你要用动作来表示理解和支持，你会怎么样做？一般都会是点头，或者是鼓掌。但有的国家和地区，则是点头不算摇头算。像保加利亚、马其顿、希腊、斯里兰卡，那些地方都是如此。

有位朋友到保加利亚旅游时，就出了一次洋相。他不懂保加利亚文，到保加利亚的首都索非亚去了。他当时想到黑海边上去逛一逛，黑海非常地漂亮，很有异国情调，他买了火车票就去了。索非亚站台上就两列火车。他上了头一列火车之后，把票递给大胡子乘务员，问人家：坐这列火车对吗？人家摇了摇头表示对呀。他一看人家摇头便理解为那是不对呀。他连忙就下了车，赶快往另一列火车跑去。上了车后，他又问是不是这列火车，人家点头表示不对。但是他不知道人家点头的确切含义，就坐在这列火车上了。结果南辕北辙，这列火车跨过巴尔喀阡山，到罗马尼亚去了。

这一案例表明：是非有的时候是相对的。因此，不要轻易对别人说"Yes"或"No"。一个真正有涵养的人，一定要宽容，不要随随便便判断人家的是非。

其四，不质疑对方。它的含义，就是不对人家所说的话表示怀疑，俗称不抬杠。有的人就好这口，他做人的最大乐趣就是要显得胜你一筹，他存在的唯一乐趣就是让你不爽。你说这个东西比较贵，他就说不贵。

117

你说这个东西好吃，他就说不好吃，还有更好吃的。其实抬杠这个问题，你得看对象。不能说谁跟谁抬杠都不对，夫妻之间、家人之间抬杠，我觉得挺好，年过半百的夫妻有时还是要抬抬杠。老两口抬杠，可以锻炼身体，帮助消化，排遣寂寞的时光。老两口不抬杠多寂寞呀？这也是老两口互相逗趣的一种方法，也是热身运动啊。但是，你没有权利去跟别人抬杠。你愿意，人家还不愿意呢。和别人抬杠，怀疑对方所言所语的准确性、可信性，人家肯定会不高兴。你要是不注意这一点，就会自找烦恼。

其五，不挖苦对方。所谓挖苦，指的是在交谈中使用尖酸刻薄的话，去讥笑嘲弄别人。在任何情况下，交谈之中用语刻薄，或跟他人开过了头的玩笑，均为失礼之举。

一般来讲，在交谈之中，交谈双方均应有意识地进行合作。关于交谈之中双方合作的问题有以下几个要点，我们应予注意：

第一，表情要合作。一个人的表情，在谈话中必定会被对方所注意到，有时它恐怕比交谈的内容更被看重。一位专家说过，如果我们说话，比如，你说"金老师你讲课很棒"，这句话我是信你还是不信你呢？你语言上的可信程度，大概占到1/4的比例，而你的表情和动作加在一块儿就达到3/4了。比如，你跟我这样说："金老师你讲得太好了"，说完你却打了个哈欠，我都把你讲睡着了还好什么呀？我要真正讲得好，那是能够振聋发聩的。交谈之中，交谈者的表情很重要。表情不合作的话，就很容易令人产生误会。比如，我跟你说话时，我是要看着你的眼睛的。我好心好意地看你的眼睛了，你却不看我，就有点不太合适了。

第二，动作要合作。在谈话过程中，交谈者的举止动作往往在所

118

难免。你看到我来了，你可以用眼神示意。你想表示金老师你讲得太好了，则可以点头示意。当然，你点头得把握其频率。你不能狂点，狂点你就是磕头虫了，那或许说明你瞌睡了，要么就是很虚伪的表现。凡事过犹不及，这个分寸问题要注意。但是有这样一个表示专注的动作，做了比没做要好。只是要注意，不要让自己的动作令人产生歧义。比如，你和我说话，你的两只手一直在那摩拳擦掌，像是要跟我决斗似的，那就不太合适了。

第三，话题要合作。话题的合作，此处是指谈话的内容要合作。一个真正有教养的人，要懂得选择交谈的具体话题时，应当以对方为重。孩子有孩子们的话题。中学生最讨厌被人问到考试。一说考试成绩，孩子就没兴趣了。所以和孩子交谈时，你应该谈点孩子感兴趣的话题。在不误导孩子，不有碍精神文明建设的前提下，你要多谈点孩子所感兴趣的事情。和老人交谈时，则要谈他们所感兴趣的话题。跟老太太、老先生谈话的时候，不一定非要说太多的时尚话题，因为对方所感兴趣的往往就是话话家常。

有经验的人都明白：谈恋爱时，小伙子在赢得女孩的芳心之后，下一个主攻的目标就是丈母娘。因为城市里一般都是女主人说了算。你能让丈母娘高兴，老丈人肯定高兴。两位老人一高兴，你女朋友全家都会高兴，女朋友更会高兴，于是皆大欢喜。有人问我说，怎么样才能让丈母娘高兴？我说：主要是要陪她聊聊，老太太爱聊天呀。我们刚才说过女人的语言表达能力强，不聊天她还不舒服呢。有一天，小伙子非常纯洁地问我：和丈母娘聊什么呢？我说关键是聊，而不在于具体内容。老年人最爱聊，你可以随意聊。当然，你要说投其所好的话，比如，老年人应受尊重的问题、家庭团结和谐的问题，等等。你要从正面讲，比如，阿姨你保养得真好。你不能说：阿姨，看你怎么不像阿姨，像奶奶！你哪像五十岁的人呀，怎么看您都像八十了。说这样的话，明天人家就赶你出门。你得谈人家爱听的，比如，阿姨您烧的菜真好吃，这个菜怎么做的呀？老人家一听就会高兴。

从高水准的角度来讲，前面所提到的表情合作、动作合作、话题合作，实际上讲的是交流合作。按照更高水准的要求，要提高自己的交谈能力，更好地进行沟通和传递信息，则通常需要注意下面几个要点：

第一，神态自若。在同别人说话时，应表现得泰然自若。一方面，你说话的时候要注意声调的变化、速度的变化，要抑扬顿挫。但是一定要明白，交谈的对象毕竟不是广大听众，不是在台上演讲，千万不要用话剧表演或演讲、朗诵的做派去对待你的谈话对象。例如我在课堂上的高谈阔论，回家对我老婆就搞不定，她不会吃我这套。另一方面，说话的速度一般来说要慢一点，学生腔、银幕腔、舞台腔要少一点。

关键之点，是要表现得自然而然。

第二，声调要低。在前面谈到社会公德的时候我曾强调过：一个有教养的人，说话的速度一定要慢一点，声音则要低一点。慢一点对方能听清楚，低一点则不会骚扰妨碍别人。务必记住：在任何时候，高声喧哗都是没有教养的表现。

第三，让人听懂。谈话时让人听懂与否，具体涉及到两个方面：其一，尽量不要用过分专业的词汇。比如，从事外事工作的人，动不动就喜欢拽一个外文词汇来，一会儿一句英文，一会儿一句德文，一般的谈话对象其实未必人人精通外文。我现在蹦一个词儿 etiquette（礼仪），你可能就懵了。因此，专业词应该在你专业的场合用，非专业场合你就必须少用。因为没办法交流呀，它不容易互动。其二，讲对方听得懂的那种语言。比如，在国内交往中一定要讲普通话。普通话是全国人民都听得懂的。你到了英国当然讲英语好；你到了法国，你要是会讲法语那更好了。你到法国去跟人家讲英语，法国人爱国心比较强烈，未必喜欢你，他们认为法语才是最优美的语言。

第四，文明用语。不管对家人还是对外人，都要尽量多多益善地使用文明用语。礼多人不怪，与任何人交谈，都要自觉地使用基本的文明用语。

注意以上这几点，我们就会在与别人交谈时表现得彬彬有礼、落落大方、不卑不亢。

前面介绍了有关谈话形式的礼仪，关注的是"如何说"。

———————————— ∽⟡∾ ————————————

下面来谈一谈有关谈话内容的礼仪，亦即"说什么"的礼仪。

在交谈之中,最为重要的就是内容,就是你所要传递的信息。例如,我饿了,我要弄到饭吃；我要向你表示好意,我得让你知道。

在涉及到交谈的内容问题时,礼仪上的规范是非常多的。古人在讲到礼仪的基本规范时,要求"齐颜色,修辞令,正仪容"。其中这个"修辞令",就是有关交谈内容的选择和斟酌的问题。

与人交谈时,具体内容的选择无疑是一个非常重要的问题。因为谈话内容不合时宜,其客观效果就会适得其反。那么,在这些方面我们应该着重注意一些什么问题呢?

一般来说,谈话的具体内容实际上包含了以下两个问题：其一,是"有所不为"。即什么话不能说,哪些内容在谈话的时候不能涉及。其二,是"有所为"。即应该选择哪些话题。其实,谈话内容从礼仪上讲就是这两大基本问题。首先,你必须明白,你和外人交谈时,有什么话不能说。例如,孩子跟爸爸在一起,让爸爸不高兴的话就不能说；你跟同学在一起,让同学不愉快甚至反感的话也不能说。这些都是有所不为。那么换一个角度,你还得说点什么啊,你总得说啊。哪些话是别人爱听的,是你想要讲的,而且是你比较擅长的,你也需要斟酌。

下面,我们首先规范一下,在谈话中不应该涉及到哪些具体内容呢? 这就是我刚才所说的"有所不为"的问题。简单地讲,就是要明确在社会交往中有六个话题不谈。我们把它叫做"六不谈"。

那么,这"六不谈"的具体内容是什么呢?

第一,不谈倾向错误的内容。在此主要指什么呢? 具体来讲,一是不能非议自己的祖国。我们上面谈到社会公德时所强调的第一条就是爱国守法。要爱国,你就不能非议自己的祖国,不能非议自己所在的民族,因为那是生你养你的地方。你和它们是一荣俱荣、一损俱损的关系。你的血缘，你的出生地，你的民族，是一辈子都不可以改变的，所以我们不能非议自己的祖国。二是不能非议我们的党和我国政府。作为中华人民共和国的公民，我们应当热爱党，热爱社会主义。拥护政府，是我国公民的基本义务，也是社会公德对我们的基本要求。党和政府领导我们国家，才有改革开放以来的成绩。三是不能对现存的社会规范加以非议。法律的规范、道德伦理的规范等等，都不允许任意加以非议。我们不能做出那样出格的事。

第二，不谈涉及别人隐私的内容。过去我们有个不好的习惯：就是对别人无话不谈。现代社会已经给了我们一个启示，有一些话真的不能谈。比如，对一个女孩，不能问她多重，一般的女孩都不愿意他人询问自己的体重；更不能问她的腰多粗。这些话恐怕哪个女孩都不愿意听。家长也有不爱听的话，如果你的孩子 16 岁，最让你不爱听的话可能就是你的孩子考上重点高中了吗？考上北大，清华了吗？每个孩子的能力都不一样，家长的心愿都是好的，但是两者发生冲突碰撞的时候就不好了。

必须明确：自己的家人、自己的父老乡亲，这些人应该是自己关注的。领导关心群众生活，则属于职业道德。但关心是有度的，超出了这个范围，可能就差劲了。

尤其需要注意，一些个人的隐私话题，不能随便乱谈。此之谓关心有度，交谈有度。关于交谈中所忌谈的个人隐私话题，用非常专业的讲法我们叫它"五不问"。在和外国人打交道的时候，还要加上其他几个不问。"个人隐私五不问"主要包括那些内容呢？

其一，不问收入。什么是不问收入呢？就是不仅不问别人挣多少钱，而且跟人家收入有关的直接和间接的问题全部不能去问。它们都不适合于交谈。譬如，不可以打探人家有没有私家车啊，是两个轮的还是四个轮的啊；住房面积多大啊，是租的公房还是自己的私产房啊；家住在哪个小区啊……这些问题直接或间接地都可以估算出来对方的实际支付能力。甚至你到哪里旅游，也直接和收入有关。再者，不能问人家经常出去吃饭吗，旅行的时候喜欢住几星级酒店啊。住五星级酒店和住招待所不是一个档次，坐火车的跟坐飞机的不是一样的，坐头等舱的和坐经济舱的也不一样啊。旅游的时候，在国内和国外，在远方和附近支出的费用，也完全不一样啊。一位有涵养的人对这些细节一定要注意。

其二，不问年纪。年龄问题，其实是市场经济条件下人的立身之本。谈到年龄的时候，会让很多上了年纪的人失去自信，或者有即将"到站"的感觉。所以不问别人这一问题为妙。

其三，不问家事。家家有一本难念的经，不当家不知道柴米贵，不当家不知道家长累。但是，有的人就不注意这个问题。有一次，几个同学在一起聚会，有位老兄五十来岁了，就摆出老大哥的阵势问班上最小的一位女同学："孩子他爸呢？"这个本来很正常，那位女同学当时带着自己的孩子，有孩子就一定有爹啊。那个年代的单身母亲很少啊，可他偏偏就碰到了单身母亲。他问了之后，那位女同志就说"死了"！并且表情一下子严肃了起来。

据我的经验，凡女人告诉别人，她家那口子死了，其实并不一定是真死了。真的死了，她一般会非常哀怨地说不在了，会是很痛苦的表情。但是当时她是非常愤怒的表情。原来人家是离婚了。那位仁兄的一句话，勾起了别人的伤心事。真的不好。可是我们有些同志好这口，问起这些隐私问题，就跟打太极拳似的，由浅入深，循序渐进，直抓你痒痒肉。见到一个人上去直接就问，你多大了，有对象没有，结婚

124

了没有，有孩子了没有——这些问题比较严峻，随便跟别人谈论这样的问题容易弄巧成拙。

其四，不问健康。健康，是现代人在社会上养家糊口的资本，是事业的支柱，是人们的立身之本。随便与别人谈到这个问题，就很容易自惹麻烦了。

那天一个同志关心我："老金,你的脸色怎么不大好啊？"我说："我最近工作比较繁忙。"他不放心："你是不是胃不大好啊？胃不好的人脸色都不好。"我说："我胃还行。我一般不多吃，但是也不少吃。营养还是比较均衡的。我老婆是学医出身，对我要求比较严格。"他继续追问："那你的肝呢？"他不把你整死他难受，他非要给你查出毛病不可！他人是不错，但是这种说法却让人不舒服。说难听点，他这种说法会让别人觉得很晦气。

其五，不问经历。有道是："英雄不问出处。"因为一个人的经历，就是他的背景，是和收入一样的性质。名牌大学的本科生，不应该问外校的学生是哪个学校的，万一对方是专科生呢？万一是非重点呢？万一不是正规军是游击队呢？此外，还有博士、硕士、本科生的区别呢。所以说，谈到这个问题的时候，可能会让别人不高兴。切记不谈学历。另外不谈什么呢？不谈从业经历。别追问人家以前在哪里干过啊，跟谁做事啊，是什么职业啊。还有，就是籍贯问题一般也不问。比如，我经常向一些北京、上海的朋友们私下提建议：当你听到别人有外地口音的时候，千万别说"不是北京人""不是上海人吧"。这种话里的优越感太强，别人会感觉你有排外的心理。你住在大城市，但是别人却住在小城市。你那样问了，别人就会感到不舒服。

此外，遇见外国朋友的时候，我们除了上面的五不问之外，还有一些需要注意的问题。

首先，外国朋友不喜欢被询问他们的政治见解与宗教信仰。这些都是他们的隐私。什么党的，什么派的，信什么教的，哪个教派的，这些都不要问他们，因为这些事情完全属于他的个人行为，所以不应该打探。

其次，外国朋友不喜欢被询问他们现在忙什么。中国人打招呼的时候爱问别人"吃了吗""忙什么呢""到哪儿去了"可这些问题都是外国人所不喜欢回答的。他们的自我意识比较强烈，他们认为：忙什么完全是我自己的事情。比如，我在研究什么东西，我忙到什么环节就意味着我的进程如何。这些都是个人隐私。你若是知道了，透露了我的老底，我自己的工作还干不干啊？

最后，外国朋友不喜欢被询问家住何处。家住何处，属于很多外国人的一项个人秘密。我们刚才讲了，一个人的居住状况，肯定与个

人的收入、能力、经济状况都是有直接关系的。

我们所说的这些不谈的问题，都是要看谈话对象的。有的人喜欢谈，有的人不喜欢谈。有人就说了，金教授你说的这些问题都是我最爱谈的啊，不谈的话我就没有话题可说了。

我反复强调：谈话永远都是要看对象的。个人的喜好不同，文化程度不同，人际关系不一样，谈话的深度与广度往往多有不同。选择具体话题时，关键是要看彼此之间的关系如何。

关系好的话，则可无话不谈。夫妻之间无话不谈，而且谈得比较随意。外人之间就不能太随意了。像健康问题，一般离退休老人就比较喜欢谈论。两个老人见面，常规的开场白往往就是：身体好吗？人与人所关心的问题往往也不一样。那天一个孩子就和我说：伯伯，你讲的隐私问题并不完全，有个最重要的隐私你没有提到。我问是什么啊，他答：孩子考了多少分，不能问，那是孩子所关注的事情。不一样的人，想的事情通常也不一样。其实最不该问的还是年龄和收入，随便向别人打探此二者，可能会产生妨碍交际的效果。在我们所讲的不问不谈里面，这两个是最忌讳的话题。

第三，不谈涉及国家机密和行业机密的内容。人们往往都有好奇心，这是很正常的。不少人希望知道别人的事情，但是有些事情是有底线的。个人隐私就是底线；国家机密与行业机密也是底线。对于个人，不宜问隐私；国家机密和行业机密，也是不可以随便去打探的。信口开河，会给别人不能被信任的感觉；打探机密则是违法乱纪。

第四，不谈非议交往对象的内容。简单地说，就是不能随便讲他人的坏话。比如，我到你家里做客，我就必须坚持"客不责主"。你请我吃饭，你老婆做的菜不好吃，我也得说好吃啊。但是有的人并不这样，人家结婚了请他吃饭，是人家请的啊。他去是去了，可偏要对人家所提供的饭菜挑剔一番。

跟对方不熟悉的话，打交道的时候不能随便乱说，否则就会惹火烧身。

有一次，一位日本人到我这里来。当时，日本的皇太子刚刚结婚不久，还没有生孩子。很多人都比较关心这件事，它涉及日本的皇位继承问题。那位日本专家坐下，我们有一位同志就问："请问，皇太子妃怀孕了吗？"还好那个日本人不懂汉语，所以我就笑着告诉这位先生：你可以出去了。问这话的人问我为什么，我说你又不是她公公，她怀不怀孕关你什么事情啊。你为什么非要对人家来宾哪壶不开提哪壶啊？！

第五，不谈诋毁领导、同行、同事的内容。常言说："来说是非者，必是是非人。"我们可以向别人提意见和建议，也可以批评和自我批评，但却家丑不可外扬。在外人面前，说到自己的老师，提及自己的同事、同学的时候，一定要主动维护他们，这是一个人的教养问题。你的母亲对你再不好，你能在外人面前谴责她吗？骂了妈妈，就是骂自己啊——你是她生的啊。她素质不高，你骂她的话，你的素质能高到哪里去啊？其实，这里面也包含一个人的个人品格问题。

第六，不谈庸俗低级的内容。什么家长里短、小道消息、男女关系、凶杀惨案、黄色段子等等，这些都是格调内容庸俗的东西，是我们在与别人交谈时所不能涉及的话题。

在正式场合，通常我们该谈什么内容呢？这就是我们所讲的另外一个问题："有所为"。除了"有所不为"的话题之外，我们要谈的"有所为"的话题都有什么呢？这个问题比较容易解决。我们在此有所谓"社交四宜谈"之说。

第一，宜谈双方拟定的话题。比如，我打算买你的车了，当然我就要围绕着车的话题展开与你的谈话；和售车的、售楼的，就要谈车价和房价。谈话时，往往必须就事论事。双方拟定的话题，就是正式场合所应该谈论的话题。

第二，宜谈格调高雅的话题。与别人交谈时，最好选择一些能够体现你的见识或阅历的话题。要选择有文化、有品位的话题谈，这样做等于自己介绍自己啊。在人际交往中，既要了解别人，也要让别人了解自己、接受自己。通过谈话使对方了解自己的格调和素养，这是一种非常理智的选择。历史的问题、哲学的问题、时下的政治热点问题等等，都是格调高雅的问题，都是可以作为谈话内容的。

第三，宜选轻松愉快的话题。男士和女士喜欢的话题，往往是不一样的。在大学里面，男生和女生喜欢的东西，真的不大一样。男生爱踢足球，女生也喜欢足球。但别忘记：大部分女孩是因为爱某个男孩子，才舍命陪君子跟他去看球的。

有些话题太沉重了，谈起来并不太好。比如，你结婚了，我能在你婚礼喜筵上跟你谈预防艾滋病吗？那种说法本身是正确的，但是在喜筵上谈，就有点不合时宜。因为场合不对，太压抑，太沉重。你跟一些女孩子谈逻辑学问题，谈军事问题，谈哲学思辨方面的问题，谈先进的核技术、核武器、核设施、冷兵器、热兵器，是不是能把人家谈晕？我看得晕。你要选择一些轻松愉快的问题，比如，电影电视、名胜风光、烹饪小吃、休闲方式等等，都是通常适合与人谈论的轻松愉快的话题。此时我们一般不打探隐私，但是明星不在此列。当然这些都是根据聊天对象的兴奋点去谈的。实在没的谈，男人可以谈足球，可以谈军事；女人可以谈化妆品，谈时尚啊。别的真的没的说了，还有一个话题——天气好吗？欲说还休，却道天凉好个秋啊。你到外地去的话，问问天气，虽是没话找话，但也"聊胜于无"了。

第四，宜谈对方所擅长的话题。闻道有先后，术业有专攻。你向对方请教他所擅长的问题，其实是最容易讨巧的话题。此举还可以表示你的教养以及对对方的尊重，可谓一石三鸟。**其一，你给了对方一个表现他的特长的机会。**在交谈中，自己感兴趣的东西，未必是对方感兴趣的东西，所以你要给对方一个表现的机会。**其二，显得我们自己虚心好学。**虚心使人进步，骄傲使人落后。让对方表现而不是自我表现，实际上是一种谦虚。**其三，可以以静制动。**我们讲过：言多语失。少说话，则少出错，何乐而不为啊。当你和长辈、学者相处的时候，谈这个问题是不错的选择之一。但是，一定要确定是他最擅长的话题，不要哪壶不开提哪壶。你问我：大 S 小 S 是谁？我不太清楚，我只知道她们姓徐，还有什么什么媛。你问我：Twins 是谁？我好像就知道是两个小女孩。你要让我再说具体的，我就不知道谁是谁了。人的精力都是有限的，你问陈景润：琼瑶最优秀的作品是哪部？恐怕没有哥德巴赫猜想让他更擅长、更清楚吧。所以说，和别人交流的时候，你不能就其短、抑其长，那样会让对方尴尬和难堪。

总的来说，我们所说的以上这四个话题，都是交谈时应该优先选择的。

第 8 篇

商务用语之演讲

现在很多人都希望自己有很好的口才，特别是年轻人。一般人对自己的口才都很不满意，没有几个人可以口若悬河、滔滔不绝地讲话。

对于商务人员而言，我们的口才是不是特别地重要呢？非常重要。现代人强调个性，个性往往和魅力有关。有的时候，你去做一件事，不仅让人家觉得你这件事做得好，而且要让人家喜欢你这个人。喜欢你这个人，和对这个事有良好的评价往往有正比的关系。人们喜欢你这个人，往往对你做的这件事评价就高；人们讨厌你这个人，你就是做得再好，有时候也是事倍功半。

好的口才，是商务人员的基本素养和魅力要求。

现代社会强调沟通。什么是沟通？既要了解别人，更要被别人了解。你跟别人说话，你得知道人家爱听什么与不爱听什么吧，你对别人好不好，你也得让别人知道。有的人不善沟通。那天我在街上走，过来一位老兄。说您是金教授，我说我是。他道今儿我见到你太高兴了。我问为什么呀。昨儿电视上才看见你，没想到今天见到活的了。我说我活得还是比较健康。这就是不善用词。其实人家是好心，不是好心，人家为什么理你呀？但是他不善沟通。他那时还接着说，我从来没见过像你这么能白话儿的，你太能吹了呀！我们都被你吹晕了。我本来看电视连续剧的，偶然拨到这个台一看，

133

不换了，就看你了，你真的可以上中央电视台说相声去了。他倒是好意，而且还给我支了一招，让我多开财源。但是，实际上他不大善于跟我这种人沟通。从正面去想，他真的是说我口才比较好，只是词汇用得不太恰当。

我不能说我口才好，我只能说我注意表达。实际上，在人际交往中礼仪运用的各个方面，包括口才训练在内，关键是有两个大的问题要注意：

培养良好的表达能力——首先要重视它。

口才训练，首先一定要重视它，把它当回事。我们很多人是不把它当回事的。我经常听到有人跟我说，我不会说话，我不会来事。他自认为这是优点，他认为这个跟老实、诚实、不虚伪划等号。我告诉他：不会说话，就说不好话；不会来事，往往就办不成事。对外交往，要善于沟通。你要重视它，热爱是最好的老师。为什么有人口才不好？他从小受自闭意识的熏陶，并不否定不会来事儿，不善辞令，不爱说话。这个可能是性格问题，但更多的是后天习惯。说白了，有人自己给自己下套，观念决定思路，思路决定出路。你要有这个意识，你得重视。有的时候，你该说的话你不说，行吗？！你该说，你就要说。

我那天开玩笑说，一个男同志，你跟你老婆在一起，你就得说点她爱听的话。有人讲，少来这套。我问：什么叫少来这套？人家爱听的话你不说，那更不行啊！有的话女性就是爱听，比如人家说俺老婆身材好，俺就不夸了，俗了。俺要弄点别人没夸的地方，说明俺情有独钟，独具慧眼，女性好这口。比如，俺要说最喜欢太太翘翘的小鼻子。管它真翘假翘，就让它翘，肯定比塌鼻子强。她回去会研究半天，我鼻子翘吗？这是开玩笑的，实际上我强调的是什么呢？你要具有这个意识，你要具有表达意识。

交谈有一个更尖端的水准，那就是演讲。在我看来，演讲不是表演，我不喜欢看竞赛性演讲。说实话，我喜欢直言不讳。所谓演讲或者讲演，往往是即席发言。有时候，你根本没有准备好，比如你参加会议去了，人家说，您来谈一谈吧？或者一个商务活动，主人邀请：王总，你来表个态吧？都是即兴的。这种应对性的讲话，往往可以看到一个人的真才实学。

掌握必要的技巧——其次要训练。

训练口才的基本技巧，对我而言就是多看、多读、多练。我上中学的时候正好"文革"，那时候可读的书不多。我抱着一本《古文观止》通读、通背。《唐诗三百首》，我也是倒背如流的。古人说腹有诗书气自华。我知道，书是背出来的，文章是背出来的，口才亦是如此。人家问：讲话时，你哪儿来的这么多词，我说其实有的时候我也没组织，它一张嘴就出来了，所谓水到渠成之事。我已经强调：口才是一个人的个性魅力的重要组成，口才都是练出来的。古罗马有一位伟大的思想家，此人原来是一个结巴，连句子都说不清楚。人家侮辱他，他发奋图强，含着石子儿操练，终于成为一代演说大家。他就是西塞罗，后来成为政治家，文章也写得非常好。他的讲演词编成集子流传下来了，文章主要是讲演词，真的非常厉害。其实，这样的人古希腊也有，我国也不乏其人，你要重视它，事在人为啊。平时，你跟人家交谈时你得注意，有些基本技巧往往有助于你。

掌握重要的技巧——看对象，讲规矩。

待人接物最重要的一个技巧是：看对象，讲规矩。说话时也是同样的道理，你要看人啊。你这一点不注意能行吗？比如我到山东去了，有时候聊天中国人喜欢问老家是哪儿的，是不是故乡人。我如果听你有点山东口音，我会这样问：您是青岛人还是济南人？听出我的路子了吗？我这个路子其实就是我一开始讲的，尊称那个路子——"就高不就低"：谁不说咱家乡好！这是常识，但小城的人说你是大都市来的，说明你见多识广；大都市人把你发到老少边穷地区去，那就惨点儿了。有人不会说话。那天我们在东北聊天，有位老兄跟人家小女孩聊天。那老兄问：哪儿人呢？人家说是牡丹江的。牡丹江啥地儿的？人说那你猜吧。结果他真猜，老家是不是夹皮沟的？人家立刻翻脸了：你才是座山雕的后代呢！没这么说话的。后来我问那女孩，她老家还真离夹皮沟不远，不到一百公里，但是没有这样说话的。

我们常说：看对象，讲规矩。我在社交礼仪中讲过，勿忘男女有别，长幼有别，行业有别。老师就比较能说，吃的是这碗饭。而

有些职业是少说多听的，当秘书的、当随从的人，话少点，亦是其职业要求。再开个玩笑，但凡有经验的人都知道，男女有别。女同志的形象思维能力比男人强。她往往能说会道，观察细致，情感丰富，善于幻想，比较小资，天下女人都小资。那天一个同志跟我讲，说你说的是小姑娘如此吧，我说你误会了，你是男人你不知道，其实所有女性都天性比较小资。大妈也小资，问题是有没有人跟大妈互动。假如有人跟大妈互动，大妈则会疯狂小资。女人的语言能力，男人肯定干不过。有人说，我们家那口子不爱说话。其实那往往是人家不想跟你说，想说肯定比男人能说。我谈恋爱的时候，去看一个长辈。那个长辈很会说话。知道我领着女朋友去看长辈是什么意思？我打算让他夸我。我自摸自和，没用的。我领着女朋友见长辈，长辈先把我夸得天花乱坠。夸完之后，怕我骄傲，他顺手一棍子打过来，说你这小子优点挺多，挺能干，将来到哪儿去都有饭吃，这点行，但你有个缺点，你脾气不好。我脾气坏，有名的。他说，你在公众场合有点儿脾气，那也算个爷们儿，那叫有魄力。但别跟女孩子有脾气，不能欺负你老婆，绝对不能打人家。我说行，前辈一句话，我铭记终身，坚决不打她。但我还没结婚，你就把我缴械了，她以后骚扰我怎么办？我还不被她欺负一生啊！这个长辈说，是我家弟子，我不能让你吃亏。到里屋来吧，我给你支一招。他把我叫到里屋，给我支了一招。我结婚二十来年了，实践证明这招很管用。他告诉我，你老婆把你惹惨了，气急了，你倒不必揍她，也不必不给她钱花，对她最大的折磨和惩罚是不跟她说话，憋死她。我对这事特别在乎。我要出差的话，我再忙再累，只要不受影响，通讯方便的话，我都必给老婆打电话，我一天打的往往不止一次。其实这是沟通。有这个工具，干吗不使？如果我带队，带几个年轻同志出去了，我要负责，我往往会告诉我手下的男同志，一定要给自己的老婆打电话，每天至少打一次。这是锻炼口才的一种方式，也是沟通。我要求他们一定打。如果谁嫌电话费贵的话，可以拿单子找我实报实销。真的，不嫌其长，只嫌其短，越长越好。道理很简单，女人好聊。你不跟她聊，她会跟别人聊，你就亏了，你不能给敌人机会。女人的语言能力拥有天赋，男性干不过。女人说汉语，平均一分钟能讲80多个字，最厉害的能讲120个字。男人平均就讲50个字。我算够厉害，我75个字一分钟，这是高水准。我有一个理念，干不了的事不干，痛苦来自欲望不能满足。我知道自己说话的速度和数量是干不过女人的，所以，我从来不和老婆吵架。我结婚20多年，没跟老婆干过一次架。那天，妇联一个老大姐跟我说，你可以当模范丈夫了。我说我境界没那么高，我只不过聪明，干不了的事坚决不干。老大姐问那你老婆跟不跟你干，我说她肯定跟我干。我计算过，平均每个月她向我发起三次主

动猖狂的进攻。问那你怎么办，我说每当别人向我发起猖狂进攻时，我不理她，笑眯眯地看着她，先气死她再说。敌人生气，我不气，这才是高手。人家还没气，你就中风了，你弱智啊！在对外沟通中，也得注意这个事。那么我们在语言交流中，恐怕类似的问题很重要。讲演没有什么悬念，讲演实际上是一种特殊的交谈。但是它更强调即席性，所以个人水平的发挥往往要求更高一些。

刚才已经强调，商务场合的讲演，是一种随机的、临场的、应急的、应变的、即席发挥的交谈，而且是一种单向交谈。换而言之，平常的交谈一般是双向的。我说一句，你再反问一句，然后我们互相配合。而商务讲演则通常是单向的。就是我讲，你听。所以它更需要讲演者与现场进行良性的、卓有成效的互动。你讲的话人家听众不听，你觉得有意思吗？这一点很重要的。

———————————✺———————————

商务讲演在礼仪方面应该注意哪些具体问题呢？从礼仪的角度来讲，我们一般强调以下三点：

第一，精心准备。准备好了，才容易有很好的发挥。这个准备，包括临时性准备和长期性准备。临时性准备，就是我知道明天要讲演，我今天准备。长时间准备，就是要在平时就积累材料，重视此类问题，以备不时之用。

第二，临阵不慌。在讲演时，大方者大受欢迎。你越是怕，你就越容易丢人，越容易露怯。你越是临阵不慌，就越容易有更好的表现。

第三，善于互动。讲演者要善于和听众互动。虽然这个讲演是单向的，但有的时候要没有人互动也很麻烦。比如我举个简单的例子，我去讲演的话，我有个习惯，我比较喜欢注意哪些支持我、配合我的人。有的同志，你眼神看着他，他对你很合作，跟你笑一笑，跟你点点头，这样的人你多看他几眼，就觉得比较舒服，就觉得没有白努力。有人就多事了，他质疑，他摇头，你越看他越生气，你都忘了自己说哪儿了。所以看听众你得会看。有人不会，他专拿别人折磨自己。他同时还折磨别人，你不爱听，我偏跟你说，我就不走，他自己跟自己过不去，也跟别人过不去。以下，我们把这三点再具体讨论一下。

演讲礼仪三要点之一——精心准备。

首先，日常准备。 作好常规性、日常性的准备。就是要关注那些经典的案例、经典的语言、叙事方式和演讲的一些其他的基本要求。比如语音、语速、表情、动作等。这些案头准备里，最重要的是文稿的准备。如果我们被通知明天要发言。在可能的情况下，是不是要写一个讲演稿？我倒不主张把它写得很详细，尤其没有必要把它倒背如流。倒背如流的表演性太强，背下来的东西不容易互动。我讲课有一个习惯，我不大喜欢看提纲。因为要看提纲你就得 ABC 照着走。我喜欢现场互动。你讲的话人家不爱听，你就没有必要再接再厉地去摧残别人。你可以马上调到一个你认为他可能去听的东西。但是这个 ABC 你要有，提纲要有，这是第一。

其次，修饰仪表。 要适当地打扮自己，你要别人尊重你，你首先要尊重别人。在正式场合演讲时，要穿得庄重一些，整洁一些，发型要修饰。男人要刮胡子，女同志还要化妆，要穿套装、套裙之类的。

再次，进行预演。比如，我今天有一个非常重要的场合要出席，我要到电视上发表一个讲演，或者在大庭广众之下有一个演讲。此前，我可以请我的助手来听一听，我要让他们扮演现场的听众。有时候，还会有一种互动式的提问。借此我可知道听众大概会问我什么问题，这就是模拟现场提问，这样的话就容易互动。如果这个问题提前被练到了，那么届时去应对它就非常容易了。所以准备充分往往可以以不变应万变，这是非常重要的。

演讲礼仪三要点之二——临阵不慌。

临阵不慌，善于应变。这与我们刚才所讲的准备充分有关。说实话，你也可以做到以不变应万变。北京有句老百姓的话：众口难调；又说：林子大了什么鸟都有。在任何情况下，你想让任何人都说你好，没有可能。包括金老师我讲课也一样。我只能做到但求无愧我心。我要符合我国的舆论导向，我要做到有助于社会主义精神文明建设，同时我要采用大家喜闻乐见的方式，这也很重要，我得注意。做学问其实有以下两个套数：**第一个套数，把简单问题复杂化。**你要让我把礼仪讲悬点，我也会呀！那这个礼者，敬人也。礼之用，和为贵。礼者，规也。为礼者，正仪容，齐颜色，修辞令。说实话，这个一般人就没太大兴趣了。**第二个套数，把复杂问题简单化。**凡事抓主要矛盾，化繁为简，这也是本事。实际上，要善于应变的话你要注意，不可能大家都配合你，不可能大家都顺从你，大家跟你有些异议的事常有。比如，有一天我讲课，我说穿西装时三色原则最重要。下面一个听众马上乐了，他高喊金教授身上六种颜色。这种事常有。他说的可能是实话，我也会经常遇到。

说实话，你扛住扛不住？所以你要有一个应变的考虑。你要明白人家不可能对你人云亦云、亦步亦趋，同时你要明白：回应对方挑衅的时候，要就事论事，要不卑不亢。即便对方给你提的问题极具挑战性，也不要跟对方兵来将挡，水来土掩。直接去对着干，往往没必要。

演讲礼仪三要点之三——善于互动。

首先，注意主题互动。你的讲演得是人家爱听的，并且还要通俗易懂，还要循循善诱。比如，我要给一群小朋友去讲演，我会跟他讲小新、小丸子，那都是小朋友的偶像。要给一个中学生讲，要讲 F4、电子游戏，或者讲一些高新技术等时尚的话题，他们都会比较感兴趣。与青年人，可以谈恋爱，谈事业，谈时尚，谈发展。国际话题什么人关心呢？一般白领比较关心。说个不好听的话，你去跟一个民工谈美国总统大选对中国外交的影响，他未必感兴趣，所以讲演主题要适应听众。

其次，案例形象生动。我主张讲演要以例服人。要善于抛砖引玉。动不动就是满口名词术语的话，听众往往会不知所云。讲演要生动形象，以案例去说明问题通常是一大捷径。

再次，神态温和自然。有的同志在讲演的时候表现恐怖。他面部僵直，异常亢奋，咄咄逼人，上窜下跳，有患躁狂症之嫌。在讲演时，还是温和一些、自然一些为妙。

最后，善于调动听众。讲演时可以把最有趣、最能调动听众积极性的那个案例放在最前面。比如，我看对象讲规矩的时候，我就喜欢问听众打电话谁先挂呀，轿车上哪个位置是上座，这都是日常生活中的问题，而且大家仁者见仁、智者见智，往往一下就来精神了，参与进来了，然后你再跟他讲道理。但是，道理你不能来回讲，你得安排一下。比如我 20 分钟的讲演，我会把它分成四段。先提一个例子，大家精神一下上去了；过一段，人是会疲惫的，估计到 5 分钟左右，他那个积极性、兴奋点下来了，我再来一个有趣的案例，他又兴奋起来了。然后他又下去了，然后再来一个。最后结束时，也要有一个高潮，要善始善终。要循序渐进，要注意人的精神和反应的疲惫周期，这都是有规律的。实际上，这样做有助于调动听众的情绪。

尊重上级是一种天职，尊重同事是一种本分，尊重下级是一种美德。

尊重客人是一种常识，尊重对手是一种风度，尊重所有人则是一种教养。

我们必须强调：运用礼仪、学习礼仪时最最重要的就是尊重！

——金正昆

第 9 篇

商务用语之电话

在现代人际交往中，电话日益成为人们沟通的桥梁、重要渠道。对商务人员而言，它的使用则往往不可或缺。聊天、谈事情，约会、交朋友，人们在享用电话所带来的便捷的同时，却发现烦恼随之而来。您是否遇到过这样的情况：忙碌的时候总有电话捣乱？甜甜的美梦常被铃声打断？电话仿佛是一件令人摸不透的宝贝，运用得体，它会带来成功；运用不得体，它却会成为人们交往中的绊脚石。

其实，困惑人们的还不仅仅是这些。电话什么时间打最得体？使用电话又有哪些技巧？……现在，让我来与你谈一谈如何打造一个彬彬有礼的电话形象吧。

昨天，我接了一个打错的电话。

一个女孩子问我："你这儿是保洁公司吗？"

我问："是哪个保洁？是宝贝的'宝'，清洁的'洁'？还是保卫的'保'，清洁的'洁'？是化妆品公司，还是打扫卫生的公司？"

她说："我找打扫卫生的那种公司，就是保持清洁那个公司。"

我说："你找它干吗？"

她说："我找工作啊。"

我说："抱歉，我不是它的老板。"

她打错电话了。连一名找工作的小妹用的都是手机，可真是说明了手机极其普及。既然电话座机和手机已经深入了人们的日常生活之中，"昔日王榭堂前燕，飞入寻常百姓家"，那么电话礼仪的运用自然就比较重要了。

人们经常都会受到这样一些打扰，比如：你睡觉了，座机却突然响起。打电话者说他有急事，其实也不是什么急事，就是问你明天在一块儿吃顿饭行吗。电话什么时候打来的？凌晨两点！又不是救火，客观上是骚扰你。又如，手机被错拨了。这是常有的事，但是我建议：一是拨之前你认真把电话号码看看，尽量别搞错。二是万一打错说声"抱歉，对不起"行吗？再如，手机短信。我们知道，中国在世界上是手机短信使用量最多的国家之一。我们经常会使用短信，逢年过节，走亲访友用短信替代一下，也省事了。但是，我经常收到这样的短信，我不知道你们收到过没有，就是没有署名。你不知道发短信的人是谁。我的朋友比较多。有人给发来一条短信："金教授生日快乐！"挺看得起我，我的生日他都记住了，但却不知道他是谁。你想想：我有可能会查出来你是谁吗？万一我查不出来，你这个短信不就白发了吗？这又不是谈恋爱，需要高深莫测，那还行，那有点神秘感。咱不是那个关系，干什么不在短信之后署名呢？由此可见，电话礼仪确有必要来讲一讲。

———————————————

礼仪是什么呢？我曾经给礼仪下过一个定义，我说：礼仪就是行为规范。什么意思？礼仪其实就是标准化做法，就是待人接物、日常交往中的标准化做法。下面我从这个角度来谈谈电话礼仪。

首先，我主张机关也好，公司也好，企业也好，个人也好，都要有电话形象的意识。有的时候，我们跟别人沟通，未必亲自见面。没准就是打电话，我到你酒店去也好，我到你商场也好，我想买你的货、订你的东西也好，我往往就是打电话。一个电话打过去，彼此如果印象好，没准一单生意就签下来了。一个电话打过去，如果印象不好，就可能没有下文了。

那天，有一个公司请我去讲课，我告诉他们老总："我有个小动作，机关也好，企业也好，请我讲课的话，我一般都要请人帮忙先去录个音。"
"录谁的音呢？"
"录你的营销电话、值班电话、服务电话。"

我录你窗口部门办公电话的音，因为它是你的公司形象啊。你是不是训练有素，你是不是不厌其烦，你是不是热情友善啊？把录音拿来听一下，往往一目了然。当然，我们也见到有些人不太注意这个问题，比如，你打电话时经常会碰上这样的人，拿起电话后先把你熊一顿。

那天，我给一个部门打电话。我说："我要报销一张发票。"
他问我："你着什么急？"
我说："我想问一下什么时候能报？"
回答是："你放心，我不死你就能报。"

他跟谁生气我不知道，他干吗跟我生气啊？他实际上只会给我这

样的感觉：一是此人素质不高，二是这个部门没规矩。有道是：员工个人形象代表组织形象，员工个人形象代表产品与服务的形象。我这一辈子可能就给你这里打一次电话。你留给我的印象不好，我可能就会由此认为你这家公司不好，你这家企业不好，甚至连你的产品和服务都是不好的。我不买你的行吗？我不消费你的可以吗？从这个意义上来讲，人人都要有电话形象的意识。

电话形象，通常是由以下三个要素所构成的：

其一，时空的选择。就是电话应该什么时间打，在哪里打。

其二，通话的态度。指的是通话时你的语言、你的表情、你的动作。

其三，通话的内容。即通话时你说什么。

这三点，时间空间的选择、通话的态度及其通话的内容，具体构成一个人乃至一个公司、一个机关的电话形象。下面我分几个具体的问题来谈。

首先，我来谈一谈打电话。下面问大家一个问题，现场的听众和电视机前的观众，如果你现在决定给别人打个电话，比如，你给金教授打个电话，或者给你的同事、给你的客户、给你的爸爸妈妈打一个电话，你认为哪一个问题最重要？

以下几点，都是打电话者务必要注意的。

第一，时间的选择。如果你要想确保所打电话的质量，你想把这个事说清楚，你想把这个事搞定了，首先你就要注意时间的选择。比如，你跟私人通话，你就要选择效率高的时间。换句话来讲，也就是别人不会讨厌你的时间。

对我们中国人来说，你和任何一个人打电话，包括我、包括你的家人在内，休息时间都最好别打。除非万不得已，晚上 10 点之后，早上 7 点之前，没有什么重大的急事都别打电话。万一有急事需要打电话，你第一句要说的话是"抱歉，事关紧急，打搅你了"，否则的话别人会烦的。再者，就餐的时间别打电话。说实话，我们大家都挺忙的。我和你一样，中午就那么一个小时的时间吃饭，你还给我打个长长的电话，会影响我的食欲啊。此外，还要注意，节假日若无重大事情也不要打电话。

在传统农业社会里，一些人有一个习惯：不太尊重个人隐私。我曾经讲过，拜访客人也好，打电话也好，都尽量不要占用对方的节假日。节假日是我的私人空间，我喜欢关掉电话，我喜欢跟家人在一起，或者我喜欢独处。我难得有个七天长假，你却天天给我打电话，找我聊天，一块儿吃饭又串门，肯定会影响我的私人安排。我们讲了，尊重别人就是要尊重对方的选择。这个理念一定要树立。所以节假日没有什么急事，就免打电话吧。可以用其他的方式与别人联络，如发个短信或者诸如此类，别打电话。如果是外国人，尤其是对方住在美国、欧洲这样距离较远的国家你更要注意，打电话还要明确时差的问题。你这儿是白天，没准别人刚睡觉。

第二，空间的选择。什么意思呢？一般来讲，私人电话是在自己家里打的，办公电话则是在办公室打的。别贪占小便宜。相信你也知道，有极个别的人特爱占小便宜。

经常有人告诉我："老金，有国际长途要打吗？"

我说："有啊！"

"到我们公司来吧，我们公司可以白打。"

不合适，便宜没有这么占的。一个文明的人，一定要讲游戏规则。不要贪占国家资产，也不要侵吞他人或者公司的资产。私人电话就要用你的手机打，用你们家的电话打。别占公司的便宜，别占政府机关的便宜。还有一点要注意，如果你要在公众空间打电话的话，实际上对别人是一种噪音骚扰。一个有教养的人，是不会在公众场所打电话的。在影剧院、会议中心、餐厅、商场，经常有些不自觉的人拿着电话大吵大嚷地说个不停，令人甚是反感。

有一位外国友人在几年以前曾经问我："你们的移动电话是不是在人多的地方才比较容易拨通？"经常有人这么干，打着电话在公共场所里旁若无人，横冲直撞，影响别人。如果当时你正在看电影，看电视，听音乐会呢，多难得的一个欣赏机会，他那里手机却哇哇乱响，非常不好啊！

第三，通话的长度。电话打多长时间为好呢？在实际生活中，你有多少事，就该说多长时间。要说清楚为止，把事搞定了。但必须注意，从互相尊重这个角度来讲，通话时间宜短不宜长。电话礼仪有一个规则，叫做通话三分钟法则。什么意思呢？就是你跟外人通话时，每次的时间应该有效地控制在三分钟之内。其含义，倒不是说让你掐着表，或者每次通话之前定好闹钟，到三分钟突然就断电，就打住，不是那个意思，而是要求你"长话短说，废话不说，没话别说"。

有的人打电话时很烦人，他一拿起话筒就跟你玩捉迷藏：

喂，你猜我是谁啊？

你听不出来啊，你慢慢再猜吧。

不对，你再猜。

不对，我是谁你都不知道啊。

好不容易被别人猜对了，他又问别人：

你猜我在干什么？

不对，不对，不对，我在吃东西。

你猜我吃什么呢？

不对，你没认真猜。

不对，我告诉你吧，我什么都没吃。

他真的是有坏毛病啊！有自恋癖倾向。任何一位有教养的人，都应该是一个办事有效率的人，是一个尊重时间的人。时间就是金钱，时间就是效益，时间就是生命！我们的生命是由时间所组成的。浪费别人的时间，就是浪费别人的生命。所以打电话的时间一定要短！如果是在公司企业里进行内训的话，我经常给员工的一个忠告，就是要养成打重要电话前列提纲的习惯。譬如：

我找张三，我没给他打过电话。我首先要知道张三有几个电话号码，第一个打不通我就拨第二个，省得再去找，我也省时间。接下来，我跟张三要说几件事。我所要注意的是什么呢？倒金字塔形排列，就是要把最重要的事首先跟他说："张总，我想请你讲课。""李经理，我想在你那儿定一桌餐，我想消费的标准应该是在3000元左右。"要把最重要的事情首先交代给别人。你别在那儿打太极拳："我想在你那儿弄桌饭吃，你一定要帮忙，你要帮我定个大的房间，你要给我安排好了。"唯独不说钱，不说钱怎么给你安排呢？你要先交个底："我是3000元的消费标准，请你看着办。"

第四，自我的介绍。一个训练有素的人，拿起电话之后要顺理成章地进行自我介绍。按照电话礼仪的标准，自我介绍有下列几种模式：

其一，录音电话的模式。录音电话的模式就是报电话号码。我刚才讲了，报电话号码的好处是：万一有人拨错了，你跟他确认一遍，他不至于再错。我经常碰到这样的事：

他打你手机，拨错了，你跟他说："错了。"
他一会儿又打进来，你跟他说："又错了。"
他还会打进来，并且还骂你："干吗装洋蒜，不接我的电话？"

若你跟他重复一遍自己的电话号码，他稍微理智一点，就会核对一下，便不至于一错再错。

其二，公务电话的模式。公司总机或者部门通电话，一般报单位名称。比如，你好，联想集团！你好，上海东方电视台……报的都是单位。

其三，私人电话的模式。专用电话，比如我家私人电话或者我这里是董事长的电话，专用电话一般是报什么？报姓名。此即私人电话的模式。因为这个电话就是我的。我的习惯是拿起话筒："你好，金正昆。"我先报姓名，让对方验证是不是打错了。

其四，社交电话的模式。在社交中通电话，一般要报三要素，单位、部门、姓名。因为别人可能不知道你是什么头衔，不知道你是谁，所以你要全报，此为社交电话的模式。我经常遇到这样的事，他跟你说了半天，你不知道他是谁，你还不好意思问他，因为你听他的语气，他跟你很熟："金教授，上次在一块儿吃饭，我们坐在一块儿。好长时间不见了，打电话问候一下。"你根本不知道在哪儿吃饭，也不知道他

是谁。对方要足够聪明的话，务必要首先报一下："你好金教授，我是海达公司的王军副总经理。上次我们在一块儿吃过饭，记得交换过名片。金教授，我们最近想请你讲一课。"一定要说清楚！否则你跟我寒暄半天，我也不知道你想干什么。因此，打电话时首先进行正确的自我介绍是不能缺少的。

第五，通话的终止。如果你不想继续通话了，你想终止通话的话，可以适当的方式去暗示另外一方。怎么去进行暗示呢？常规的做法，就是重复要点。

王总，我们这次就说定了，下个星期我付款，按照你所提供的账号，我会把货款的首期打给你，按照我们刚才约定的付10%。王总，如果我没有记错的话，你的账号会在下星期一早上传真给我。传真给我之后两个小时确认无误，我就会打款了。

可能对方记错了，说错了，也可能对方忘记了，你去重复一下，说明自己是个训练有素的人，是不说废话的人，而且也等于告知对方：双方通话可以到此适可而止了。

第六，谁先挂断电话。打电话时谁先挂呢？有同志经常会出现一些错误的想法，有的人钻牛角尖，有的人则不规范。比如有人告诉我谁打谁就先挂，还有同志告诉我对方先挂。他是好心，但是结果不好，行不通。假定中央电视台规定打电话对方先挂，广东电视台也规定打电话对方先挂，那我们在场的听众和电视机前的观众都设想一下，若中央台和广东台相互通话将出现何种状态？两边都不先挂，大说其废话，都等着对方先挂。此说根本没有可操作性。

打电话时谁先挂呢？交际礼仪的标准化做法是：地位高者先挂。我是晚辈，我和爷爷、爸爸或叔叔通话，请长辈先挂，对长辈的尊重尽在不言中。刚才说了，尊重别人就是尊重别人的选择。别人不想再说了，他就挂了。他说没说完是由他自己决定的。我是下级，我跟上级通话，理当由上级先挂。我经常开玩笑说："我是怕老婆的，所以我跟老婆打电话时，一般都是老婆先挂，不然怎么能证明她是我家老大？"地位高者先挂！有些人会问：我俩地位一样，我是男孩，他也是男孩；他19，我也19；他刚上大学二年级，我也是大学二年级；他三月八号生，我也三月八号生；我俩就是半斤和八两。万一碰到这种情况，谁先挂？一般是求人的人要等被求的人先挂。你找别人说事总有一个谁求谁的问题："金老师帮我借本书？""老刘，我有一道题不会做，你帮我说说？"由被求的人先挂，实际上是一个摆正人与人之间位置的问题。

关于接电话的礼仪，主要有下面几条需要注意：

第一，铃响不过三声。打电话的最重要的原则叫做通话三分钟法则，接电话的基本规则叫做"铃响不过三声"的法则。什么意思？就是要及时接听电话。尤其是你约好了时间，今天晚上八点让别人给你打电话，你约好的让别人给你打，别人打来的话你再不接那就是严重的失礼。我们有时候会碰上两个极端，一种极端就是有些人宁死不屈地在那儿听着铃响不止就是不接，另一个极端则是电话铃一响马上伸手就接了，过犹不及。你想想，因为现在电话高新技术含量非常高，瞬时接通，我们一般的经验，铃声总要响上两声才接，你这儿电话铃声一响就接了，我这儿还没作好准备呢！我经常碰到这种事，要不那边不说话，要不你这儿刚一拨那边就说话，吓你一跳。

训练有素的白领都有这样一个经验：桌上的电话铃响了之后，首先上去，等它响过两三声的时候再接。这样会显得自己不慌不忙。很多国外的大公司都有规定，铃声要响到六声以上你才去接的话，第一句话要说"抱歉，让您久等了"。因为别人要求你办事，很可能这个电话拨不通他到别的公司去了，他不找你了。他找你是看得起你，你接电话迟了，理当及时地表示一下歉意。

第二，不要随便叫别人代接电话。如果你在现场，电话是找你的，尤其打的是你的电话，你就不要找外人去代接，尤其不要让孩子、秘书去代听已经有约在先的电话。请注意：约好他人给你打电话，届时就不要让别人去听，这是对通话对象的一种最基本的尊重。

如果我打电话给你，你不在，比如你是王处长，我是李处长，我是你的合作单位的一个处长，我们俩是平等的关系。我李处长找王处长，王处长不在。倘若你是王处长的秘书，去代接电话，你会如何文明而礼貌地应对我？经常，我们身边的领导或者同事、家人不在，你会替他接了电话。他不在的话，你要会表达自己的善意。训练有素地代接电话的人要首先告诉对方，他找的人不在，然后才能问对方是谁，对方有什么事。千万别倒过来了。我经常碰到类似下面这种事：

你打电话找王处长，王处长不在，李秘书代接电话。

你说："请问是国际交流处吗？"

"对，先生你好，我们是国际交流处，先生你找哪位？"

"我找王国华，王处长。"

"先生你好，你找王处长什么事？"

"我跟王处长是大学同窗啊，说好了今天给他打电话的。"

"先生你到底什么事？"

"我现在路过你们北京，想过来看看王处长。"

"先生你好，我们欢迎你！先生你大约会什么时候来？"

"我大概半个小时以后就可能到你们那儿。"

"先生不好意思，我告诉你，王处长不在。"

他耍我，他吊我胃口，他使我怀疑王处长在他的边上埋伏着。聪明的人那时会首先讲："先生不好意思，王处长不在。"然后再问："您是谁？您有什么事？"这个就比较好，否则我会怀疑，我想的是王处长一看这个号码似曾相识，就叫李秘书过来帮他问："这个人是谁？""处长，是那个上海的什么李处长。""什么事？""想来看你。""什么时候来？""马上就到。""告诉他，我不在。"这个推论是成立的。所以，你别乱说，你要合理而有序地进行表达。

第三，认真地进行自我介绍。接电话时，合理而有序地表达。一个非常重要的内容是：自我介绍。我经常遇到这样的事，电话拨错号码了，那边人不说明白。他问你什么事，你跟他说了一遍，他最后才告诉你打错了，这不是气死人的事吗？我拨错了号码，你跟我说一声啊。接电话时，下列三句话不能少："你好"——自报家门——"再见"。自报家门，即自我介绍。它跟打电话一样，要么报电话号码，要么报机关名字，要么报姓名，或者合报——单位、部门、姓名一起报。别跟别人说你猜我是谁啊，那样做人家会烦的。

第四，电话掉线时的处理。经常有这样的事，比如打手机时，说着说着就中断了。可能是没电了，可能是掉线了，也可能是到了死角了。遇到这种事怎么办呢？接电话的一方有责任告诉对方，比如你该说："不好意思，金教授，现在我在的这个位置可能网络没有覆盖，噪音很多。

金教授你看这样好不好，我先把电话挂了，然后你指定一个时间我打给你。"万一它没有一点先兆就断了，那你马上要把电话打回去。打回去的时候，第一句话就要讲："金教授不好意思，电话掉线了。"或者是："不好意思，金教授，我手机的电池用完了。"你一定要说一声。地位低的人要把电话首先打回去，这是对别人的一种尊重。像我刚才说的那种情况，万一通话效果不好，你可以跟他约个时间，但是你约的时候别胡说："金教授你打给我吧。"你是晚辈，我凭什么打给你啊，我把电话打给你我还得花钱呢。你可以约个时间，我要愿意打再打，我要不愿意打就罢了。别忘记，此刻是你求我，求人要像求人的样子。

第五，拨错的电话的处理。公司有明确的规定，如果外人打电话拨错了，接电话的员工第一句话要说明："先生你好，您拨错电话了。"第二句话要把本单位的电话重复一下，让对方验证不是骗他。第三句话则要问对方"您需要帮助吗？"

比如，他找中央电视台第八频道，现在拨到第十频道来了。我会告诉他："先生你好，我们确实是中央电视台，但是您可能不太清楚我们各个频道办公的位置不一样，工作电话也不太一样，我这里是第十频道。先生您若需要帮助的话，我现在可以替你查一查第八频道的值班电话，您看需要吗？"

别人一听，人家多有教养。有的同志不太有教养，他接到错拨的电话后，就会训斥对方："瞎眼了你，瞪着眼睛看好，下次看清楚再拨，否则我打爆你。"这种表现，证明此人没有教养。

第六，多个来电的接听。在接电话的时候，会出现这样一种情况：

你现在在上班，你正在接一个电话，这个电话很重要，另外一个打来的电话你看了一下来电显示号码，也挺重要的。现在有外人在场，我想请问你接还是不接后者？

我经常遇到有这样的人，比如：

我在他办公室里。他正在打电话，或者没打电话，正在跟我聊天。突然桌上的电话响了，我那时会跟他说："王主任，你接电话吧，我可以暂时回避一下。"

他却马上告诉我："不接，咱俩继续聊，不用管它。"

也许有些人会说："这不挺好吗？说明重视你嘛！"其实我的感觉并不好，我感觉到你不尊重打电话的那个人。你凭什么不接他的电话？我心里会想到别地儿去了：怪不得昨天下午我给你打电话你不接，原来你正忙着跟别人聊天呢。

任何一个有经验的人，在外人面前，打进来的电话都是一定要接的。但是，你当时需要妥善地对其进行处理。比如：

你正在跟我谈着呢，外面的电话打进来了。你不接不对，长时间接听也未必正确。你不方便接听的时间太久。因为你跟他说话时间长了就冷落我了。你只须对他说一声："王主任，感谢您给我打电话，我也很惦记您呢。不好意思，现在人民大学的金教授正在我这儿谈工作呢。您看这样好不好，您指定一个时间，我跟金教授说完了事，我那时会给您打过去。"

其含义：一是暗示你边上有人，不宜探讨深层次的问题。二是让他选择一个时间，届时由你打给他，说明重视他。这种技巧的运用，在对外交往中，尤其在商务交往中，往往不可或缺。金教授讲过一句话：教养体现于细节，细节展示素质，细节决定成败。这些细节你若不注意，搞不好会得罪对方的。

最后我想跟大家讲一讲移动电话的使用。在现代生活中，移动电话已经是非常非常之普及，记得我 10 年以前在北京人民广播电台讲过电话礼仪。那时我在那儿喋喋不休地讲寻呼机的使用，而今我再去讲寻呼机可能就没什么听众了。那个时候有手机的人没几个，你讲手机礼仪大家没兴趣，大家想听的是呼机礼仪。当时最流行的语言是"呼我"，现在你再说"呼我"，好像就有点太落伍了。

关于移动电话的礼仪，有以下几点必须遵守：

第一，安全地使用。

现代社会，和平发展是其主题。只要是中国人民，我们就都是自己人。但是，我们不能否认不安全的因素是存在的。一个有教养的、有经验的人，是不应该使用移动电话去传送重要信息的。有些非法组织、非法人士使用窃密的工具，搞不好你电话中的那些信息资料就被别人窃取了。从保守商业秘密这个角度来讲，移动电话是不适合传递重要商业信息的。这个常识我们是要有的。大家知道，如果使用技术手段的话，不仅仅打电话的人在什么位置可以被别人知道，而且你所讲的内容别人也是可以知道的，此处所讲的是使用非法手段。到国际社会中去，防人之心不可无，这样的事一定要注意。你别在这儿跟总公司汇报谈判底线，底价是多少，合同上哪些细节要注意。你在那儿一说，别人可能就全知道了。此外，你还要注意遵守关于安全的若干规定，比如开车的时候不打手机，空中飞行时手机要关机，加油站、病房之内手机不宜使用。一般情况下，不要借用别人的手机，这也是个基本礼貌。自己人，家人、朋友、兄弟、姐妹那还无所谓，外人尤其是陌生人的话，借用别人的手机就是没有教养的标志，除非是紧急事端、救命，那是另外一回事。

第二，文明地使用。这里所讲的文明使用，就是你使用手机时要有那种尊重人、爱护人、关心人、体谅人的感觉。比如，在公众场合要养成手机改成振动或者静音甚至关机的习惯。不要在大庭广众之下手机频频地响起，更不要在人多之处接听电话。像我们的会议上，我们的公司里面，我们的企业里面，甚至我们的学校里面，手机铃声随时响起的状态，在国际社会是比较少见的，它恐怕是一种文明程度的问题。要维护我们中华民族的形象，就要从我做起。

现在手机有一些特殊的附带功能，比如发短信、摄像、拍照。你要注意，拍摄别人要征得对方同意，要尊重隐私权。发手机短信，则应是那种有效的信息或有益的信息。别动不动就给别人发黄色段子，或是无聊的信息、垃圾性信息。

有一个朋友那天跟我说他气死了。他是一位五十多岁的男同志，也是有职、有权、有地位、有面子的一个人。人比较拘谨，不太爱开玩笑，那天他却跟老婆翻脸了。为什么呢？他的手机在桌子上放着，他老婆好心，一看它振动就帮他去看，来了条短信。我那个朋友叫李军，那短信是：军哥，好想你，想你想你好想你，军哥，一定要想我呀。落款：红红。这个红红，大家想肯定是个女人。于是，老婆跟他翻脸。这个老兄后来忍无可忍就领着他老婆去找这个红红。原来那位红红是个男人，叫马大红，比我们这个军哥还要大两岁。他那天喝高了，就发信息去骚扰军哥，但没有想到这个玩笑开得过头了。

第三，规范地使用。我曾反复地强调：礼仪就是行为规范。手机规范地使用，主要包括以下三个细节：

其一，讲究礼貌。通话的整个过程，不管你是打电话还是接电话，它其实跟座机的使用是一样的，礼貌用语要有，电话该是谁先挂就是谁先挂，该说道别就要说道别，如此种种，都要讲究礼貌。举个简单的例子。

假定我是地位高的人，你是我的学生。我在挂电话之前一定要跟你说一声"再见"，说再见的意思是什么？就是告诉你我要挂电话了。你有没有遇到这样的人：电话拨通了不跟你呼应。他嫌累，把电话在脖子上夹着，等你说话。你半天不说，他突然来一句："说话！"吓你一个半死。还有的同志挂电话时也不先打招呼，他问："你还有事吗？"你说："没事了。"他"啪"的一声就给你挂了，别人正在那儿洗耳恭听，结果被"打击"了一下。这是非常不礼貌的。

其二，不宜借用。我刚才强调过：手机不宜相互借用。手机卡、内存、

短信、电话号码从某种意义上讲，都是个人隐私。你把别人的手机拿了，万一他的卡被复制了，将来话费高了，他来找你，你说你认还是不认？你说你没偷，他说你偷了，谁能说得清楚呢？所以一定不要借用别人的手机。

其三，携带到位。手机需要一个适当的携带位置。女孩子一般习惯把手机挂在脖子上，街上这样的女孩子不乏其人。有的男同志图省事儿，手机则别在腰上。还有些人，觉得挂腰上不好看，放到口袋里。其实，手机不能丢是重要的，手机携带也是重要的。从规范的角度来讲，建议你的手机还是放在公文包里，它最不容易丢失。拿小包时也可放入小包里，但别挂放在裤腰带上。有见识的人都知道：一个人的社会地位，往往与他的腰上所悬挂的物品的件数成反比。有同志往这儿一站，其腰间如同开了个杂货铺：手机两个，呼机一个，打火机一枚，瑞士军刀一柄。你腰上挂一堆东西，西装摇摇欲坠，上衣鼓鼓囊囊，不好看。小姑娘上街逛的时候，把手机挂脖子上倒挺好，但是也有几个问题：安全吗？离心脏挺近的，方便吗？电磁波对你的生命不构成影响吗？这些你想没想过？再说，它也不是谁都可以挂脖子上去的，金教授要把手机挂到脖子上，是不是也不太合适？

手机的使用必须规范。要安全地使用，要文明地使用，要规范地使用。这是手机使用时的几个基本礼貌。

总而言之，文明而礼貌地使用电话，包括座机和手机，会使你有效地沟通，会使你恰到好处地向别人表示尊重，会使你获得有益的信息。反过来说，如果你使用电话时不礼貌、不文明，将损害你的电话形象。

尊重上级是一种天职，尊重同事是一种本分，尊重下级是一种美德。

尊重客人是一种常识，尊重对手是一种风度，尊重所有人则是一种教养。

我们必须强调：运用礼仪、学习礼仪时最最重要的就是尊重！

——金正昆

第 10 篇

商务往来之邀约

在商务交往当中，邀请客人来访是常常会有的事情。怎样做才能够既不失礼，又能够把事情办好呢？此事值得关注。在商务交往中，讲究常来常往，来而不往非礼也。从某种意义上来讲，商务邀约，俗称请人，恐怕是人们在日常工作和交往中不可或缺的一个重要的内容。俗话说，有接触才有交流。不接触怎么会有交流呢？有交流才会沟通，有沟通才能互动，这其中存在着因果关系。

　　比如，我在学校工作。这两个月临近高考了，大专院校经常组织这样一种活动，欢迎中学的师生来访问、参观。昨儿我去北大，发现北大就挂着一个欢迎横幅："欢迎全国重点学校的校长参观北大"。人大也有类似的活动。人大邀请的其实更早，我们每年冬天会组织全国中学生冬令营，请全国的优秀中学生来学校做客。实际上，这是一种商务活动。因为现在学校也有一个竞争，也需要招募全国的优秀学生。不让他接触，不让他了解，怎么能够有效地与之沟通、互动呢？

　　再打一个比方，最近我又去了一次山东德州。德州我以前去过，那地方除了扒鸡比较有名之外，其他好像所知甚少，而且在我的印象之中山东经济比较发达的是沿海地区，它的西北似乎跟"老少边穷"划了等号。此次应德州市的中小企业局的要请去做客，不敢说顿开茅塞，也算是大开眼界。此次我发现：德州非常漂亮，德州的民营经济非常发达，真的出乎想象。

商务邀约，即为了进一步密切经济交往而请人来访。请人来干什么？主要是访、谈、看三要素。首先，把客人请来。不来访，他怎么会接触了解我们呢？然后谈，介绍我们的情况，双方交流实质性话题。最后，看。在有些情况下，倒不一定非要谈正事，请有关人员来看一看也行。多交朋友，广结善缘。商务邀约，说白了就是请人。请人时有一些重要的细节，从礼仪的角度来讲必须予以考虑。除了我们刚才讲的访、谈、看三要素之外，有的时候其形式、内容、操作、主题等等都是有讲究的。

一般而言，商务邀约主要有哪些具体的规范呢？

从商务礼仪的角度来讲，商务邀约的规范主要涉及以下四个方面：**第一，方式**。就是你怎么样去请别人。**第二，对象**。即准备请谁、主要请谁。不可能主要的邀请对象没有，没有目标对象，广而请之是不可能的。**第三，内容**。就是商务邀约的主题是什么。就是商务邀约的主题是什么。**第四，操作**。就是邀请中的具体细节、环节等一系列问题。下面具体说一下这四个方面。

首先，来说一下方式。商务邀约的方式、方法很重要。商务邀约的方式，实际上就是它的具体形式。具体而讲，商务邀约有以下两种常规形式：第一种形式，口头邀约。第二种形式，书面邀请。其实两种形式往往可以交叉使用。比如，我可以先在口头上跟你打个招呼："范小姐，我们明天有一个活动请你来。"然后我回去之后再发一个传真，或电子邮件，以书面的形式邀请你，表示郑重其事。这是很常规的事情。

具体而论，口头邀请也好，书面邀请也好，又分为一些具体的形式。有哪些具体的形式呢？口头邀请有两种最常见的形式。

第一，电话邀请。你注意了吗？现在，人与人之间被电话缩短了空间距离。这个周末我请你吃饭，我人不一定到你家去，但是我电话过去了。给亲朋好友的电话邀约，往往是非正式邀请。两国总统肯定不会一打电话叫你来玩，就来了，没那回事儿。

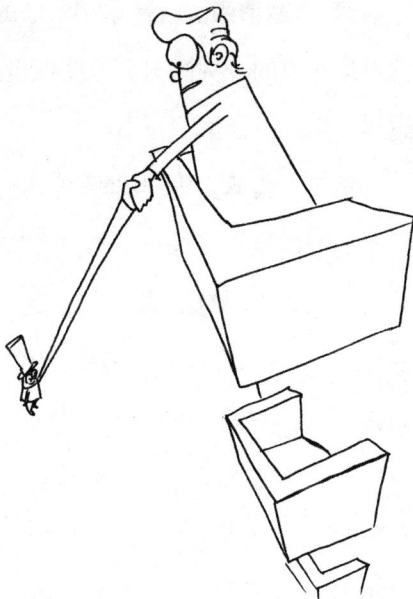

第二，口头邀请。比如，金教授欢迎你到我们这儿来做客，通常我们都会当面在口头上表达这个意愿。如果对方接受或者不拒绝的话，然后再用书面邀约加以确认。实际上，口头邀请也好，电话邀约也好，它们往往是非正式的。换而言之，非常正式的邀约你若是这样去做，人家会觉得其可信程度不高。北京有句老话，叫"酒桌上说话不算数"。有一天，一个老兄就跟我说，金教授欢迎到我们那儿去参观。他是外地同志，我说行啊，有朝一日一定去。我这个人也实在，有一次到他们那儿开会去了。中午没事我就给他打电话，我说我想去看他。他问我是谁，我说我是人民大学的金教授。他又问金教授是谁，让我特没面子，特受打击。

在商务邀请中，更多的情况下流行书面邀请。书面邀请又具体分为以下三种形式：

171

第一，邀请函。就是采用书信的方式,正儿八经给你寄一封信过去。这是最正式的一种情况。但缺点也有，就是慢，而且搞不好还会丢失。这样一来，就会影响正事。

第二，传真。即把邀请函通过传真机发过去。这样速度非常快，但有的时候也不能保证对方肯定收到。搞不好传真错了怎么办？这都是发生过的事。有一次，我收到一封邀请函，关于过生日的。它的开头是"爷爷"，我一下特高兴，但好像没有这种直接的孙子辈啊。原来是传错了，它的号码错了一个数，结果我当了"爷爷"了。实际上，有实践经验的人都知道，传真函件过去的时候需要确认。明白我的意思吗？就是邀请函下面还有一个复函，让对方签个字再回传，表示自己收到了，接受邀请，否则不确认是很惨的！比如说你结婚，你摆了十桌，一桌按八个人计算，得来八十个人吧。你若请八十个人，是不是得先把八十个人具体请谁算好，大概还得留点富余。例如，邀请七十八个人或者八十四个人。是不是得让来宾一一复函确认？当然一般人倒不至于非要用邀请函去确认或者传真件确认，但一定得确认一下。否则你那天办事，八十个人的位置，最后才来了八个人，一个人一张桌子吗？

第三，电子邮件。现在，科技发达了，互联网应运而生，故此邀请还可以选用电子邮件。发出电子邮件后同样也需要确认，搞不好丢失了怎么办？

无论从哪一种形式来讲，我们都强调商务的邀请方式有口头和书面区分。相对而言,书面的比口头的要正式。有的时候因为跟对方不熟，你突然发给人家一个邀请函，人家可能还不知道你是谁呢？所以可以口头邀请在先，书面邀请在后，二者也可以重复使用。

其次，就是对象的问题。是不是要根据具体的活动来选择适当的对象来邀请呢？是的，这个问题非常重要。

商务邀请的常规方式有如下两种——单独邀请与集体邀请。

一般而论，商务邀请以人数多少来区分，有两种，即单独邀请和集体邀请。所谓单独邀请，就是我只请一个人。只请一个人，就必然会有非常实质性的问题了。比如，金老师要请女学生，请十个八个到我家吃饭，或者出去玩。一般女生都会来，不吃白不吃，吃了也白吃。但我要请一个女生吃饭，她是不是得三思啊？当然这种事打死我也不干，我怕犯忌，怕我老婆揍我。集体邀约，可以称之为"务虚"，它主要涉及礼节性问题。说白了就是宾主认识认识，大家了解了解，往往没有实质性问题。

从邀约的内容来讲，分为有主角邀约与无主角邀约。亦称为有主题邀约和无主题邀约。所谓有主题邀约，即中心明确的邀约。我们举一个很形象的例子，比如我是一个男生，我特喜欢我同学里面的一个女生，但是我现在拿不准我的邀请她来不来。我要请客的话，我请大家去春游吧。我就要请她所在的那个宿舍的女生一起去。表面上请了这一个宿舍的四个女生，但是明眼人一看就明白了，我是醉翁之意不在酒，在乎山水之间，这是有主题的。

在实际的生活和工作中，一般都

是有主角的。你明白了吗？比如家人里面是不是有长辈，同事里面是不是有上级，内外有别的话是不是有外宾，或者外国人、外籍客人、少数民族。这也就是说，有你需要特殊照顾的对象。比如，你注意过没有，在日常交往中，作相互介绍的时候，依你的经验，谁当介绍人呢？下级或者晚辈；再比如家里来了客人，谁是介绍人？女主人！女主人是家里的老大呀！家里来了客人，如其相互不认识，则女主人理当为之介绍一下。你家请人吃饭，是不是有需要你重点照顾的对象呀！如果你是一个女孩子，你要请长辈在一块儿吃饭的话，你第一照顾的对象是谁？我要站在你这个位置上，看得很清楚：你的公公和婆婆，是不是？我说句实话，我主张当丈夫的男人对丈母娘要好。为什么呢？因为在城市里面，家里的主角一般是女主人。众口难调，我想让我老婆的哥哥、姐姐都说我好可能性不大。说句不好听的话，痛苦来自比较之中。人是有比较心的，你不跟人家比，人家跟你比。当然我不是说我的家人对我不好，其实我家关系挺好的。我主张已婚男人对丈母娘好，因为一般人家尤其是我老婆家里，丈母娘是老大。我对丈母娘好，丈母娘一高兴，老丈人就不敢不高兴。老丈人和丈母娘一高兴，全家都会高兴。那样一来，我老婆肯定高兴，她有面子嘛。我老婆高兴，我就高兴。我一高兴，我爹娘也会高兴。互动的，皆大欢喜。凡事抓主要矛盾，这绝对是处理问题的高招，其实你在邀约具体对象的时候也要主次分明，的确很重要啊！

具体而论，从商务礼仪的角度来讲，我们在选择具体的邀约内容的时候，需要注意以下这么几个问题：

第一，必要性。没意思的事，干起来会有意思吗？老百姓都知道这一常识：无利不起早。商务交往虽然事在人为，但是如果这种邀约没有任何实际价值，还是放弃为妙。没有意义的话人家不干，我们也没有必要去干。实际上，我们的任何邀约都是有目的的。在社会交往中尤其是在商务交往中，处理好人际关系，建立良好的公共关系非常重要，和政府要搞好关系，和新闻界要搞好关系，和社区要搞好关系，和合作伙伴要搞好关系，和竞争对手有时也要搞好关系。所以邀约必须有其必要性。

第二，可行性。我邀请你来开会也好，吃饭也好，玩也好，在其层次上，当然我愿意就高不就低了。我愿意能高点就别低点，能好点就不坏点。但有时候它没有可行性。时间不够，金钱不够，能力不够。做事要量力而行。因此在邀约的时候，确定内容时不要夸下海口。我们有的人爱说大话，到时候兑现不了，其实等于自毁信誉，自损形象。

第三，时尚性。安排邀约的具体内容时，除安排谈论正事之外，有的时候还有一些文娱活动，比方说吃饭、娱乐，都非常重要。有一次到黑龙江那边去参加一个活动，我这南方人比较害怕冰天雪地，尤其一看天气预报，那里零下二十多度，很恐怖的。这会其实我是可去可不去的。但那个邀请方比较会说话，人家告诉我，金教授，您知道这个会在哪儿吗？我说不就是黑龙江吗？冷。他说是冷，但冷得有意义。我问具体在哪儿？答亚布力。我一下眼就直了，滑雪场，我好这一口呀，于是欣然前往，而且唯恐这个活动被取消。安排具体内容时，一定要人无我有，人有我优，与众不同，而且时尚，就像年轻人常说的要比较流行，不能太老土。

第四，独特性。有些商务邀约在其内容上就俗了，开会、吃饭、发礼品、搓麻、逛街，然后散摊。这些活动有时候搞得劳民伤财，类似于不务正业。这是非常不好的。所以商务邀约在其内容的选择与安排上，要有独特的地方，这就需要我们在其具体操作上独具慧眼。

第五，对象性。不论时尚性也好，独特性也好，有时候邀约的具体对象很重要。我开个玩笑，同样是安排业余活动，安排业余活动的时候你注意过没有？男士一般喜欢到什么地方去，他们喜欢看看景点博物馆、图书馆；而女性喜欢什么呢？主要是逛街购物。这就是男女之别。我经常与男同志开玩笑，我说合格的丈夫要陪着老婆逛街。其实男人不爱逛街，男人也去逛商场，但其目标性极强。买烟的话，进去把钱一拍，拿着扭头就走。女人则不同。女同志在商场内，乐在于逛，老外的说法是逛街，是看，是逛。走进商场，对女人而言，锻炼身体，帮助消化，排遣寂寞的时光。而男人不同，男人逛商场，愿意自己去，并且买了东西就撤，最忌讳跟老婆一起逛。道理很简单，担心要花钱。我跟很多男同志讲，有人其实不了解老婆，老婆乐在于逛，不在于买。女人如果有一个爱自己的人陪自己逛商场，自己那种美妙的感觉溢于

言表。女人比较小资，她感性，她不至于时刻买东西，她知道花你的钱也是花她的钱。她只是乐于有人陪，而且乐于刁难那些售货员。什么东西没有，往往她要什么。比如，这条裙子只有粉色，她问白色的有吗？蓝色的呢？为什么没有？只有中号的，又问有特大的吗？什么时候才有？实在没有，就把那些试试吧。然后再告诉人家自己不要，她乐在此中。

第六，合法性。安排具体内容时，一定要遵守法律。不可涉及黄、赌、毒。这是国家宪法和法律严禁的，不可以违反。同样的道理，你到国外去的话，或者跟国内的少数民族、宗教界人士打交道，千万不能违犯对方的国家禁忌、民族禁忌和宗教禁忌。

最后，谈一下商务邀约的操作。商务邀约的操作，有以下五点注意事项：

第一，注意时机。邀请别人的话，时机很重要，人家方便吗？首先要强调主随客便，交往以对方为中心。人家大老远来，主人不要拉郎配。所谓两相方便，此刻重在对方方便。

第二，注意时间。邀约的具体时间要确定，而且确定得越清楚越好。一般来讲，邀请本地客人，你要给对方一个准备的时间和空间。比较适合的作法是提前一个星期或提前一个月左右。这样的话，不长不短。有一天一个同志邀请我，说是有一个重要的学术活动，要我参加。一提其内容，我也挺感兴趣。我问什么时候举行，答后年——猴年马月的事啊！所以要认真地确定时间，而且在确定的时候要说清楚。必要之时，要报年，要报月，要报日，要报时。

第三，注意地点。一般来讲，我们邀请客人来的地方，可以是主方所在地，也可以是第三方。比如，我在酒店请你吃饭，不是在我家请你吃饭；我请你在会议中心参加一个活动；或者我请你到别的地方玩。不管你确定什么地点，都要和对方说清楚，而且轻易不能变更。有时候我们要被通知人家变动了活动地点，会有被蒙去之嫌。举个例子，请你到美国去，到纽约去，结果把你拉到澳洲去看珊瑚礁，你会很舒服吗？这个地点一旦确定，不能轻易变更。否则让人家不舒服。

第四，注意表达。在邀约时，你的时机、时间、地点，要跟对方表达得非常清晰。包括书面的和口头的，都一定要清楚，越清楚越好，否则人家找不到地点，不清楚时间。不仅要表达清晰，必要时还要重复，要确认一下。

第五，注意确认。在明确邀约的具体内容时，不仅要重复，而且要确认。举个简单的例子，我一个月之前给你发过邀请函。那么到前一个星期的时候，我还要问你一下：上个月给你发过一个邀请函，也承蒙你欣然接受要到我这儿做客，那我现在跟你联系一下，请问你有什么变化吗？其实这就是一种确认。这个做法非常重要。否则的话，人家有可能忘了。它属于备忘提示，往往是非常重要的。

第 11 篇

商务往来之接待

我们在商务活动中经常要搞接待工作。做生意就要来来往往，迎来送往，这是难免的。今天，我们就谈谈这方面的礼仪。

在商务交往中，你来我往、常来常往、有来有往是常规的例行公务。有时候我们要走出去，有时候我们则要把客人请进来。"走出去"，我们叫商务访问。"请进来"则叫商务接待。商务交往有其特殊性，商务接待和一般老百姓的待客之道不大一样，和一般公司、企业的前台接待也有所不同。就一般的前台接待来说，包括服务行业的一些接待，一般做到"待客三声"就差不多了：即来有迎声，问有答声，去有送声。但商务接待则不同，它首先要求注意一些非常具体的细节。比如，接待的客人身份不一样，有不同要求。接待的场所不一样，有不同要求。客人的陪同，也有不同的要求。另外还需要强调，在接待客人的过程中，一些具体操作的细节也有所不同。以下，我们从礼仪的角度讲商务接待的两个大的问题：遵守规则；关注细节。

首先，从事商务接待必须遵守规则。商务接待的一般性规则具体有三：

第一，平衡的规则。什么叫平衡呢？所谓平衡，就是在接待多方客人时要注意一视同仁，平等相待。我打个比方，我在街上走，看见两个美女走过来。要跟她们打招呼的话，我一般喜欢采用这种方式："二位好"，或"大家好"。从礼仪的角度来讲，这种做法叫做不排列顺序，简称不排列。否则我这儿要问什么"小王好，小李好"，搞不好那个被排在后面的小李就有点儿别扭了，不高兴了。你为什么先招呼小王？有的时候还会出现这种情况，他记住一个人的名字，忘了另外一个人的名字："老张你好！哎，这一位你叫什么呀？好像我们见过。"那个好像被见过的人，他肯定不大高兴。聪明的话，有的时候我们完全可以采用不排列的规则去处理此种情况。请大家吃饭时讲："请大家干杯！""请大家用！"或者说，"请大家坐"。当然，有的时候还是需要排顺序的。比如，要按照级别排，按照先来后到的顺序排。但一定要注意平衡，即在同样一个层面上来讲，不要乱来。

再打个比方，你要干杯祝酒——就干杯祝酒一般的习惯来讲，如果我是主人的话，我第一杯就是跟我右侧的人干的。因为从餐桌礼仪来讲，右侧的人是主宾，所以我这第一杯是跟主宾干的，然后从第二杯开始，就是顺时针方向前进，就是跟我左侧的人干，然后就转着圈走了，顺着表针走的方向走。为什么要这样走呢？这就具体涉及接待规则的第二个问题了。

第二，惯例的规则。惯例，就是约定俗成的习惯形式。仍以上例来说明，按照顺时针方向干杯，祝酒，握手，就是一个惯例，它来自西方社会。据说这样的做法是表示光明在前，共同发展，与时俱进；而逆着时针方向走，则一般被视为不吉利。想想在日常生活中，你什么时候能够碰到逆时针方向行进的情况呢？追悼会与遗体告别。回忆一下，是不是有这样的情节，那时在场者是不是逆时针走的？人死了，我们走回去追忆那往昔的时光。除此之外，这种逆时针方向的行进，大概只有一两种情况是吉利的。首先是运动会入场式，它实际上是古希腊的奥林匹克运动会发明的一种习惯。习惯被继承下来，就约定俗成了。轿车行驶到酒店、写字楼门口时，一般都是逆时针走。

第三，对等的规则。所谓对等，就是规格对等。举个例子：你们两口子到我家做客，我怎么招呼你的？吃了什么，是个什么档次；陪着你到什么地方去玩了玩；然后管不管你住；管不管你用什么交通工具？等将来我到您家去，恐怕您也会如此这般地对待我。你想，是不是这个道理？我们这一代人结婚的时候，二十世纪七八十年代的事，那时候经济条件当然很差，别人送礼也送不了什么东西。人家一送礼物，我们都拿一个本记着呢。比如，张三送脸盆一个，李四送毛毯一条，王五送浴巾两条，都记着呢。记着为什么？等将来对方结婚的时候，给人还回去。有来有往，来而不往非礼也，这实际上就是对等规则的具体运用。

从商务交往的角度来讲，一个平衡、一个惯例、一个对等，这是接待礼仪三项最重要的规则，这是大政方针。此外，从接待礼仪的角度来讲，还有一些具体的细节要注意，衣、食、住、行，交通、安全、

宣传报道等等，这些东西都很重要。

其次，从事商务接待必须关注细节。在接待过程中，忽略其具体细节，有时候会很麻烦。有一次，我去作一个关于外交形势的报告，结果电视台知道了，电视台来采访我，也没有人跟我说。本来我是上午作报告，下午也作报告。中午休息一个小时，其中包括吃饭半个小时。电视台记者来采访我，我也有个跟媒体互动的问题。人家看得起你才来采访你，你能不接受吗？不可能不接受。但是，我实际上当时的感觉不大好。为什么？因为午饭都没吃好，休息也没有，也没喘口气，而且下午的工作还要保质保量呢。所以，如果是你搞接待，你一定要在具体时间的安排上心中有数。一般有经验的人都知道，采访某人一定要事先经当事人同意，甚至采访提纲、采访主题，都应当是人家认可的，而不能强迫。这实际上就涉及接待礼仪，也涉及交际礼仪中的最重要的一个原则——尊重为本。我反复强调过尊重。但我也说句实话：凭我的经验，大多数人绝对没有不想尊重别人的意思，但是他不懂得那个操作的技巧。关于这类操作技巧，我喜欢讲一句话，这句话是什么呢？就是了解人，尊重人。我把了解放在尊重前面。不了解别人，谈何尊重？我们这儿开个玩笑，说得轻松一点儿：你是个女孩子。假定你在热恋，或者假定你结婚了，那么从一个女性的角度来讲，你说句实话，你最不爱听你们家那口子说什么话呢？

那天，一个老兄问我：老金，夫妻之间无话不谈吗？他一下把我逗乐了。我说：理论上是这样的。他问：实践中呢？其实，在实践中谁要真的相信这句话，谁有时候会倒大霉。我说依照我的革命经验，作为男人，有那么几句话是不能跟老婆说的。

第一句不能跟太太说的话就是，你和她好以前和别的女孩好过。绝对不能说，除非被她发现，发现也不承认，打死也不承认。这是原则问题。女性对感情比较认真，她不爱你拉倒，爱上你之后，就希望把你套牢了，你就是她的了。现在不允许你情感走私，不允许心里惦记着别人，以后当然也不允许。爱你爱到深处，她还要追溯，要找回去，要残忍地剥夺你以前的感情经历。有时候，她跟你好了十年八年之后，还不信呢，还不放心呢。她还会对你进行火力侦察："老刘，咱俩做夫妻已经八年了。以前也不好意思问你，现在厚着脸皮趁你高兴问你一句话。你跟我说，我保证不生气。你跟我好以前，跟别的女孩好过没有？你跟我说嘛，我绝不会生气的。"千万别中她的奸计，你要向她交代了，她会记你一辈子。哪天一翻脸，就会把你这些事拉出来遛遛，会让你回去找翠花去！

第二句不能跟老婆说的话就是，别的女孩漂亮。痛苦来自比较之中。你跟老婆或女朋友说别的女孩漂亮，这等于讽刺她不漂亮。有一位哲学家说过女性天生好比。从小，女孩子要比谁的衣服漂亮。大了会比追谁的男孩子多，结了婚要比谁家的房子大，生了孩子则比谁家宝宝聪明。所以当老公的人，你要是聪明的话，你会知道这是一个底线。你千万不要在老婆面前说别的女孩子漂亮，包括她妹妹在内，除非她妹妹 5 岁。她妹妹 25 岁的话，你夸夸看，我敢保证在较长时间内，你将难得有机会见到她那位 25 岁的妹妹，她不给你创造机会。这是底线，她肯定会有这个自我保护的意识。

实际上，我讲的是了解人，尊重人。在商务接待中，例行公事很容易，来有迎声，问有答声，去有送声，非常容易做到，礼貌用语的使用也很容易实现。我现在要求你去给我做，你不做的话，我扣工资、不给你发奖金不就完了？！但若真正地让人家客人感觉到宾至如归，如沐春风，那就要求接待人员把对方放到一个非常重要的位置上。我讲一个细节问题。如果我到你家去了，就是社交。你爸爸妈妈和你，或者你和你的男朋友一块儿招待我吃饭，你认为最先考虑的问题应该是什么呀？客人爱吃什么呢？你这句话其实按照接待礼仪来讲，就是不能通过的，你这个问题叫什么？你这个问题是老百姓爱问的问题，实际上叫做开放性问题。这个问题你要问客人，有时候你会吃大亏。

有一次我到一家单位去办事。它的董事长从外地赶回来，结果堵车，女秘书先赶到了。小姑娘很漂亮，很老实，说话很实在：金教授，老板交代了，让我赶过来伺候你，让我一定伺候好你，要什么给什么。我说姑娘你不能说这种话，说这个话你要吃大亏的。你给我弄点饮料喝算了。她说那行，她又问那你准备喝点什么。吃什么，喝什么，这便是开放式问题，它会给客人无限大的选择空间。我当时跟她讲，那就来杯路易十三吧。她眼都直了，说：你还真要？我到你家去，你问我爱吃点什么，我要真点有难度的东西，你还真就有麻烦了。是吧？路易十三你一般没有，一般人也不会买。比如，给我来豌豆汁儿吧。它虽然不贵，可你造不出来，你至少要开车到后海去买呀。

所以有经验的人招待饮料什么的，他都会去问客人封闭式问题。比如说，金教授喝茶还是喝咖啡？就是给老金下一个套，等于告诉老金，不喝茶，就只能喝咖啡，但不要想路易十三了。请你吃饭也是这样的。

比如我们点菜了，你别划圈划得太大了。金老师来条什么鱼？我要真去点一条东星斑或者苏眉，你什么感觉？把我吃了得了。你要在广州吃条苏眉倒还便宜点，你到北京弄条苏眉，怎么也上千去了，搞不好一斤五百多呢。谁扛得起这个，我也吃不起。所以你得艺术性地限制客人一下：小范，咱们来条鱼吧。你看来条草鱼，还是来条鲤鱼？言下之意，客人就只能吃这两种之一，你不要想东星斑，要吃你回家自摸自和去。

其实刚才那个问题，主人最该问我的问题是什么呢？是这样一个问题：是金教授您不能吃什么。这是在公司、企业里面真正有接待经验的人、请人吃过饭的人都应该问的问题。不是问您爱吃什么，而是问您不能吃什么？这样范围会小一些，而且容易操作。接待礼仪讲操作，商务接待也非常重视操作。比如，来了客人，屋里温度要适当点。什么叫适当？我以后会讲它的操作标准。此外就是座次。哪个座位是上座，这也有标准，不是乱坐的。在商务接待中，这样的细节很重要，这种事你要不注意很麻烦。举个简单的例子，我今天中午要请你吃饭。我请你吃鱼翅捞饭，你去不去？我估计你多半会去。对一般人来讲，吃鱼翅捞饭都觉得挺有身份而且好吃，做得好了真的挺好吃。但是西方人不吃。为什么呢？西方人认为，首先，鱼翅没有什么营养。其次，鱼翅含铅太高。再次，不环保，不爱护动物。因为鱼翅是鲨鱼的鳍，高档鱼翅往往是当鲨鱼活的时候从它的身上切下来的，往往非常残忍。所以你要请西方人吃这个东西，自然不对路。请客人吃饭，从接待礼仪的细节上来讲，首先要考虑的是客人不能吃什么。

在具体从事接待时，有必要明确双方的具体身份。身份，实际上指的是宾主双方的身份。我们所接待的客人，特别是商务接待的客人一般是两种：一种是约定的客人。我们所讲的接待，主要指的是接待约定的客人。另一种是不邀而至的客人。他们来上门促销，或者临时来联系业务。但这里讲的接待是那种常规接待，就是接待有约而来的客人。这样的话，客人的身份和主人的身份，其实都很重要。

首先，要把客人的身份搞清楚。他的级别，他的性别，他的年龄，他在他所在的公司、企业中所处的实际位置，等等，都应有所了解。要有经验的话，你会知道：有的总经理未必有实权，有的常务副总经理未必不是公司老大，有的董事长可能只是挂个名。所以你要对来宾的名义上的职务和实际上所处的位置有了解，这样的话就比较容易沟通。

其次，接待规格要对等。确定了客人的身份之后，主人的身份也很重要。大体上有三种情况：第一种情况，如果是常规性活动的话，接待方出来的主角应该跟对方的主角身份是相似的。他是副总，我是副总，他是总，我是总。第二种情况，为了对对方表示重视，接待方的人身份比客人身份高。比如，我总经理见你部门经理，我董事长见你副总经理，以示重视。第三种情况，如果来宾是泛泛之交的话，可委派低于对方身份者去接待。比如，我到国外去访问，我是大学校长的话，他不一定来大学校长接我。到机场来接我或者陪同我的人，可能是一般的办公室主任或者秘书之类的人。

这是关于身份的问题。身份的问题除了主宾和主人之外、双方的主角之外，主方陪同人员的选择也非常重要。一般来讲，选拔陪同人员需要注意三个细节。

第一，语言上要有能力。中国人讲汉语，你说话不一定非得伶牙俐齿，但至少要善于表达。否则你陪着客人走路，一问三不知，所答非所问，或者不爱说话，那就麻烦了。比如，陪客人出去玩，你不可能只说一句话：到了。另外，如果客人是少数民族或者外国人的话，则陪同人员中最好有懂得对方语言的，那样就比较容易沟通。

第二，宗教和习俗比较相近。比如，我是浙江人，你是上海人，那我们两个人如果要搞个接待的话，你是客人，我是主人，我们双方就容易沟通，否则的话，一个西藏的，一个东北的，双方路途遥远，倒未必容易融洽到一起去。再有就是宗教，来的客人信仰什么宗教，那我们这边去个有同样宗教信仰的人接待他，双方自然比较容易沟通。

第三，双方关系比较好。给你举个例子，如果你是我的学生，你工作了，比如你在联想或者四通。下次我到联想、四通作报告，没准你们办公室的人就把你叫来了，小范，你老师来了，你去陪一下。这样的话，我们在一起恐怕就比较容易沟通。

在具体的接待场所方面有哪些礼仪呢？接待礼仪特别是正式商务接待礼仪，对其具体场所非常重视。在具体选择或布置接待场所时需要注意以下四点：

第一，具体位置。一个大的公司、大的企业，接待室最好是专用的。不能是临时的，买得起马还要配得起鞍。相对来讲，接待室要求什么呢？要求安静。如果是有实质性内容的商务接待和商务谈判的话，它还应该有保密性。一般来讲，它应该是不临街，不临近正门，不临近电梯口，不临近卫生间。若临近电梯口，一会儿电梯上来了，叮咚一声，一会儿电梯下去了，叮咚又一声。临近正门的话，也是熙熙攘攘。所以它要求安静。安静的另外一个好处就是保密。

第二，温湿度。我们刚才讲了，温度适合一点儿时，人们会感到舒服。什么叫温度适合？即人体体温黄金分割点。多少度？一般人的体温是摄氏 36 摄氏度左右，黄金分割即 23 摄氏度左右。考虑到房子面积比较大，所以你要设定空调温度的话，在一般情况下，选择摄氏 24 度到 26 度之间是比较好的。当然有时候夏天天气比较热，你得注意一下。夏天天气比较热的话，外面是 38 度，里面的话跟它温差应该是 8 度左右比较好。这样的话，我出门不至于感冒。否则人一出门，冷热温差太大，马上就感冒了。你让客人那个鼻涕往哪儿抹呀。再者，这个湿度也要考虑。我们过去生活条件不好，不大注意湿度。北方因为有暖气，湿度低了到处产生静电；南方的话一出了汗，总觉得它蒸发不了，其实也是个湿度问题。按照人体正常条件的需求，空气中水分的含量这是指湿度，专业上讲叫相对湿度。相对湿度 50% 左右，是最佳的状态。就是空气中约有 50% 的水分含量。怎样做到这一点呢？通常可以使用加湿器。

第三，室内的光线。可能的话，接待室最好是面南的房子。这样光线就比较好一些，但还要避免别让阳光晒在客人身上。那怎么办呢？方法就是需要在窗户上加点东西了，比如百叶窗、窗帘之类的。必要的话，可以自然光为主，室内光为辅。室内光应当是一种比较柔和的光线，别搞得太刺激，有的那个会客室内给你挂的什么瀑布灯、变光灯或彩灯，客人又不准备蹦迪，你搞那个东西就不合适了。另外灯光的具体设置要注意，一般可以采用落地灯。顶灯和壁灯亦应相互协调。你可别把那个落地灯正好对着客人，那种光线不合适。

第四，摆设和色彩。室内装饰整体上要协调，物品要少而精。可别接待室里什么陈列都有，什么区运动员第三名，篮球比赛第八名，歌咏比赛第七名，然后捕鼠冠军。这些东西其实哪个单位都有，但应当放到荣誉室里去，别放到接待室来。装潢要少而精，要注意总体色彩的协调。一般来讲，在接待室里颜色还是三色之内比较好一些。关键是要主题色，主题色实际上指的是背景色。一般我们适合蓝的呀，浅绿的呀，乳白的呀，一种比较柔和的颜色，让人比较舒服，看上去比较清晰。过分夸张的颜色就算了，比如你搞一个红色。红色属于温暖色，让人觉得烈日炎炎；再搞一个黑色，则是很恐怖的；再搞一个灰色，则会给人以黑云压城城欲摧之感。

在接待过程中都是有陪同的，陪同也是相当重要的。一般而言，陪同往往是宾主双方沟通的桥梁。那么陪同的礼仪有哪些呢？陪同礼仪最重要的是要注意以下三点：

第一，要坚守岗位。当陪同的话，没你的事就拉倒了，有你的事则一定要按时到场，而且一般来讲要提前到场。比如我举个例子：我是一个客人。你陪着我去参加一个会议，说好了八点钟车到，那你在七点五十就应该到了。你不能说好了八点钟到，却八点二十还没有到。我搞过接待工作，我们要陪着外国客人一块儿出去，我的房间在他附近，说好九点出门的话，按惯例八点五十我的房门就打开了。我还会给他一个电话。如果不需要我打电话的话，我就把门开着。如果他一出来就会看见我，我马上跟他走。这样做就是坚守岗位。否则双方定好了钟点，你不来就不合适了。

第二,要主随客便。待客热情本无厚非,但是千万不要强加给对方。国人有时候对人非常热情,一个缺点,就是热情过犹不及了。接待工作,我历来主张在安排具体细节时跟客人有所沟通,特别要问一下对方愿意参加主人所安排的活动吗? 比如他要去玩玩,去看一个景点。有些景点他早已看过了,你非让他再去干什么呀? 比如,北京天安门广场、王府井都是很著名的景点,但是一般人都早已看过了,而且那地方你也不可能让他逛很久。王府井逛半天也就大概齐了吧。你不可能上午王府井,下午王府井,晚上王府井,一天到晚让客人在那里逛吧。你

192

应当事先去跟他沟通一下，他不愿意去就拉倒了。另外在可能的情况下，给客人一段自由闲暇的时间为妙。说实话，我有时候也当过客人，我不希望人家总在陪我。我去逛商场，我去轧马路，我只想自得其乐。要是跟上一两个陪我的人，我倒霉呀。你知道为什么呢？为了我的尊严，我得花很多冤枉钱。我没办法自由行，没办法砍价。

第三，遵守常规的技巧。有的常规技巧，我们后面还会说，比如，问候的礼节，见面的礼节，引导的礼节，这些事还都是有其讲法的。

接下来，就是迎客了。这是具体的细节问题，欢迎客人时的礼仪讲究以下三个点：

第一个点，确定时间。

第二个点，确定地点。

第三个点，确定人物。

举个例子，假定你没有去过美国，你到洛杉矶去了。那我作为主人是不是要提前跟你说一下，洛杉矶哪一个机场比较适合于你的选择。出门的话，我们是在出口见面，还是在进口见面？你要没见过我，我的特征是什么？要不我举个牌子或者拿报纸，拿束花，然后站在某一明显的位置恭候你？这就是确定时间，确定地点，确定人物，这是三个确定。

我主张在力所能及的范围之内，把我们接待的简单计划——就是关于时间、地点、日程，传给被接待者一份。既然你有这样的计划，你为什么不传？其实客人有时候很别扭的。比如，他到一个地方开会，对方来人接他，也不知道是谁接他，也不知道来几个人接他。反正一出门，还不错，有人接。上了车告诉他去酒店吧，也不知道什么酒店，还不好意思问，也不跟他说这个房费如何解决？到了之后告诉他，先歇一会儿，一会儿来接他，也不知道一会儿是多长。其实你要有经验的话，你搞个接待计划，先传给被接待者。比如早上八点钟坐南方航空的飞机，到达首都机场，我们公司公关部副经理在门口迎接。副经理的移动电话号码是 123456789，有事请与他联系。八点二十将从机场接客人到丽都假日酒店就住，住的是商务套房，费用主人管。安排两天时间，有问题再说。那么到达酒店估计是八点五十。给你半个小时的时间，在酒店稍事梳洗。九点二十左右我们公司副总经理在大堂迎候，然后陪客人到公司谈事。在公司我们副董事长会和客人见面，这样的话客人一目了然，一看主人就是正规军，并且训练有素。

第 12 篇

商务往来之访问

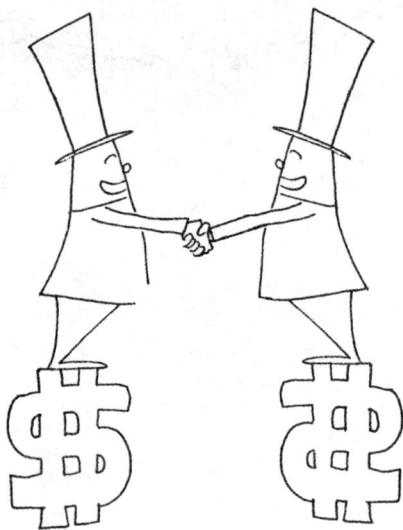

在日常生活当中，我们经常会因为各种原因去拜访老师、同学、同乡、同事，还有亲朋好友。如果彼此太熟悉的话，可能就不大讲究礼节的问题。而在商务活动中的访问则一定要注意礼仪，否则就会影响到工作。今天我们就讲解一下商务访问中礼仪的问题。

在商务访问中，礼仪确实是非常重要的。我们已经讲了商务接待了，商务接待时我做主人，现在商务访问是我当客人了。由主变客了，就有一个角色转换的问题。如果说商务接待中强调主随客便的话，那么商务访问最重要的一个原则就是客随主便。我们经常遇到这样的事情，就是很多人把摆正位置的事情给搞错了。怎么搞错了？我打个比方吧。

有一次，有一所外校的学生会请我去讲社交礼仪。说实话，学生请老师去作讲座，我也很高兴，人家重视我。我也当过学生干部，知道请人挺不容易，我也愿意去帮助他们。所以我当时讲了，我可以去，但是我最近这段身体不好，当时还在发烧。我说是不是过几天再去。他们问过几天，我说这个病也不是我说了算的，过几天吧。大概过了那么三四天他们又来了，说金教授，我们恳请你去。我说我确实想去，但是这两天我确实还在发烧，而且嗓子不好说不了话。他们生气了，问："你看不起我们？"我说不是看不起你们，我确实不舒服。我说，我但凡能去我就去，只要嗓子不疼，我发点烧都没事儿，问题是说不了话，嗓子哑了。他们说："你装的。"我说这就不大合适了，你是求我呢，对不对？你求我呢，你求我要像个求的样子。

同样的道理，我们去拜访别人要讲客随主便。在时间、地点、具体环节和程序上面，按照国际惯例，从接待和被接待的角度来讲，时间、地点、活动项目的安排是主方说了算。双方可以协商，主方安排这个项目的时候，可以跟客人讨论：你愿不愿意到这里来看一看？双方谈这么几天行不行？时间这样安排方便不方便？住这里，吃这个合适不合适？他会问你。但是谁说了算？主方决定。这个大是大非，一定要搞清楚。

再者，进行正式商务访问的时候，因为我们是到外面去，我们员工的个人形象代表的是公司形象，所以商务访问一定要讲礼仪。一些最基本的礼仪一定要讲。但是我说句实话，很多员工经常会露怯的地方恰恰是在这样最基本的问题上。比如，有一天我在街上走，过来一个女同志，问候我，金教授您好！我说你好。她又问：你认识我吗？这问题很尴尬，说实话，我经常作那种大型的讲座和报告，也上过电视。一般的情况下听众认识我，我不认识他们。但是，人家来问候你，你认识我吗？我能说什么呀。我只好寒暄，我说我认识你，我当然认识。没曾想她又问：那我是谁呀？她让你当众出丑和露怯。实际上这就涉及到一些最常规的礼仪了。

商务访问中，一些最基本的礼仪，诸如交谈、称呼、握手、座次、餐饮、酒店住宿以及介绍和名片的使用，这样的最基本的礼仪你要不注意会很麻烦。我到国外去，我到外地去，我经常听有些同志讲：有些被接待的客人，人是好人，但是不大注重公德。其实在我来看他倒不是不懂公德，他实际上是不明白公德所要求的具体规范是什么。他肯定会有公德概念，你要说他不懂公德能把他气死的。他怎么会不讲公德呢？但他确实不懂得公德的一些基本规范。比如，在星级酒店住宿时，穿着内衣和凉鞋、甚至拖鞋出来招摇过市；在公众场合高声喧哗；把房门开着在房间里搓麻，并高谈阔论；这些行为其实是破坏了其他住宿客人安静休息的要求，因此是不讲公德的。下面我简单地讲几个有关访问的礼仪问题。在商务访问中，它们应该是每个商务人员都要注意的。

自我介绍——时机、名片、内容。

在商务访问中，作自我介绍，通常是例行公事。作自我介绍时，有以下五个要点需要注意：

第一个点，介绍的时机。我到你单位去了，我到你家去串门，是不是要在见面之初作介绍？不可能走的时候才作介绍，对不对？这是很简单的道理。但我也确实遇到过这样的事，不论接待方还是

被接待方，双方都忘了介绍了，你不知道对方是谁，对方也不认识你。有时候他和你说了半天话，你还不知道他是谁，遇到过没有？我遇到过，那时我真是很尴尬的。你还不好意思问对方是谁。所以要注意介绍的时机。商务访问，一般讲究前期确认。什么叫前期确认？即一见面，要互相作自我介绍，认识不认识都说一下。当然我不能问你说，你认识我吗？如果我接待你，见面后我会跟你讲，我是人民大学的金教授，上次我们作节目在一块儿见过。我提醒你一下，实际上就是怕你忘掉。这样做比上来就问"你还认识我吗？""那我是谁呀？"要强得多。

　　第二个点，先递名片再作介绍。商务人员都是有名片的，你在拜访别人的时候，最好先把名片递过去。先递名片的话，它至少有两个好处：其一，少说很多废话。我是谁，我是什么职务都不用说了，名片上一目了然。其二，加深对方的印象。同时还有一个好处，可以索取对方的名片。

　　第三个点，介绍要简短。在自我介绍时，切记：长话短说，废话不说，没话别说。有人口才奇佳，平常你让他说正事，不行，但胡说特在行。上来你问他，你怎么称呼？答：免贵姓王，谁问你贵姓呢？你讽刺人家是不是。还有人在自我介绍时，爱说自己姓名怎么写，几笔几划，有什么深刻含义，爹妈起名时如何浮想联翩，自己的名字跟自己的坎坷人生如何有关。跟你说个大全套。比如你要问我，先生你怎么称呼？答：我叫金正昆。这就够了。没有必要跟你说，金银铜铁锡的金，金兀术的金，你看我是满族还是朝鲜族？我告诉你我这个金字这么写：一个人，他姓王，腰里别着两块糖。那么做，岂不是自讨没趣？一般的自我介绍一定要简短，尤其是在访问时的那种自我介绍，应以一分钟半分钟为限，千万不要太长。

第四个点，具体内容要完整。一般要介绍单位、部门、职务、姓名四个要素。比如，我在介绍时讲："你好，我是中国人民大学的金正昆教授。"单位、部门、职务、姓名，我都在这里介绍得很清楚了。我们经常遇到这样的人，你问她，小姐你怎么称呼？姓王。姓王的人多了，你叫王什么呀，你得把名字报一下，对不对？她可能是假谦虚，觉得自己该客气了。说什么："我是小王，你叫我小王就行了"，那你为什么不报全名呢？报全名是对对方的一种尊重和信任，也是容易加深对方对自己的印象的一种做法。我举个例子，我是男同志，你一女同志。我问你怎么称呼，你说叫小范，因为我认识你，我叫你小范就行。但是我要不认识你的话，你觉得怎么样？真的不好啊！好像你的芳名怕被我知道，被我利用，诸如此类。冒昧一点地说，你可以随便报嘛，你报个别的名字也行。比如，你叫范秋丹，你跟我说你叫范秋红也行，叫范秋绿也行，只要不叫范冰冰就行。范冰冰就一个，你说是范冰冰，那便有蒙人之嫌，你说个别的名字不就过去了。这是称呼嘛，有时候也不要太较真了。

自我介绍时还有一点要注意，初次进行介绍时，自己单位的全称一定要用。比如我讲，中国人民大学，你要讲它的名称的全部，你别上来就是我们人大。人大多了，你是海淀区人大，还是朝阳区人大，还是北京市人大？你要讲中国人民大学，否则这很麻烦的。有一次陪着作家协会的一个同志去修鞋，老爷子那鞋特好，那鞋匠也很专业，他说老爷子的鞋不是一般的鞋。做工这么好的鞋,他这辈子没见过几双，他问老爷子的鞋在哪儿买的，作家协会的老爷子特实在，说那是在国外买的意大利皮鞋，巴利的，巴利名牌嘛。鞋匠又问了，多少钱？说是人民币大概是三四千块钱。又问是干什么的，那老爷子说是"作协"的。作家协会简称不就是作协嘛。但是他忘了对象了。对方马上想到同行，立刻说，人比人气死人，我修鞋的穿破球鞋，你做鞋的穿意大利皮鞋。他把"作协"等同于"做鞋"了。所以说，这样的简称非常容易出错。有经验的人一张嘴用的就是全称：你好，我是中国人民大学的。然后第二次提及它时才出现简称，这是非常规矩的。

这样的一些礼节虽然非常细微，但是能够体现出自尊和对别人的尊重。有的时候人家看不起你，或者出了问题，你也别全怪对方。很可能责任在你，你没有互动。

具体而论，商务访问分很多类型。它和老百姓的访问不同，老百姓的访问就是串门，走动走动，老百姓讲究这个。但是商务访问却不一样。商务访问有三种：第一，礼节性访问。第二，社交性访问。第三，业务性访问。三者之间，大相径庭，有着很多区别和不同。

首先，谈一谈礼节性访问。礼节性访问，说白了，其用意是表示对对方的一种重视。在商务交往中，礼节性访问是非常重要的。换而言之，我去拜访你，首先是对你表示重视、答谢、感激或者联络。比如，晚辈去拜访长辈，小公司拜访大公司，外国公司去联络中国公司，这跟老百姓走动走动的意思差不多，但实际上是要对对方表示重视。一些公司、企业的同志都有这样的经验：我们外地的公司到了一个新的地方，一定要拜访一下当地的行业工会，这是我们的同行。然后访问同行之中一些大的公司，德高望重的一些老前辈，业内的一些泰斗级的人物。我们去看望他，这都属于礼节性访问。礼节性访问倒没有实质内容，不是谈生意，不是做买卖，不是谋利润，也不是扩张市场，但它是多交朋友广结善缘的一个必要的形式。

礼节性访问——定好范围，客随主便。

具体来讲，礼节性拜访首先要定好范围。就是要有主有次，有先有后，明白不明白这个道理？你要是不明白这个道理，有时候你就不对路了。我们已经强调凡事要抓主要矛盾，凡主要矛盾则要掌握主要矛盾方面。比如，我是一个企业，我到外地去拓展我的业务，在当地我有这么三种对象是必须拜访的。

第一，当地的工商联。你没有在企业呆过可能不知道，在企业呆过你必定知道工商联是自己的娘家。类似于学生会、工会、共青团这样的社团组织，工商联是保护民营企业和国有企业的利益的组织。所以我要去拜访工商联，我重点要去拜访工商联的主席、副主席。工商联主席可能是专职的，而副主席则往往就由知名企业家担任了。说白了，他们都是说话算数的人。

第二，同行业中的业绩卓越者。在国内，有些品牌是做得比较好的，例如，长虹或者康佳。如果我是后起之秀的话，我要做彩电的话，我是不是要去拜访拜访长虹、康佳、创维这样一些大的公司，还包括上广电、海信？它们都是比较成功的。我可以学习它们的经验，即便我学不到什么真才实学的话，我去进行联络也是必要的，至少表示我十分重视它们。

第三，拜访对新闻媒体和地方政府比较熟的人。我们都知道，政府的支持，新闻界对舆论的导向，对一个企业的发展和良好形象的塑造至关重要。你不能出了事才去找人家。经常有人出了事去求人，觉得花几个钱可以搞定一切，不是那回事儿。现在我国搞的是社会主义市场经济，我们国家讲究依法治国。你一定要懂法律，同时你也要注意在力所能及的范围之内多交朋友，广结善缘。

此外，还可以去拜访同乡或商会。其目的是了解情况，获得帮助。

进行拜访时强调的是客随主便。你要去拜访人家，人家得愿意见你。人家时间上不方便，工作缠身，不愿意见你，就不要勉为其难。谈恋爱有时可以耍个赖皮，但这种事情你耍个赖、胡搅蛮缠，则毫无实际意义。

这种礼节性拜访，强调适度的推介。说实话，现代人时间有限，时间宝贵，谁都不会去干没用的事儿。我为什么拜访你，一方面我是重视你，另一方面我想让你对我们的企业、我们的产品、我们的服务、我们的企业文化的特色有所了解。请注意我的表述：企业、产品、服务和特色。我要你来了解我。我可以给你带一些文字的材料，如多媒体资料、光盘、软件，或者一些主要产品的模型，或者样品，作为小礼物送给你，让你知道我的实力。在现代社会，你不让别人了解你，别人往往就没有时间和兴趣来了解你。我强调的沟通是什么？既要了解别人，更要被对方了解。所以你要适度的推介。同时，还要注意适可而止。从时间的角度来讲，礼节性访问的时间，一般是不能长于一个小时的，因为大家现在的时间都非常紧。你拜访有地位、有身份的人，你赖着不走就会影响人家，人家很忙的。一般来讲，进行礼节性访问半个小时就足够了。介绍介绍情况，认识了，然后适度地推介一下就可以撤了。

如果说礼节性访问更强调表示对对方的敬意，更强调让对方对自己有所了解的话，我在此还要特别强调适度推介。一是要表示重视对方，二是要让对方了解，这是礼节性访问的主要目的。

社交性访问就不同了。首先是要明确社交是什么。按老百姓的说法，社交就是认识几个人，多一个朋友多一条路，人多好办事，这是老百姓的说法，一般性的说法。在我看来，社交其实就是一种交际，而且是一种泛交际。就是在允许的情况下，多交朋友，广结善缘。交际是什么？交际就是信息的交流与传递。注意到没有，人们交朋友时的选择性极强，一般人们选择朋友，大概是选择这样两种朋友：

第一，能谈到一块儿去的人。投缘，这很重要。心理学上叫亲和效应，就是看着顺眼，能说到一块儿去，觉得舒服，双方有很多近似之点，这样的人易于走到一块去。比如，大学生喜欢找个同乡，外地打工的人喜欢找个老乡，当过兵的喜欢找个军人，诸如此类。军人和军人在一块儿就比较豪爽，他们能谈到一块儿去。做同行的人，有时候也有共同语言，这是其近似之处。所以我们交朋友时愿意找能谈到一块儿去的人。

第二，比自己强的人。所谓近朱者赤近墨者黑，如果你选的朋友过分的庸俗，层次比你还低，他有时会误导你的。虽然你能帮他，但是他帮你的概率就极低，因为他不如你，你降低水准了。是人往

205

高处走，水往低处流。如果我们找那个可比照的人，层次、地位、学识比我们高，他会提升我们。我个人就有这样的体会。说实话，和我在一起打交道的人，如果他的学识比我高，他的能力比我强，我会很重视，因为他会帮助我。至少给我产生一种示范效应。列宁说了，榜样的力量是无穷的。凡此种种，实际上涉及社交性拜访第一个特点，就是其目的性问题。这个目的性就是你要明白，你的社交不只是为了认识朋友。所谓多交朋友，广结善缘，主要是获取有益的信息，这是要强调的第一点。

社交性访问——定时间，定地点，定人数，定形式。

社交性拜访，从具体操作的角度来讲，主要是要定几个东西：

第一，定时间。顾名思义，社交不是上班，所以这个社交性访问不能占用常规工作时间。那么你要注意的是什么呢？首先，这个时间最好是闲暇时间，比如：下班之后、周末、假日。但同时还要注意，这样的拜访要客随主便。我刚才已经讲了大的原则了，也就是说这种拜访不要影响别人。举个例子，"五一节"大假到了，你难得有这个假期，有那么七天你想回去看你妈了。别人却告诉你，他来拜访你，你烦不烦？很烦啊。有时候碰上长辈、上司或者你很重要的客户，你还不好推辞，是不是？你烦不烦？所以社交性访问的时间要约好，最好是选择对方闲暇的时间，对方方便的时间。

第二，定地点。社交性访问的常规地点一般有两个：其一，是私人居所。说白了就是到人家去串门，而不是到人家单位去串门。因为去单位串门谈的是正事儿，礼节性拜访可以到单位去，而社交性拜访关注的是一般性话题，聊聊吃，聊聊喝，聊聊玩，聊聊乐，聊聊老婆孩子家人。这些东西你在单位谈不合适，会给人以不务正业之感，所以一般情况下可以到对方家里去。但还是要强调客随主便，因为现代人强调自我保护。有地位、有身份的人，往往不喜欢告诉你他家在何处住，而且一般人不喜欢在家里待客。其二，专门性的会客场所。我第一次到日本去，那是很久之前了，日本朋友约我到酒店大堂去喝咖啡，我当时还挺不高兴。后来见得多了，去的地方多了才明白，在国际社会，商界人士接待客人，除了在家里之外，更喜欢选一些公众的场所，比如酒吧、咖啡厅、茶座、酒店大堂之类。因为这些地方气氛比较高雅一些，而且也比较方便。说实话我到你家里做客去了，害得你们家人都受连累，你们家人想睡个懒觉，或者想聊聊天，看看书，玩一玩都不行了。

第三，定人数。比如我讲小范，我到你家去拜访你，我一定要说清楚我这一方面会是几个人去。比如我说，我会请我弟弟开车送我去，那就是我和我弟弟或者我和我太太一起去，或者我和我儿子去。一定要事先说好了。有的人说是一个人来看你，届时却往往不邀而至来了七八个人，你烦不烦？有的时候我们为了加强联系，去进行社交性访问的时候，可能还会带一些和我熟的人，或者和客人熟的人。熟人好说话呀，我可能跟你不熟，但你的一个同学是我的下属，那我带你这个同学去，他就很容易替我们两个人进行沟通了。但是，这个都要提前讲清楚。

第四，定形式。进行社交性拜访前，把具体的形式要说清楚。比如，是谈谈话，就说清楚了只谈话。要吃饭也别假谦虚，人家说请你吃，你就吃。如果大家说这种社交活动我们应该出去玩玩，去打打保龄球，游泳或者出去晒晒太阳、登山、浴足之类的，也要先说好了。一定要把这个说清楚。比如，我时间比较紧，我到哪儿串门我提前都说得很清楚，不在您家吃饭。而且我特别强调，请尊重我的选择，我肯定不在您家吃饭。其实人家往往巴不得你说这句话呢。你要简单地说一声不在对方那里吃饭，他不当回事。我还得要加一句：请尊重我的选择。如果对方是个长辈，或级别比我高，我刚才这话重了。那我会说我下面还有另外一个安排，我只能待半小时。半小时之后我要回家看我的叔叔去。这样人家会同意，你其实给了对方一个台阶下。

业务性访问，通常事关实质性话题。前面两种访问，实际上都是为业务性访问做铺垫的。公司、企业就是要推广产品，就是要推销业务，就是要把东西卖出去，前面两种访问，是为这个服务的。但有的时候，前面和后面也有可能是交织的，人家不可能一认识就直奔主题了。

业务性礼仪——有约而至，直言主旨。

业务性访问，往往包括下述两大基本要求：

第一，有约而至。业务性访问，一般来讲，一定要注意有约而至。其实在前面的礼节性访问和社交性访问中我也强调了，一定要说好了时间，说好了地点，说好了人数，并且要以对方为主，千万千万不要不邀而至。现代人生活节奏快，家事、国事、天下事甚多。不邀而至往往会对别人干扰太大。别说人去了，有时候电话打得不是时候也很烦人。注意了没

有？有些时间不能打电话，比如，中午吃饭的时候、睡觉的时候，或者周末假日。本来今天是假日阳光灿烂，我想睡个懒觉。气氛温馨，我心情挺好。天还不亮，一下来了个电话把我赶起来了，我很烦。有同志给国外打电话，还不考虑时差。比如，现在你一看表 10 点半，这时候觉得自己打电话挺方便，你想没想过洛杉矶现在是几点？人家刚进被窝，刚睡着，你丁零零把他弄醒了，真的很不好。所以一定要注意有约在先。

第二，直言主旨。既然进行的是业务访问，到时候你也别玩玄的了，而是要直奔主题，要把你的目的说清楚了。我这个产品，我这项服务，我这个报价，都是出于何种考虑。要说清楚，当然，业务介绍有些规范性的技巧一定要注意。比如，首先，要注意人无我有。你介绍的东西要抓住他，强调你这个东西他没有的。人人都有好奇心。其次，要注意人有我优。我的东西质量好，我的技术好，我重视环保，这些东西都能抓住人。有一次，我们家装修房子，买涂料去了，我觉得有一种涂料颜色很好，但是太贵，比一般东西贵 50%。但是销售商把国家技术监督局给的验证报告拿出来了——环保，这一下就引起了我的重视。咱们一辈子才活多少年，所以我宁肯多花点钱也要买它，人有我优好啊。最后，要注意人优我新。现在模仿什么东西都很容易，你搞了一个手机翻盖，马上全世界的手机都翻盖。你搞一个什么彩信，大家立刻都彩信。但是介绍我的东西时，强调我新，我是新技术、新产品、新包装、新服务，便可以满足人见异思迁的心理。在业务访问的时候，能把这个给抓住了，直奔主题就很到位了。

最后，还要注意：交际也好，贸易也好，市场销售也好，市场开拓也好，讲究的都是双向的，要避免一厢情愿。业务访问的重点，不在于达成业务，而是要重点以交友为主。这一点要搞清楚。所谓买卖不成情意在，你不要强买强卖。有的时候碰到个别搞推销的同志能烦死人。他要不把你搞定他不走，而他那个东西确实又不大好。经常有的上门来给你卖个什么灭蚊器、灭蟑螂小房子，或者养小狗的小狗别墅之类的。你一看就知道他的货色确实不怎么样。他却再接再厉，奋发图强，有时候能把你气死。所以进行业务性拜访时一定要明白，你可以介绍，可以推广你的产品和服务。但是买和不买，选择权在对方手里。你要保持风度，重要的是要认识对方，留给对方一个良好的训练有素的职业形象，能够结交朋友，这往往才是最重要的。

第 13 篇

商务往来之派对

派对这个词，是由英语 Party 直接音译过来的。很多人把它理解为一种聚会，但是这种聚会可不同于我们平常的聚会，它是带有社交性质的聚会。它具体是怎样的内容，有怎样的礼仪，我们今天就来探讨一下。

　　首先，我们来讲一下派对的内容。Party，翻译成中文叫派对，这个大家都比较熟悉了。我们现在每到周末、逢年过节，经常三五个好友就说要搞一个派对。但是，实际上在商务交往中讲的派对和一般人所理解的聚会还是不一样的。有人认为派对是社交性聚会，我非常认同这种观点。实际上人的任何交往，往往都是有目的的，只不过看目的是直接的，还是间接的而已。

　　我记得我在前面曾提到过一条，有地位、有身份的商界人士，在商务交往中具有自我保护意识。他们请客或一般性聚会都不喜欢让别人到自己家里去。他们要留点私人空间，不希望打扰家人，甚至自己也不希望被影响。我的一个朋友生意做得比较大了，他就跟我说过，他有三个问题是不跟一般人说的，甚至连好朋友也不说：第一，家在什么地方住，不说。第二，什么时候不在家，不说。第三，外出到什么地方去，也不说。大家想一想，倒不是他煞有介事、故弄玄虚，实际上是一个个人安全和个人隐私的问题。他有钱，生意做得大，一旦不在家，贼去了怎么办？到外地去被人劫持了怎么办？所以这个防人之心不可无，便很容易理解了。一般人我们不请到家里来做客，但我要请某些同志到我家里做客，岂不是就说明了另外一个道理：他颇受我的青睐和重视？所以社交性聚会我们要叫派对，它类似于法文里讲的沙龙，就是把朋友请到自家客厅里来聚会。从内容上来讲，所谓派对，实际上就是商务人员为了多交朋友，广结善缘，联络、交结朋友的目的所举行的社交活动。

一般来说，派对当然要有人来组织，组织派对时大概有以下几个点要注意：

第一，主题。派对总得有个名字，你总不能说是大家吃吃喝喝。商务交往中的 party 应该是有主题的，但它的主题往往是个名义。比如：我荣升为董事长，我结婚二十周年纪念活动，我的女儿今年十八岁举行成年仪式，我太太过生日。表面上看，这些都是我及家人的私人性质的活动，但是我以它为名义请来了客人。那你想想，我家孩子过生日，我把你请来，岂不是说明我对你非常重视，我们关系非常密切吗？这是以此来密切双方之间的关系，通过这种常来常往，促进双方的感情。这个主题，实际上说白了，就是一个请人的借口。

第二，场所。你请人，你总得请人家到一定之处去，你不能请他遛弯儿去。我记得我上学的时候，大学生比较可怜，请女朋友没地方去，就到街上遛遛，俗话叫轧马路。春天和秋天轧个马路还行，要是炎炎夏日或者寒冷的冬天轧马路就挺可怜了。有时候，当男朋友的是夹着尾巴做人，他觉得对不起女朋友。在商务交往中，你请客人所到的地点、场所，实际上既是对对方重视的程度的表达，也是自己实力的标志。一般来讲，派对主要是以举办者家庭为场所，一般都是在家里。你家要是面积不是比较大的话，除了客厅之外，室外的庭院也是可以的。像西方人有时候搞所谓的茶会，它是西方妇女的社交活动，是以喝茶为主的一种交际形式。一般下午三点左右举行。请到某一个女主人家里，在花园里，夫人之间一块儿谈谈，交流交流。表面上是女人在一块儿发个牢骚，联络联络感情，实际上是为她们的先生以及她们自己的业务，去作一个铺垫。其社交目的非常明显。所谓物以类聚，人以群分，你注意了没有，常规性派对的角色，总是同样档次的人在一块儿。所以这个场所，一般都是私宅。派对很少跑到大庭广众之前举行，我没有见到派对开到公园去的。要是有那就叫郊游了。

　　第三，人员。这个派对，你请的客人需要注意两条：第一，你请的人数要和你所选择的场所的规模相吻合。第二，你要请的客人大体上与你是同一个档次的。说实话，你请的这些客人若彼此落差太大，说不到一块儿，岂不彼此不快？比如，你请了几个德国客人，他们只会讲德语；你同时又请了几个中国客人，他们不懂德语。你把他们聚到一块儿去，互动和沟通就难以实现了。男女主人不可能都赤膊上阵去当专职翻译吧？你不做饭，还招呼不招呼其他客人啊？换而言之，就是派对上所请的那些客人大体上应当地位、身份、交际经验、文化素养都差不多，说白了就是他们要有共同语言。

　　此外，还有一点要注意的是客人的个人情况。请来的这些客人，要注意他们的个人情况。相对而言，对他们的个人背景，以及社会关系，要尽量有所了解。如果你是我这个派对上要请的一个主角，那么我要请其他的客人，就应该围绕你来安排了。至少那些人跟你没有太大的意见和纠葛。否则你和张三不对劲，我把你请来，再把张三请来，你还能开心吗？你们双方一见面就生气，本来很愉快的心情被破坏了，这是值得注意的。

　　第四，时间。一般来讲，派对往往是在晚间举行的。周末的话，也可以在下午举行。最常规的时间是在傍晚前后。这样的话，还可以安排一下餐饮或者一个顺便举行的文娱活动。比如举行一个家庭舞会，或者有可能的话，宾主在一块儿搞个家庭音乐会也行。欧美人喜欢亲朋好友在一块儿玩点管弦乐器，诸如此类，很有情调的。男主人弹钢琴，女主人唱歌，然后客人们在那儿翩翩起舞，诗情画意，气氛温馨啊。具体而论，派对举办的时间，一般可在两小时左右，如果加上餐饮安排的话，大概也就是三个小时。一般都是在下午四点左右开始，或者下午六点左右开始，到晚上八点左右或者十点以前结束是比较好的，太晚的话有安全问题，这是要注意的。

第五，分工。从组织的者角度来讲，还有一点要注意，就是要注意派对的分工。一般来讲，如果这个派对是家庭聚会的话，女主人是第一顺序。所以你去参加派对的话，如果你是有教养的人，你就得明白这个道理，首先要问候的那个人应该是女主人，一定要先跟女主人打个招呼。另外你要注意，参加家庭舞会的男士都有一个责任，就是邀请女主人跳支舞，这是你对男主人和女主人表示敬意的一种做法，因为人家是主办者。按照我们的说法，如果人家不接受你的邀请，你活该。但你要是不去请，那就是你没有教养。

从派对上分工的角度来讲，中国人和外国人对许多事情的理解是不一样的。例如，中国人家里来了人，吃饭、请客时往往都是男主人陪吃，女主人操练。而西方人则是另外一回事儿。派对来自西方，它要求女主人有帮助不相识的客人互相沟通的义务。届时，女主人是要搞穿梭外交的，要来回走动走动的。换言之，招待餐饮和娱乐，干那种杂物的事儿，都是男主人干的。男主人要忙不胜忙的时候，还可请一些帮手，比如子侄辈的或者公司的一些员工，令其一般的做侍者的这种角色。他们最好穿同一颜色的衣服，比如都穿蓝色的西装或都穿黑色的工作装，可辨识。这批人有两个任务：第一，迎来送往。第二，遇到一些尴尬和纠纷的时候挺身而出。比如，你是一个美女，有老兄在派对上喝多了，他总跟着你走，你烦不烦？再比如，他请你跳舞，他一而再再而三地请，你累不累？这时候，男主人的帮手就要挺身而出，救你于水火之中。帮手一方面是义务劳动，另一方面就是见义勇为。

那么作为被邀请的人，去参加别人所举办的派对，我们应该注意些什么呢？

217

参加派对的人，有两个大的问题一定要注意，这两个大的问题说来说去都是礼仪的基本问题，就是尊重。首先要尊重自己，其次要尊重别人。

　　一方面，要尊重自己。你首先要在仪表上略加修饰，在大庭广众之下要表现得落落大方。比如，你不能信口开河。有时候在派对上，大家在一块儿聊聊天儿，只要不胡说八道，不违犯国家法律，不有碍国家安全，话题完全可以自选，但是你不能太庸俗。大家在一块儿吃肉呢，你非跟人说：好吃吗？现在很多猪都是无照宰杀，听说那个很不卫生。你这就破坏了人家的食欲。更有甚者给你讲黄色段子，也很不合适。我们要做一个有教养的人、一个有身份的人、一个脱离了低级趣味的人，自家人开个玩笑吧，信口开河还可以，在外人面前，嘴上总得要有个把门的。

　　还要注意什么呢？在外人面前，行为举止要注意。比如，到客人家里去参加派对，跟人家再熟，有些地方也是不能去的。什么地方不能去？你的活动范围就是那个公共区域，就是客厅、餐厅和院子。卧

室不能去，储藏室不能去，车库不能去，尤其是人家的那个异性的房间不能去，不能不邀而至。再者，要注意不能随便翻动别人的东西。有人好这一口，到人家里不邀而至冲进某些房间，拿本书看看，拿个画报翻翻，还有把抽屉打开的。我还真见过，说难听点这种人就是没教养。

另一方面，要尊重他人。除了尊重自己之外，你要尊重他人。比如，首先你要尊重长辈。从社会公德来讲，尊老爱幼是基本教养，你对人家长辈要尊重；其次，你要尊重晚辈，如果你是长辈的话，你不要恃宠而骄，不要太嚣张、太放肆，我们也年轻过。到了一定年龄，有时候也确实对有些年轻同志干的事情看不惯，觉得人家没经验，觉得人家傻。但有时候我也自己安慰自己，我也傻过，我当初比人家还傻。我这样想一想，可能心态就比较平和了。不能当九斤老太，总以为一代不如一代。再者，还要尊重异性。比如，我到你家里做客，你是主人，我首先要向女主人致意，其次，我跟你们家里的其他异性表达一个一般性的致意就可以了。

在社交场合里，一般要交换名片。如果你跟主人没有换过名片，那么你的名片一般是递给同性的主人。比如我是个男士，那么我这张名片是给你们家那位男士的。举个例子，我到我朋友家去了，我朋友家里有两个女孩子，一个上大学，一个读研究生或者在国外。其中一个孩子说了，金叔叔，以后想跟你联系联系。我应该答以"行，我的地址你爸有"。就是说她们要跟我联系，应该经过她父母的认可或批准。我别趁人家不注意悄悄塞一张名片说，有空找金叔叔去。我可能是好心，但是主人未必高兴。你要尊重异性，尊重长辈，尊重晚辈，同时还要尊重其他客人。有的时候你在派对上看到一些人，说实话你还真看不顺眼。你不去找对方交谈可以，但是不要去跟人家叫板。别人家说是，你偏说不是，就没有什么意思了。

从交谈的角度来讲，有所谓"四不要"，在派对上是很重要的。

第一，不要打断对方。人家在那儿谈话你可以听，但是人家说完了，你才可以接着他的话说下去。但是一般来讲，不要去打断他。

第二，不要补充对方。你有说话的权利，你有你的兴奋点，他也有说话的权利，他也有他的兴奋点。年轻女孩想的事情，跟我这个中年男人想的事情不一样。有共性，有个性。说实话，我现在最关心什么问题？我关心美国大选。因为中美关系是中国外交上最基本的关系。美国大选影响到中美关系，也影响到我们经济发展的问题。我关心这个事儿，因为我研究外交。但我估计，年轻女孩大概很少关心这个问题。我老婆平时就关心星期天天气怎么样，到哪儿玩去。人站在不同位置上，想的事儿不一样，所以你没有必要补充别人说的话。你补充他，说明你懂的比他多。可是确有这种人，好为人师。你跟他说：北京今天天气很热，他告诉你天津更热。你跟他说：上海下大雨了，他跟你说，广州也下大雨了。其实，这真的是没有必要的。

第三，不要纠正对方。如果对方不是有违党纪国法，有伤国格、人格，或违反四项基本原则，人家就有说话的权利。人站在不同角度上，理解问题不一样。你不要对人家进行是非判断。礼仪是讲尊重的。我喜欢讲一句话，尊重别人就是要尊重对方的选择。不要轻易对人家说"是"或"不是"，不要随便对人家所说的话进行是非判断。大是大非，我要旗帜鲜明。小是小非，则宜得过且过。要容忍别人，做人要宽容。

第四，不要质疑对方。不要随便对人家说的话表示怀疑。防人之心不可无，这是天性。但是嘴上别把自己的小聪明全抖落出来。真的有这种人，你见过吗？那天，一个同志说萨达姆被抓住了，马上有人问，你看见了吗？你说你何必呢？这种好抬杠的人，最好回家跟太太抬杠去。两口子抬杠，锻炼身体，帮助消化，消磨那寂寞的时光。但别把这一招拿到社交场合，尤其在派对上，这不合适。

还要强调的是，派对的参加者要有交际意识。派对实际上就是交际性聚会。这一点我们说得很清楚了，所以你要参加派对的话，不管是主人还是客人，都要有良好的交际意识。那么，什么是良好的交际意识呢？

首先，你要能够融入别人的交际圈。人们的性格往往是不一样的：有多血质，有粘液质，有胆汁质，有抑郁质；有人合群，有人不合群；有人善交际，有人不善交际。这个派对我不参加就拉倒了，我可以不接受邀请；我不愿意主办派对，我就不办。但是一旦我去参加这个派对的话，我就要有交际意识，我来了，我参加，我就要热情和积极，就要积极而主动地与别人交际。当然，进入交际圈也有一些路子。第一个办法，我可以主动介绍。比如，大家坐在周围的话，我会说：各位，很高兴认识你们，我叫金正昆。然后名片发一发，这是自我推介。第二个办法，就是请他人介绍。比如告诉女主人：王太太，那边那个美女我不认识，我很想跟她认识一下，怎么样？牵个线吧。但是你千万别太直露。举个例子，人家那边俩姑娘在聊天，我上去便道：我能听听吗？那你说人家能说不让你听吗？但是人家说的话，是不是你该听见的呢？

你要有交际意识，同时你还要知道交际的一些常识。你必须明白，交际是以谈话为主的。所以，你说什么和如何说的问题是非常重要的。

如果你要参加一个派对，我们两个不大认识或者不大熟悉，要在一块儿聊聊，你觉得聊什么比较好？先从天气聊起，或者从主人开始聊起吧。我主张还是不要先聊天气，因为聊天聊天，这是无主题的。中国有句老话，就是辛弃疾写过的一句词：欲说还休，却道天凉好个秋。说难听点，大家是没话说才说这个。不认识就是没话说嘛，但还是可以找话。比如你可以说怎么认识主人的，这是可以说的。在派对上，你去跟别人寻找话题，通常有下面几类话题是常规的：

第一，对方所擅长的话题。闻道有先后，术业有专攻。你向对方请教他所擅长的问题，等于给对方一个表现的机会。说实话，每个人都有表现欲，对方何乐而不为？

第二，时尚的话题。比如天气很热，你从这个意义上可以讲。但是你别漫无边际地讲：今天天气很热，容易中暑。考大学报什么

222

专业，青年人出国，学车，上网，这种时尚性的话题很重要。但是你在谈这些话题的时候，还是要注意对象性。你跟我谈谈上网，哪个网站，或者什么国际问题，这玩意儿我在行。你谈个电影，我行。时尚的电影，欧美的、英语的、德语的、港澳的、日本的我还都行。但是你要换一个人，他要没有这方面的兴趣，是不是就谈不到一块儿去了？

第三，**格调高雅的话题**。我们是有教养的人，所以与人交谈理当要讲究点。此举有助于给别人留下一个良好的第一印象。那么谈些什么话题比较得体呢？这个就得因人而宜了。比如，可以谈哲学，谈历史，谈国际时事，谈艺术，谈文化，这种事我们恐怕能谈到一块儿去。实际上这种话题就显得格调比较高雅一些，也容易寻找共同语言。谈格调高雅的话题时，你还得明白，你得真在行。在行，再聊；不在行，别胡说。那天我们跟俄罗斯朋友在一块儿，有一个老兄说：我这个人特别崇拜俄罗斯的文学艺术，柴可夫斯基是我最喜欢的作曲家。对方挺高兴的，问你最喜欢柴可夫斯基作的什么曲子，答天鹅之死。可那是圣桑的，法国的。这不是南辕北辙了？一下子就穿帮了。闻道有先后，术业有专攻。知之为知之，不知为不知。

第四，**轻松愉快的话题**。派对虽然是以社交为主，但是人们有的时候是进行一种尝试：我们有没有共同话题，我们有没有近似的可能，大家那时实际上是寻找交流的机会，这是一种接触的过程。你也别太雅了，你曲高而和寡，谈的话题太玄，地球还能够存在多少年？太阳系除了八大行星，第九大行星有没有存在的必要？转基因植物吃了之后，会不会死人？这样子好像一般老百姓都觉得你不食人间烟火了，很像专业人士谈的。所以你可以谈一些轻松愉快的话题。比如，电影、电视、体育比赛、名胜风光、烹饪小吃，还有名人逸事。从有教养的角度来讲，我们是不谈隐私的，但是名人不在此列。人是有窥视欲的，我们不谈名人我们谈谁呀？我们多压抑呀，他们必须付出代价。他们离婚没离婚？他们结婚没结婚？他们有什么隐私？对不起了，他们献身吧，谁让他们当名人呢。所以，有时候议论名人倒不是失礼的话题。但你要把握住分寸，不要太庸俗了。

第 14 篇

商务往来之娱乐

商界这么忙，是不是应该有一些商务性的娱乐活动啊？

　　在商务交往中，娱乐活动是存在的。第一，是自娱。即自己放松活动。第二，是娱他，即请别人玩，陪别人玩。第三，是同娱。即和他人一起去搞娱乐活动。有的时候，我们会目的性很强地邀请重要商务伙伴去进行娱乐活动。有一个著名的国际知名企业家曾经说过：他的大部分生意都是在高尔夫球场打球的时候跟别人谈成的。他这话是不是夸张，我不知道。但是中国确实有这么句话：功夫在诗外。有时这一点是很重要的：多交朋友，广结善缘。不会做人，往往就没有做事的机会。做人之道，离不开交朋友。对朋友，你要常来常往。不仅在派对、在谈判桌上交往，私下里密切个人关系也是非常重要的事情。这种娱乐，就是商务娱乐。

　　商务娱乐有其特殊性。一般而论，商务娱乐，指的是文体活动，是一种休闲性的商务交往。它不仅仅是一种单纯的娱乐，实际上也是和朋友保持交流和接触的一种活动。物以类聚，人以群分。人们喜欢的文娱活动的项目不同，往往跟性别、性格、年龄，甚至价值观有关。比如，像我这个年龄的人，四五十岁的人最擅长的乐器，就是口琴，再上一点档次的也就是手风琴。为什么呢？我们年轻时经济不发达，想学钢琴没机会，连个口琴都买不起，还有喜欢学笛子的，都是便宜得很。

其实，一个时代有一个时代的风气，一个时代有一个时代的主题，一个时代也有一个时代的文娱活动。我们那个时候打球，主要是打乒乓球，打篮球，打板羽球。目前在商务交往中，人们则讲究打所谓"三大球"：高尔夫球、网球、保龄球。我们小时候对此闻所未闻，当时经济不发达，没那个东西。

与其他商务交往一样，商务娱乐也有其一定的规范性，而且它的规范性还是比较强的。

首先，我们要站在商务交往的角度来讲，文娱活动有一个共性，就是休息。列宁曾经说过：不懂得休息，就不懂得工作。不论对我们自己来讲，还是对我们的客户来讲，大家凑在一起休息休息，本身也是非常好的一种交流。北京商圈里现在流行一个活动：叫请客人出汗。请客人出汗，就是请客户与自己去骑车子，去远足啊，爬爬山，游游泳或者去健身房，它被视为一种非常时尚的礼物，作为商务礼品送给客人，送的是健康。实际上，我们从商务交往的角度来讨论娱乐，还有另外一方面，它其实就是交流。人和人在一起交往，有多种多样的朋友。你注意了吗？人的朋友其实是分层次的：

第一种层次，业务上的朋友。换句话说，我们俩在一块儿常来常往，主要就是做生意。

第二种层次，生活上的朋友。彼此能够在一块儿经常进行情感和生活上的交流。比如，两个女孩儿一块儿逛逛街。在逛街的时候聊的，跟谈判桌上所说的事儿就不大一样了。你经常和朋友吃饭、泡酒吧、打球，在这样的场合说的事儿恐怕和做生意时根本也不一样。

第三种层次，无所不谈的朋友。这种朋友较少，可以说是知心朋友。鲁迅讲过，人生得一知己足矣，斯世当以同怀而视之。知心朋友少啊！

但是，如果没有生活上的接近，你要从业务上的朋友一蹦就蹦到知心朋友的境界去，实在罕见。因为它是个循序渐进的过程。有接触才有了解，有了解才有交流，有交流才能沟通，有沟通才有互动。此乃交际的基本规律。

一般而论，商务的娱乐具体上有哪些规则？

商务娱乐和我们自娱根本不同。自娱时，你只要不有伤风化，不有碍社会公德，往往可以什么都随你便了。但商务娱乐实际上意在交流。如上所述，商务娱乐有两个目的：一个是休息，一个是交流。它其实重在交流，它是以娱乐为形式的一种交流，它跟宴会、派对其实是一样的。有鉴于此，以下几项礼仪的规则必须予以注意：

第一，主随客便。我作为主人，我作为邀请方，我一定要强调主随客便，凡事以客人为中心。

第二，严于律己。礼仪上有一个非常重要的讲究，宽以待人。我反复强调要接受对方，要包容别人，要欣赏别人。与此同时，要严于律己，不能够为所欲为，不能嚣张放肆。你参加娱乐活动的话，你请人也好，被请也好，你要遵守公德，不能拉人下水，不能提出过分的要求，不能违法乱纪，不能把自己交待了，这是很重要的。

第三，熟悉常规。文娱活动的一些基本的技巧你要注意。比如，打球也好，下棋也好，唱歌也好，都讲先来后到，讲公平竞争。你不能悔棋，观棋不语真君子，你不能耍赖；唱歌你也得熟悉曲调，你不能狂吼吧？

首先，要讲讲主随客便。从娱乐的角度来讲，要注意的有以下两点：

第一点，要强调以对方为中心。我曾反复强调过：礼仪是强调摆正位置的。在商务娱乐方面，它也是很有用的一点。它实际上就是要

229

以对方为中心。换而言之，你请对方来参加文娱活动，对方得有时间、有兴趣。人家很忙，人家不愿意来，你不能把人家绑来吧。再者，你为对方所安排的这个活动，应该是对方较为擅长的。比如，我这个人就不善于唱歌。有人说我嗓子好，应该是能唱歌的人，我还真不行。你要让我唱歌，。八个革命样板戏的一些经典唱段，什么"打虎上山"，"临行喝妈一碗酒"，我行。再就是"大刀向鬼子们头上砍去"，或者，"我爱北京天安门"。我最怕学生把我抓去联欢，因为唱时尚歌曲我不在行啊。有一天到武汉去了，一家上市公司的领导请我吃饭。完了以后没想到他把我领到一个卡拉 OK 的包房里。当时他说："金教授请放心，这里只有我一个，你一个，我老婆一个，还有我女儿一个，咱们只是唱歌。"他太太本事非常大，据说是民族唱法得过奖的，把我都给震住了。只是让我唱时，却找不着我唱的歌。我勉强唱了三首，没有一首唱到尾的，不是变调，就是忘词了。我不行嘛！实际上，我当时的感觉是根本不轻松，根本不放松！而是很丢人！

第二点，要强调别为难客人。对此点一定要注意，你要好心得到好报，就别为难客人，别让他尴尬难堪。举个例子，这个同志假如平常不擅长娱乐活动，尤其是不擅长运动，你非要他打高尔夫球，难呐。有一次我的一位同事被请去打高尔夫球，他回来跟我谈体会说：这一辈子没出过那种丢人的事儿，挥杆击球时，球没打掉，却挖了一铲子土，而且自己还摔那儿了。还有一个小姐去打保龄球，结果球倒是掷出去了，却把对面一个人打倒了。这都是你让人家捉襟见肘。你想想，你要碰到这种事儿，你丢人不？自娱时无所谓，我自己去，没人认识我啊！

但是，如果客人非得难为我们怎么办呀？这个也要注意。这是个底线问题了。一方面，我们讲上线，即"有所为"，就是尽量满足客人的正当要求。另一方面，我们还有一个底线，"有所不为"。有伤风化的、有碍公德的，特别是违背我国法律的事情不能干。坚决不能干！黄、毒、赌，绝对不干！宁可伤了感情，宁可损害了关系，也万万不能干。用我的话来讲，不能把自己交待了呀，这是一个大是大非的重要底线。

别为难客人的本意，就是不要强人所难。对主人亦应如此。说实话，我们请人家吃饭也好，举办派对也好，或者干其他事情也好，往往首先要考虑所用的费用。我有个凡事进行经费预算的习惯。我请客人去玩，能高档就不低档，但是我是不是得量力而行呢？我当初当工人的时候，当学生的时候，谈恋爱最害怕什么呢？就害怕跟女朋友逛街。我老婆当我女朋友时比较自觉，她还挺照顾我的面子的。问她：喝点儿饮料吗？答：不喝，喝水。问她：吃点儿冷饮吗？答：吃，冰棍。只要北京的红果冰棍，五分钱一个。说实话，当时我也想跑到五星级酒店的旋宫去旋一旋，但在那儿一旋一百多，我那时没那个能力啊。所以客人一定要注意，不要提出主方的经济能力和消费能力所难以承受的项目。不要大嘴巴。

其次，要讲讲严于律己。它应该从哪几个方面来做呢？从我的角度来讲，主要是要注意以下几点：

第一，要有守法的意识。依法治国，这是我们国家的讲究。作为公民来讲，我们都要严格守法。要有法的意识。说实话，你犯点儿小错误，还容易改，还有机会。但是违了法，你就等于自己把自己消灭了。进行娱乐，要的是开心，而非害人害己。

第二，要遵守社会公德。有些事儿，它倒不是违法，但是它有碍公德。举个例子，你到娱乐场所去，你是不是不能高声喧哗？这是一个很简单的道理。但是我们经常会碰到这样的人，他确实不自觉，他在那喋喋不休。我有一次看电影，一个小厅，看《泰坦尼克号》。我边上坐着一对小情侣，在那儿卿卿我我。那个男孩大概是看过这个片子，等主角一出来就说他一会儿死，他怎么会死……用文学语言讲，这就是谋杀呀，把我们观赏的雅兴全给毁了。

再比如说，你去任何地方，你吃饭也好，打球也好，唱歌也好，跳舞也好，你讲不讲顺序？你得讲顺序吧。说句不恰当的话，目前，有相当数量的人，包括一些受过良好教育的人，甚至一些公司的白领，排队的意识很不强。曾有外国人指

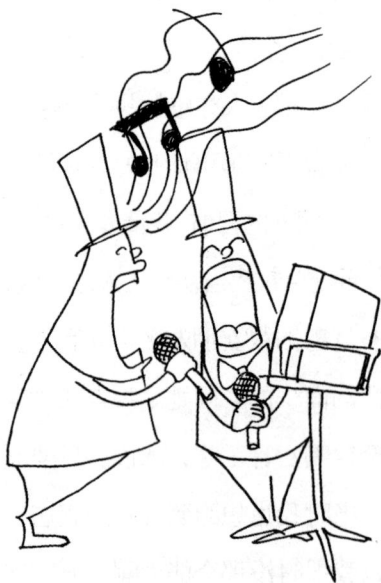

232

出：中国人在公众场合有三大陋习。你知道外国人讲的这三大陋习是什么吗？一就是挤；二就是吐痰；三就是高声喧哗。我不敢说我们每个中国人都有这样的陋习，但是这些陋习在国际社会上确实是被人家否定的，属于严重失礼的情况。

第三，要使自己的所作所为不能有碍于他人。举个例子，你是一位小姐，那么我当然可以请你唱歌，请你跳舞，但是我不能强人所难。我请你，必须得到你的同意吧。当然你自己也要注意，如果你要拒绝我，也别跟我说很过分的话，不要伤害我的自尊心嘛，其实这是个互动的问题。

最后，要讲讲熟悉常规。在娱乐活动中，尤其是在商务性质的娱乐活动中，有些规则是一定要注意的。

第一，要服从管理。所谓国有国法，家有家规。在娱乐业，不同的地方有不同的规矩。歌厅有歌厅的规矩，舞厅有舞厅的规矩，网吧有网吧的规矩，游泳馆有游泳馆的规矩，滑雪场有滑雪场的规矩。比如，在滑雪场里，有些地方是禁行的。那你就不能去，否则前途叵测，搞不好你就交待了。进行娱乐时，对有关人员的管理、指点、劝阻要遵守，要服从。它不是谁怕谁的问题，而是对对方的一种尊重，同时也是对自己生命的一种尊重。

第二，掌握技巧。任何一种活动项目，都有自己的规则与技巧。比如打篮球一场要多长时间，打乒乓球一局要多少个球，打高尔夫球几洞几洞，这都是有讲究的。

举个最简单的例子，你知道跳舞最重要的规则有哪些？它有很多重要的规则：

首先，要注意仪表的修饰。参加舞会之前，不能吃刺激性气味的食物。除了口里没有怪味，身上有汗馊味也不合适，头要常洗。着装也要注意是否合适。穿旅游鞋、凉鞋，或者穿那种过分紧身的服装、过分暴露的服装是不是不合适？你穿过分紧身的服装，动作一大，很可能会曝光啊。

再者，邀请客人有规矩。学校的舞会比较随便，请谁都行。有异性请最好，没有异性请同性也可以呀！但商务舞会，尤其是涉外性质的商务舞会，请人是很有讲究的，它至少有这么几条基本的游戏规则：

其一，应该异性相请。换而言之，同性不共舞。你跟欧美人在一块儿跳舞时，请谨记此点。我刚才讲了，都是中国人，跳舞时两个人在一块儿练练没事，即使是同性亦可。但是外国人就不行，两个男性要是在一块儿跳舞，则被视为典型的同性恋。那么两个女性可不可以一块儿跳舞呢？西方人讲究女士优先，当然女性可以与同性共舞。但是有教养的女士没人请，她自己也不会与同性去跳。两个女人在舞会上共舞，就等于告诉在场的男士："先生们，很遗憾，没有绅士请我们，请哪位见义勇为吧。"在正式的舞会上，一般来讲，应该是异性相请。具体而论，应该男性请女性，但是女士优先，男性请女性时，女性是可以拒绝的。那么女性可不可以请男性呢？女性可以请男性，但因为女士优先，男人则是不能拒绝的。

其二，应该循序相邀。在商务舞会上，请人的具体顺序往往是有讲究的。比如，作为主人，第一支曲子，应该是男主人请女主人。但我们只跳头一支曲子。如果从头到尾的和人家跳，那就是生离死别了。作为男主人，在交际舞会上，我要多交换一些舞伴。第二支曲子，我一般就要请女主宾，就是那个在场身份最高的男士身边的女士，这表示对那个男士的一种尊重。然后依此类推，我第三支曲子就请次女主宾，就是第二号女主宾；然后再次女主宾。其他的男宾，则在开始曲与自己的女伴共舞后，要邀请一下女主人，以及其他相识的女士或相识男士的女伴。

其三，应该婉拒有方。

从礼节的角度来讲，女士是可以拒绝男人的邀请的。但是你要委婉一些。我见过老实人，人家问她："小姐请你跳支舞好吗？""不好。"真有这种人。拒绝别人的邀请完全可以，但你是不是说得委婉一点比较好？别说得太过分。你没有必要伤别人。良言一句三冬暖，恶语一声六月寒。人都是有自尊心的。说实话，你交一个朋友很难，而得罪一个人往往只是一句话的事儿。女孩子可以拒绝男人的邀请，但一般不宜直言相告。那时要给对方留个台阶下，最常规的说法是："先生不好意思，已经有人请我了。"有经验的人都知道，这个女孩子如果真有人请过她，她早就下了舞池了。她说这话的意思，其实是暗示不接受你的邀请，但给你一个台阶下。还有另外一种拒绝的方式，就是说"我不会跳这支舞"。其实女孩子乐感都比较好，比较感性的，而且舞会上女士只要有男士带着，转几圈，一般也就学会了。不会跳的曲子其实也是很简单的，其基本步伐都有共性的地方。当一个女士告诉一个男士她不会跳这支曲子时，游戏规则的含义就是不想跟对方跳。在国际社会里常用的还有第三种拒绝方

235

式，即女士告诉邀请自己的男士："我累了，我想休息一会儿。"说实话，在舞场上累得更容易的应该是男人。男人请女孩,他担心你拒绝他。大多数女孩到舞场上面都比较放松，感觉比较好。从心理学的角度来讲，女性喜欢浪漫的事物，如果这个舞场格调比较高雅，空气比较清新，音乐声比较悦耳的话，女人就会感觉很好。实际上，女人此刻不大容易累。所以当一个女士告诉一个先生她累的时候，其实也就是不想跟对方跳。

其四,应该善于邀请。男士去请女士的时候，有几个技巧需要关注：

一是要请身高和你协调的人。比如我身高一米八，请的小姐不能一米九吧？这是很简单的道理，因为在舞场上是男人带女人跳的。你要比人家还低，谁带谁呀，那就不合适了。

二是要请请得动的人。男士请女士时，什么样的人最容易请？没人请的女士。其实女孩子舞会上没人请也挺寂寞，挺没面子的，所以男士去请她等于给她一个机会。换而言之，就是那个很多很多男士都排着队请的女士你是不是就要三思了。

三是要请和人交际的人。在舞会上，应该邀请的人，往往关乎我们的社交目的。举个例子，你是我的一个朋友，或者是我的学生，而且你是男士。你告诉我说：那个人是你的老婆，或者这是你女儿。我作为一个绅士,就有义务请你的太太或者请你的女儿跳支曲子。说白了，我请你老婆或者女儿就是给你面子，是对你表示一种尊重。这样的一系列游戏规则，在商务交往中，特别是在娱乐活动中，你是一定要注意的。

第 15 篇

商务往来之礼品

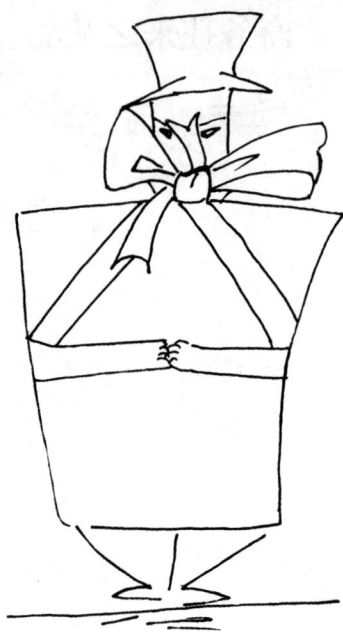

大家好！本篇要跟同志们谈一谈商务往来中的礼品。在日常生活与工作中，尤其是在商务活动中，我们每个人不管年龄大小，不管从事什么样的行业，礼品的问题都是大家所必须面对的。

谈到礼品，大概有两个问题我们都不能回避：第一，在日常交往中，需要礼品吗？换而言之，就是礼品的定位。有人认为，在日常交往中，礼多人不怪。和任何人打交道，空着手都不合适。但也有另外一些同志认为：礼品是一种极端的形式主义，甚至有虚伪、做作，腐败别人的意思。所以我们在谈到礼品的第一个问题时必须回答需不需要礼品。如果我们的回答是需要的话，随之就会出现第二个问题，就是在日常交往中，怎样选择适合自己的礼品。这两个问题，就是我们今天所要谈的主要问题了。

首先，我想跟同志们谈一谈礼品的定位。 在 17 世纪，有一位著名的西班牙礼仪专家叫做伊丽莎白，她讲过一句话："礼品是人际交往的通行证。"换而言之，她认为，在人和人打交道的时候，礼品是不可或缺的东西。对她这个说法，我表示赞同。当然，进一步来说，我们在日常交往中选择礼品，必须事先明确它的定位，就是你把礼品看作是做什么用的。我注意到，有些同志的礼品定位不太准确。

有一次，我的一个学生联系去欧洲某国读书。那个国家当时签证比较难办。他首先请我写了一封推荐信，我写得非常认真。以后聊天的时候他问我："到那个国家有一些什么注意事项？"

我就谈了一些注意事项。

他顺嘴问了一个问题："那个国家的什么什么人你认识吗？"

我坦言相告："我认识。"

过了两天，他又来找我了。一见面，他就非常神秘地塞给我一个包。我问他："是什么资料这么厚啊？"我以为他给我什么资料来着。

他告诉我："三万块钱。"

我问："干吗用的？"

他说："你帮我把签证拿下来，这三万元就是你的了。"

我当时跟他说实话："君子爱财，取之有道。钱是个好东西，但如果它来得不明不白，不合适。我跟你说句难听的话，如果你跟金老师讲，需要写封推荐信，甚至给某人、主管的教授或者学者写封信都是可以的，你提到的那个人我还跟他真认识。再说句实话，可能我写封信还真能起一点点作用。但是你这样一送钱，我就不能干了。换一个角度来讲，假定你要到那个地方留学成功，读了一个硕士，读了一个博士回来，你那时来看老师，给老师带点小礼物倒是说得过去的。"

实际上，他没有把礼品的定位问题搞清楚。在我眼里，人和人打交道，礼品是什么位置呢？是纪念品。企业和企业打交道，礼品是什么位置呢？是宣传品。比如，你是一家酒店的公关经理，你那个酒店跟外人打交道，你代表你这个酒店去搞公关营销活动，去送礼品，实际上是为了提高企业的知名度，推广企业形象，所以它的作用就是宣传品。但是，在一般情况下，人和人打交道时礼品并不是宣传品，而是纪念品。我中学老师当过，大学老师也当过，现在还在当。在我印象中，我所收到的来自学生的最美好的礼物是什么呢？

某年一个班毕业，班长来看我，说："老师，我们毕业了。"

我说："那就后会有期了。"当时我还说了一些客气话，什么"苟富贵，毋相忘"。

随后，班长对我说："老师，我们为你准备了一件礼品。"

我说："谢谢。"

打开来一看，是个什么呢？是一个签名本，很简单的一个本子。那个本子差不多就是那种三四块钱的本子，有那么四五十页。每个同学都在它上面占有一页，他们在自己那页上，每人都给贴了一张本人的照片。照片造型各异，不是那种标准的大头照，而是有站的，有坐的，还有躺在铺上跟我伸舌头的，还有一个指头指过来的。反正孩子们那种调皮捣蛋的样子活灵活现，而且每个人都有亲笔签名。最后，就是他们每个人都在自己的那页上面写了送给金老师的一句话，当然是说得很孩子气的话，什么"金老师越老越年轻啊"、"金老师最帅"、"我爱老师"，诸如此类。在我眼里，这件礼物是我最喜欢的，它能够让我睹物思人。即便10年、20年之后，一翻起这本纪念册，我就想起自己所走过的时光，想起我的那些可爱的学生们。它是纪念品，我眼里的一件很棒的纪念品。

你说说，孩子给我宣传品的话，他有什么可宣传的？他没什么可宣传的。但是企业在公关活动中的礼品就是宣传品。

据我看来，礼品是日常交往中一个必不可少的需要理智面对的环节，注意我用的话，它显然是需要理智面对的环节。你不能弄巧成拙，你送礼物的结果却是把别人给得罪了，那就麻烦了。礼仪上有个词，叫"入乡随俗"。一个真正有良好教养的人，一个真正见多识广的人，他应该明白交往以对方为中心，选择礼品时切莫自以为是。

在概述礼仪的时候，我曾反复强调一个基本理念，叫做"换位思考"。什么意思呢？在此形象一点地说，就是你送给别人的礼品应该是对方所需要的。当然，这里还存在一个量力而行的问题，还有一个合情、合理、合法的问题，并不是说人家要什么就给什么。但是，至少你要明白，你送的礼物不应该是对方所厌恶的或者拒绝的，这是一个常识。我在谈及人际交往时曾经反复强调要换位思考。怎么进行换位思考？就是一定要坚持交往以对方为中心。您别自己觉得这是好礼物，要别人喜欢它，那才是好东西。关于礼品的定位。简而言之，在我眼里，人际交往尤其私人交往的礼品应该是纪念品，而企业间往来的礼品，则应该是宣传品。这是我在这里想要讲的，也

是我必须讲的。

其次，我想跟同志们谈一谈礼品选择的具体规则。 在日常交往和工作中，你选择礼品也好，赠送礼品也好，接受礼品也好，都是有其具体规则的。我们举个简单的例子，你给别人送礼，你至少得明白这么一条吧：人无我有。即必须强调礼品的独特性。您别弄巧成拙，别人送什么你送什么，可能有时候就会劳而无功。比如：

我年轻时当过工人，曾参加过唐山抗震救灾。那时候比较辛苦，不喝点酒挺乏。连着干几十个小时的，而且比较潮湿，害怕得关节炎，于是养成了喝酒的习惯。后来过了四十岁，身体不太好，就不喝了。可是我的很多老朋友，就是以前跟我一起当过工人的那些朋友都认为我能喝酒。当时我们的条件不是太好，常喝北京最普通的二锅头。一来二去，老朋友大都认定我金某人能喝酒，而且偏爱二锅头。这样被人家一旦定了位，我就比较倒霉了。一到过年过节，我家的二锅头多的都可以开专卖店了。高、中、低档都有。只要是老朋友来串门，就会给我拎二锅头。有位老兄最热心，有一次他给我拉了几乎一吉普车过来。他说：干脆让你一年都有的喝了。我想告诉他，但不好意思直说，那就是我已经早就不喝酒了，于是我只能望酒兴叹。

因此，这个问题如果不注意，真的会很麻烦。比如，过中秋节时，流行送月饼，别人送了，那你最好就别再送了。有时候，可能我们都有体会，到逢年过节有的东西被别人送得过多过滥，没意思了。说难听点，从成本和效益来进行比较，都比较差。别人可能记不住你送的礼品，或者不稀罕你的礼品。所以这个问题一定要讲一讲，送礼品要有一个套数。我刚才讲了,交往以对方为中心,这条规则你一定得记牢。

有一次我到外地参加一个会议,春节回不来。我老婆比较心细,她给我打电话问:"你春节回不来,你爹妈那儿怎么办?"

我说:"你能不能代表我去看看爹妈啊?"

她说:"我不行,没有时间。我的公司在国外有一个活动,春节那几天我正好在韩国呢。"

我问:"那怎么办?"

她说:"那我就替你提前去给爹妈送点礼品吧?"

我说:"行啊。"

我老婆很聪明,她说:"你是讲礼仪的,我就不瞎比画了。这样吧,你说我买。你说什么东西好,我就去给买什么。"

我说:"这样吧,第一,你给我娘到北京好一点的商场去买一条雪莲牌羊绒围巾。要红色的,要宽大一点的,因为我们家的老太太比较胖,个子比较大,给她弄宽大一点的,显得她比较富态。"

她说:"那你爹呢?"

我爹排第二位啊,我爹买什么?

我告诉她:"你就给他到米老鼠、唐老鸭那种儿童用品专柜,去买一副手套,滑雪手套,大点儿就行了。因为老人家年龄大了,今年八十五六岁了,走路不太利索,天冷了就给他买一副大手套吧。"

我老婆在电话那边乐,她问:"你买什么的不行,你买米老鼠、唐老鸭的!"

我说:"你别管,你就去买,这方面我有经验。"

过了一天,她又给我打电话,说:"老公,今儿周末,东西我全买了,但觉得有点不够意思。"

我说："为什么不够意思？"

她说："手套不到一百块，羊绒围巾碰上打折，二百来块，加起来三百多。我们也不常给爹妈送东西，给他们送这么点东西合适吗？"

她的本意是：我这个媳妇怎么能这么当啊？咱怎么样也得送一件上千元的礼物吧。

我说："你不明白，对爱着自己孩子们的父母来讲，他们是别无所求的。只要孩子惦记着他们，比什么都强。"对他们来说，礼品的价格往往不会被太在乎。

在此，我不是说礼重人会怪，而是说有心就不会被责怪。

我记得小的时候有一次被爹爹抱着，跑到天安门广场看国庆游行去了。去前正好是到另外一个小朋友家里玩儿，别人给了我几块儿糖，

那时候糖是好东西，我舍不得吃。当我爹举着我看天安门城楼时，我也想报答我爹一下，就把小朋友给我的糖，（据我妈举报，那糖纸已经掉了，在小口袋里跟土、泥、小玩具混为一团，都肮脏不堪了），拿给我爹吃。当时我爹不仅毫不犹豫地把它吃了，而且还掉了泪。后来我问起这件事，他说："当时我的感觉是孩子长大了。"

恐怕当过父母的人都有这种感觉，当爷爷奶奶的人也有这种感觉：孩子惦记着你，是何等的令你开心！我经常跟我的学生讲，回家的时候，要记得给爸爸妈妈带点小东西，不一定要贵，而是要表达自己对父母的感恩之意。这表明你的心中想着他，说明你长大懂事了。

那么，给我的父母送礼品时，我为什么选择一条围巾，为什么选一副手套？这就是我说的那个换位思考。我们讲一个心理学的常识，人是有表现欲的，每个人都有自我呈现的欲望，男孩子也好，女孩子也好，老人也好，小朋友也好，他快乐不快乐，他幸福不幸福，有的时候他往往缺少自信，他很在乎别人对自己的评价。比如，一个女孩子，她的男朋友给她买高档的跑车，给她送名贵的珠宝，还给她送豪宅。但要折磨她很容易，就是不让她告诉别人，那会憋死她的。女孩子快乐不快乐，有的时候是取决于别人对她的看法的。比如，她戴漂亮的首饰，不管那玩艺贵不贵，她的同事们说："哇，你的首饰好漂亮啊！"她就会很高兴！有人问："谁买的？""男朋友买的。"人家要是说："哇，你男朋友好疼你啊！"她就会特别高兴。每个人都有这种希望被别人肯定的欲望。

某一位心理学家讲过：人是需要被别人肯定的。你的成功，你的失败，你的快乐，你的痛苦，你的幸福，乃至你的不幸，往往别人说它是什么，你就会把它当成什么。

我后来跟我老婆说："我妈妈今年七十多岁。老太太高大，挺胖，两鬓如霜。你给她围上一条红色羊绒围巾特别醒目。她围上它一出来，别人一看就会说：'啊，金妈妈，你这个围巾很漂亮啊，哪儿买的？'她肯定不说他儿子买的，而会说是儿媳妇买的，说明儿媳妇孝顺她，老人要的就是这个妻贤子孝，家庭和谐，这个是老人家们最成功的感觉。我老爸，身体挺好啊，但是凡是老年人都有一个短处，就是腿脚走路不利索了，走路时他往往是慢慢蹭。一位慢慢蹭着行走的老人戴一副米老鼠、唐老鸭标志的手套也是比较醒目的。老爸当过兵，走路腰板倒挺直。肯定有人会问：'金爷爷，你的手套怎么这样啊？'他也不会说是我们买的，没准会说孙子买的，说明小朋友多懂事啊，这种礼品的效益肯定会比一万块钱现金要好得多。"我当时开玩笑说："我给我爹、我娘买副白金磁疗鞋垫也是无效的，哪怕这个磁疗鞋垫8000块钱。因为别人看不见它，包子有肉有时候还真得放在褶上。"我家老人都很聪明，不傻的。他们不至于见到人就说有种鞋垫很好，白金的，你们见过吗？他会从鞋里拿出来让你们看看吗？不可能！

我想跟同志们说的是：选择礼品是一门艺术。关键是要有心、用心、上心，是要善于表达自己的心意。

———————⚬✦⚬———————

接下来，我所要讲的是在日常交往工作中，赠送礼品时需要考虑的几个具体的操作方面的问题。其专业性的讲法，叫做"五W法则"。我现在只讲送礼品的规则，随后我再讲讲礼品的接受。因为礼品礼仪实际上包括着两个问题：一个是送，一个是接受。我现在重点讲的是送。赠送礼品时，从礼仪的角度来讲，一定要遵守"五 W 法则"。它是什么意思呢？就是在选择与赠送礼品的时候，需要注意五大要点。它们的英文说法第一个字母都是 W，所以我们把它叫做"五 W 法则"。

第一个 W，意即送给谁，Who。 换而言之，就是要重视受赠的对象。比如，有些国家出于宗教信仰和民族习惯的讲究，礼品一般是不能够送给对方的配偶的。在当地，往往是重男轻女。一般是男人去社交，女人参与社交的机会很少。因此，社交的常规礼品是送给男人的，不能送给女人。不能给异性送礼物。

我们中国人送礼物的习惯则显然与其有别。比如，我到您家去，如果您在谈恋爱，刚刚结婚，还没有孩子，我是男人，我的交往对象也是男同志，我往往是送一件女孩子所喜欢的礼品，诸如一瓶香水，或者一本印制非常精美的画册。我把它送给这个帅哥，我其实是假道于人，让他去转送给他的那个她。他不一定会说是我送的，没准儿他会说他送的。因为这个是比较对路的。如果他们有孩子了，最省事的就是把这个礼品以小朋友为对象。如果他们家有老人，特别是老人年纪比较大的话，那么我们以老人为对象，这样的话皆大欢喜。那样做，成本最低，效果最好。

可是某些国家、地区是不能给别人的老婆送东西的，你就坚决不能送。你一定要充分考虑这种差异性。

再举一个例子，中国人送礼品，一般很少有人考虑到它的具体数目。礼品的数目？国人推崇的是多多益善。凡事要抓主要矛盾，并要掌握主要矛盾方面。送礼品时，也要重点突出。我们有时候就像爸爸给孩子东西似的，喜欢多多益善。一会儿给这个，一会儿给那个，其实效果并不好。外国人送礼时，数目讲究有时候非常多。比如，我们知道日本、韩国、朝鲜，乃至我国的港澳地区，当地人都不太喜欢"四"这个数目。因为"四"这个数目在日语、韩语，或者粤语当中发音就是"死"的意思。从风俗的角度来讲，他们觉得不吉利。

再比如，北京人送花时经常送剑兰，而港澳地区、广东的人则不喜欢剑兰，对患病的人或者老人尤其忌讳送剑兰。因为它的发音是"见难"，见不着了。茉莉花，我们江浙人很喜欢，唱情歌呢，"好一朵茉莉花"，都唱到申奥的地方去了。港澳人却不喜欢它，因为茉莉的发音为"没利"。它并非封建迷信的问题，而是一种习俗。

入国问禁，入乡随俗！你跟别人打交道时一定要注意此点。举一个例子，我们北京人很喜欢菊花，而西方人则会觉得它十分晦气。在欧美国家，菊花属于死人专用，人们把它叫做葬礼之花。假使美国的一个老板，欧洲的一个巨商住到你的酒店里，你在他房间里插一束菊花，岂非让他撞鬼了？用咱们的话说：那不是让他住到八宝山去了吗？

第二个 W，意即送什么，What。送给谁的问题确定之后，就会随之产生第二个问题，送礼时送什么？一般从"送什么"的角度来说，有下面几个问题需要明确。

其一，时尚性。或者我们把它也可以叫做时效性。什么意思？就是你送别人的东西应该是此时此刻比较流行的。礼品如果过季了，还有意思吗？比如：

那天，有一位同志给我寄了张贺卡，其实贺卡也是个礼品。当时是 2005 年元旦，不知他是废物利用还是搞错了，他竟然用了一张以前的邮政贺卡。当时我还想用它兑奖呢，抽奖号竟然一看是 2001 年的，真的有点被人冷落的感觉。

选择礼品时，一定要注意礼品的时效性。我的意思不是让你多花钱，而是别让它过季了，这一点很重要。现在已经很暖和了，你怎么能给人家送一件防寒服？除非这个人得伤寒了！否则这个时候谁穿防寒服？这个问题一定要注意。

其二，独特性。讲三句话："人无我有"，别人没的我有；"人有我优"，别人有的我的货比较好。不管是吃的也好，用的也好，有的东西它就是质量好，你信吗？举一个例子：

前几天，我到无锡去了。无锡人讲究吃肉骨头，就是排骨，酱排骨。我说："我要带一点回来给老人。"

有朋友马上就告诉我了："三凤桥的质量好。"

我不是给它们做广告，我只是顺嘴说说。实际上，比较好的东西往往就是"人有我优"。你到西安去吃羊肉泡馍，老孙家羊肉泡馍就比较好。你买镇江醋，北固山牌的则比较有名。最后还有一句话是什么？"人优我新"，就是要讲究新款式啊，新样式啊，新功能啊，那样也会吸引人。

其三，便携性。什么是便携性呢？就是礼品容易携带。比如，对本地客人，送他的礼品重点、轻点倒没什么关系。对外地客人，有时候礼品要是太重了或者不容易携带就会很麻烦。

有一次我老妈到北京来了，朋友们来探望她。老太太可能是年纪大了，不太介意，就顺嘴透露一个信息，说自己要过生日了。结果被我几个好朋友听到，他们便给我老妈送了一只大花篮，都是好花、名花，老太太看了高兴极了。

她走的时候给我提了一个要求："我什么都不带，就把这盆花带回去。"

老太太不会说那是花篮，就说它是一盆花。真的很难啊！你想想：那么一个大花篮，我都没办法给她运到火车站去。但那是我娘，她就提这么一个要求，我一定得满足。我找来一辆130货车装它。那花篮很高，一般轿车后备箱进不去啊。到了车站检票、过安检时都很麻烦，别人看着我笑，有人认识我，问："金教授，你这是什么货？"就这样，那个花篮装到车厢里去时就几乎损失了一半，下了车之后还剩下几朵花我就不知道了。

第三个 W，意即在什么地方送，Where。赠送礼品，有的时候需要考虑其具体场合。比如，公务交往的礼品一般应该在办公地点送，以示郑重其事，公事公办。有的公司不注意这一点，公务交往的礼品给你拐弯抹角地拿到家里来，好像做贼似的，不登大雅之堂。你要没干坏事，你要没犯纪律，光明正大地做事情有什么不对？公事公办，会给人以非常正规的感觉。

有一次，我到一个单位开会去。走的时候一位同志告诉我："金教授，该装的东西都给你装到轿车的后备箱里去了。"

把我吓一跳，直到现在我都不知道他是怎么把我轿车后备箱打开的，又不好意思问。其实也没有装上什么骇人听闻的东西，就是一堆宣传材料，还有两大瓶该单位自己生产的液体饮料，加起来也不到五十块钱。当时，他本应大大方方地当面奉送："金教授请你品尝！"

公务交往的礼品是应该在办公地点送的。相反，私人社交的礼品则一定要在私人交往的地方送，以示公私有别。

有一天，我的一个远房亲戚来了。他把老家的东西带了一堆，主要是送我的十多斤梅干菜。大概找我也不好找，他就打包扛到我办公室去了，被楼下的同志给赶出去了，"这里不准卖菜！"

结果搞得他还挺不高兴："我穿得西服革履的像是卖菜的吗？"

他是穿西装来的，但是梅干菜的味道挺重，也挺醒目，所以别人以为他是在搞贩卖或推销。

最后我对他说："你这十包、二十包梅干菜拿到我这儿来，倒也没啥不得了的。但是我总得给我的同事分分吧。大家都看见它了，见面分一半。你把它送到这里来，实际上让我少吃了不少。"

第四个 W，意即什么时间送，When。按照一般的讲法，做客人的时候，或者当主人的时候，赠送礼品的具体时间不太一样。比如，我现在是客人，我到您家去做客，我去拜访您，一般的规则，拜访别人时的礼品应该在见面之初拿出来，这叫登门有礼。它有什么具体好处呢？

其一，它容易给别人一个良好的印象，表明你对别人重视。不是别人没有你这个礼物就不活了，而是表示你重视对方，你把别人当回事。礼品最重要的作用就是表示对受赠者的重视。"礼"的本意就是尊重。见了面把礼品拿出来，就是表示对别人的重视。

其二，它容易形成一种良性的互动。举一个例子，我到您家去了。我给您带了一瓶五粮液酒，在你家怎么也得换瓶剑南春喝喝吧。走的时候我才把五粮液拿出来，互动的效果可能就没有了。我走了之后主人可能会跟老婆说："真有点对不起老金，你看他给咱拿的五粮液，咱给他喝二锅头。"这里面其实是一个互动的问题。礼品上讲究"来而不往，非礼也"，它有一个双边对等交流的问题。

客人拜访时宜把礼品先拿出来，而主人待客的时候是反过来的。主人一般是在客人告辞的时候才向对方送礼。比如，外地的客人，通常我们是在其临行前夜送礼品给对方。比如，我老爸要回上海，他明天走，我通常今天晚上去送。什么意思？我要给老爸一个收拾打包的机会。有同志不太会做这件事，当客人上火车、上飞机之前才拿出来送给对方的东西，一大堆，容易丢，还不好带。一般外地的客人你在临行前夜送礼为佳，对本地客人则在客人告辞的时候拿出来为宜。

公务礼品，公司企业送的礼品，什么时候送？一般是两个情况：一是主管领导会见对方时。比如我到你公司去，董事长跟我见个面，董事长把礼品拿出来，等于是公司向我送礼。你一个部门经理把它拿出来给我，等于是你这个部门向我送礼，层次上差远了。二是告别宴会上送。它算一个结束曲。总之，送礼讲究客人来的时候客人送，客人走的时候主人送，善始善终。

第五个 W，意即如何送，Which。它的具体含义是：应该怎样送？以何种具体方式送？它主要强调以下两条：

第一条，但凡有可能的话，我们需要亲自赠送礼品。礼品有三个赠送方法：一是自己送，二是托人送，三是寄送过去。但凡有可能，礼品最好去亲自送。在公务活动中，礼品最好由单位主管领导亲自送，这样可以提升礼品的规格。我走的时候，你让你的秘书或者工作人员把礼品给我塞过来，好像做贼似的。董事长、总经理亲自向我赠送，则说明我是你们公司的客人，而且受到高层领导的重视。礼仪上把它叫"礼宾对等"，这是一种接待规格。

第二条，在国际交往中需要注意，送给外国客人的礼品一般需要包装。过去我们中国人不太在乎这个问题，有的很好的东西，拿马粪纸盒一装，拿报纸一裹，拿塑料带一装，弄得像便衣接头似的，这样会使礼品在档次上受影响。在可能的情况下，我们送给外国人的礼品一定要加以包装。越是正式的国际交往，此点越是不可掉以轻心。

下面我想跟同志们谈一谈，接受礼品时需要注意什么？

接受礼品时，恐怕有以下三个点需要注意：

第一，要落落大方。能接受的礼品，你就接受了。如果自己觉得没有犯禁，没有犯党纪、国法，没有犯外事纪律，没有影响到两方的人际关系，可以接受就接受了。却之不恭！但如果有些礼品是不能够接受的,当即要向送礼者说明原因:"不好意思,你送我礼品我非常感谢,但是我们公司有规定,在公务往来中不能收受礼品,尤其不能收受现金和有价证券。谢谢你的好意,请您拿回去。"一定要当面把理由说清楚了,你别后来再委托别人退回去。因为国家不同,社会不同,企业不同,讲究不太一样,所以这个问题一定要注意。

第二,要表示感谢。对别人所送的礼品表示感谢,一般有这么几个具体做法:其一,如果当场接受别人礼品的话,你最好在口头上表示感谢:"谢谢你的好意,感谢了。"这个话是一定要说的。必要的话,还要和对方握手道谢。其二,是要欣赏对方的礼品。比如,我给我老婆送一条围巾,我老婆但凡聪明点的话,她会立刻把这条围巾从袋里拿出来,什么事都不干了,把围巾围在脖子上,然后再说:"老公,这正是我需要的围巾,太好看了。"我肯定会下次再买给她,而且买得更大。也有的同志不会说话:"哎呀,这个难看死了,老土。"那样的话,我可能一辈子不再给她买了。"来而不往,非礼也!"这个你要注意,要通过欣赏礼品来表示感谢。

许多外国人就很重视这个问题。他接受别人的礼品时,一般要打开包装看一看。如果是别人寄来的礼物,或者是很盛大的商务活动中的公关礼品,有的不方便看、不方便道谢,事后可以打个电话,或者写封信跟对方说一声"你的礼品我很欣赏。""你的礼品正放在我的案头。"

再比如,我在谈恋爱,这条领带假定是我女朋友送我的,假定她是昨天送我的,我今天和她约会,我什么都不用说,我重视她吗?我爱她吗?我把这条领带戴上,便说明我感谢她,重视她。这是非常好的一种做法。

第三，要保持低调。一般来说，赠送礼品属于一种私人交往，所以你要注意，在外人面前你要低调一些，不要张牙舞爪地去说："这个是谁送我的，那个是谁给我的。"别人问时可以讲的，没有必要的话则大可不必以此去招摇，这恐怕是做人的一个常识。

　　再者，礼品没有特殊原因不要转赠别人。比如，我送给你的领带，被你送给弟弟了。我会很生气，因为这个不合适。我送给你的礼品就是你的，你要不喜欢可以不用，但也不能随便转送给别人。当然你要把它当破烂给卖了就更麻烦了，金教授好心好意地把自己写的一本书——自认为最好的一本书送给你了，而且签了名了。过两天，却在垃圾收购站见到了它，非得气死是不是？这是礼品善后的事。

　　如何送给别人礼品，如何接受别人的礼品，二者实际上是送礼过程中的"一来一往"。有来有往，才会善始善终啊。

第 16 篇

商务仪式之谈判与签约

从商务交往的角度上来说，生意人都会为了自己各自的目的不断地进行磋商，因此谈判是经常要进行的。在谈判之后举行正式的签约仪式，也非常让人高兴，因为谈判成功了嘛。下面就具体讲一讲谈判与签约的相关礼仪。

在商务交往中，离不开一项重要的内容——合作。而合作的达成有赖于谈判。签约，实际上是对谈判结果的一种固定化。人生无处不谈判。你去买东西肯定要讨价还价，也算是谈判。谈恋爱也是谈判，不能仅说你爱我、我爱你就完事，不可能。有时候要讲条件的，你爱我吗？真的爱我吗？怎么能证明你对我好呢？要有具体的承诺。

在日常生活中，谈判是无所不在的。你要说它悬，其实也未必。比如，有时候我们去买东西，就存在谈判问题。打个比方，现在农贸市场极其发达，有时候还有一些游商。这香蕉，国营店里一斤卖六块，农贸市场则只卖四块。我老婆就喜欢占便宜。有时候她跟我讲，楼下小贩的草莓真便宜呀，外面商场卖八块呢，小贩只卖三块。买回来一称，她买的五斤草莓才只有三斤。我就不吃这亏，我原来当知青的时候练了一绝活，对重量比较敏感，你这三斤菠萝被我掂一掂，我的误差大概就是一两左右。我这个人喜欢去买菜，我老婆买菜会吃亏呀。比如我去买大白菜，我也不愿意生气。有的人他有算计小贩的心理，先让人家称完了之后，再找出对方的缺斤短两，然后说人家是骗子，找人

259

打架。我不这么干。我去买萝卜,我会先掂一掂。我问他多少钱一斤?他说是四毛钱一斤。我说四毛不错,比国营店便宜,不跟你还了。就四毛一斤八,量给够呀。我自己会跟他先报重量,这萝卜二斤七两,大概它也就是二斤八两或者二斤六两。我的一般误差就是一二两。久而久之,我们楼下的小贩对我比较佩服了,经常有人问我:大哥以前是卖菜的吧。我这么做,省得吵架了。其实这里有一个谈判策略的问题。简言之,我的招数是"先入为主,谋而后动"。什么是谈判?谈判实际上就是为合作而进行的磋商。它的目的很明确,就是合作。在涉及礼仪的时候,谈判者应考虑的具体问题有三个:

第一,时空的选择。我们做任何事情都有其时间与空间,谈判则更注重这个问题。

第二,位次的排列。谈判礼仪的位次很有讲究。你是正规军,还是游击队。一进谈判厅从位次安排上就看出来了。

第三,临场的表现。临场的表现,实际上就是谈判策略。

首先,讲一下这个空间和时间的问题。这是双方共同决定的,但是其具体确定则有说法。关于时间,通常确定时间比较简单,只要两相情愿就行了。主要是大家都方便。如果一方方便,而另外一方不方便,就不合适了。总之,时间比较容易确定,但实际上谈判时间是包括两个具体时间的。第一个时间,就是起止时间。即我们准备从什么时候开始谈,大概准备谈到什么时候。第二个时间,是具体谈的时间有多久。比如,我准备九号谈、十号谈,那么九号、十号几点钟开始谈、几点钟结束,中间要不要休息,这些都要说清楚的。谈判是规范的,你必须说清楚。相对于时间的选择来讲,谈判的空间选择比较麻烦。空间选择,实际上就是谈判的具体地点的挑选。专业的讲法,可有以下四种选择。

第一种，主座谈判。顾名思义，主座谈判实际上就是在谈判双方中我们这一方的所在单位和所在城市里谈判。主座谈判有两个好处，其一，天时地利。其二，我心理上占了压倒性优势。你在你自己家说事儿就会财大气粗。这是咱的地盘，一跺脚楼都颤。所以一般人都希望进行主座谈判，但实际上没这种事儿。有的时候人家也要求你去。谁说了算？表面上两个方面协调，实际上反映的问题是谁求谁。

第二种，客座谈判。如果我到外单位去谈判，或者到别的国家、别的城市谈判，一般叫客座谈判。因为相对而言我是客人了，这有点像踢球那个主场和客场，就是这么回事儿。客座谈判时，人们心理上往往有失落感，另外我要请示汇报有难度。将在外，军命有所不受。那指的是一般性问题，大是大非我能替上司做主吗？报价我一个人说了算吗？总之，这个客座谈判往往令人觉得不方便。

第三种，主客座轮流谈判。就是说，先主场完了，再换到客场，谈判在主客座轮流进行，这个一般是比较常见的。

第四种，第三地点谈判。不在我这儿，也不在你那儿，谈判是在另外一个国家、另外一个城市，或者另外一个单位进行的。像巴勒斯坦和以色列这两个国家有矛盾，需要斡旋、调停，他们一度进行谈判，是在赫尔辛基，在美国，或者在奥地利，这就是第三地点谈判。第三地谈判相对来讲就比较公平了，你省得非说是倾向于谁了。

其次，讲一下位次的安排。在谈判时座次的安排会不会和商务访问时是一样的？实际上有其共性，亦有其不同。

其实，坐、请坐、请上坐，这个谁都知道。但哪个座位是上座？很多人不清楚。具体讲到座次的时候，有两大问题要说清楚：其一是基本原则；其二是具体方法。

一方面，排位座次要明确以下基本原则：

第一，场合有别。排列位次时，不同时间、不同场合的要求不一样。比如，上楼下楼的话一般属于行进、走路，它实际上也存在位次问题，走动中的位次、动态的位次。在一般情况下，都是女士优先。比如，我请你跳舞，你接受我邀请的话，我们俩下舞池时，你请，你去选一个位置，你认为哪个位置合适，我就跟你去。我不能自得其乐。美女，到那儿去吧，那儿没人，那是什么意思？不合适吧。但是有时候上下楼你也得看对象，比如我们从轮船上下来，通过一个很陡的旋梯，很陡，那个轮船还在摇。女孩子一般从高往下走，她容易眩晕，我要真对她好的话，我这个男人应该讲究绅士风度，拿着行李，扶着旋梯在前面走，我是一堵挡风的墙，走在前面开路。

第二，内外有别。安排位次时，对待自己人和外人肯定不一样。我们已经讲了：坐，请坐，请上坐，主要是在正式场合用以招呼外人的，但不能这样招呼老婆孩子。

第三，中外有别。中国人和外国人排列座次，其实有着很大的区别。一般人可能没意识到。打个比方，如果我们俩现在在主席台上坐，你说谁是上座？如果我们现在是在台上坐，一个长桌，我们面对着台下的听众，你说咱们俩谁是上座？严格讲，左高右低。为什么呢？中国人的传统是左高。此处所讲的左和右，是我们两个当事人自己之间的左和右。我现在坐在你的左侧，你在我的右侧，我的位次高，因为我居左。你如果讲以右为上其实也没错，那是国际惯例。党和国家领导人会见外宾的话，外宾都坐在领导的右侧，电视上是不是经常有这样的镜头？但它的前提是我们的领导在国内，这是我们的地盘，我当主人的在左侧，客人在右侧。以右为上是国际惯例。商务礼仪讲的是国际惯例，所以商务礼仪是以右为上的，这点没错。

第四，外外有别。它的含义是，在排列位次时，也有外国人和外国人不一样的时候。换言之，对待外国人的具体做法也会有所不同。

另一方面，座次排列有其具体做法。

第一，面门为上。它的含义是：正对着门的位置为上。在谈判室里面，如果有个长桌横放的话，面对着门的位置是上，背对着门的位置是下，此即面门为上。

第二，居中为上。排座次时，通常中央高于两侧，到哪儿大家都明白这个道理，主谈都是坐在中间的。

第三，以右为上。座次分为左右时，通常讲究右大于左。

第四，以远为上。这个做法不适合于谈判。有的时候你注意了没有呢？开会也好，会客也好，吃饭也好，是不是离正门越远的人位置越高？！道理很简单，因为离门近的人容易受骚扰。

第五，前排为上。就是走路的时候，走在前面的那人位置高。

其实在谈判的位次排列中主要是前三点——面门为上、居中为上、以右为上，共同发挥作用。一般来讲双边谈判时的座次排列大致如下：

面对正门的人是客方，背对正门的人是主方。居中的是一把手，一把手右侧的人，往往就是二把手了。但国际商务谈判有个区别，在国际商务谈判中，二把手通常会坐在主谈的左侧。那么主谈的右手坐的谁呢？坐的是翻译，因为翻译在理论上跟我这个主谈应该是一个人。他是我的传声筒呀。他要偷工减料，我的几千万马上就赔出去了。

最后，讲一下谈判时的临场表现。谈判就要进行了，其具体参加者的临场表现是非常重要的。口才怎么样,怎么样才能表现得非常好？要修饰仪表吗？那么做会让人家觉得自己是有备而来，另外，还要穿套装和套裙。其实临场表现在我看来，最重要的是四个字：保持风度。谈判的最佳结果是什么？是合作嘛！不是你死我活。谈判要讲究双赢。说白了，你要挣钱也得让人家挣钱。在双赢的过程中，我们都有个想法：自己想多赚一点儿，让别人少赚一点儿，但是要有个度。适度表现的最好办法是恰到好处地运用谈判策略。其实,有的策略它是通用的。在谈判时的临场表现重在不卑不亢、宠辱不惊。

以下，我们要讲签约的问题。谈判一旦达成结果，往往要把所达成的结果固定化，它所说的就是签约。一般来讲，签约时有一些具体的问题需要注意，比如文本的准备，现场的布置，以及临场的表现，等等。

文本准备——合法而规范，字斟而句酌。

在准备签约所用的具体文本时，应注意下述几点：

第一，内容要符合法律。拟写文本时，《中华人民共和国合同法》、《中华人民共和国消费者权益保护法》以及一些有关的条例等等，你要注意，要有法可依，有法必依，这是法制的根本。以法律为准绳，这个意识，时刻不能放松。另外，文字上要注意推敲，并字斟句酌。谈判高手有时候一句话、一个字能把你整个半死，这样的事不胜枚举。合同、协议一旦变成法律文件的话，你是轻易不能变的。你要承担相应的法律责任，要履约，要有诺必践。所以对文本要反复推敲。

第二，条款要讲究规范性。在任何时候，相关文本的起草都必须符合行文的基本格式，切莫乱来。

从签约的角度来讲，还有一个现场的布置问题。

现场布置——关注细节，排列位次。

现场布置，首先涉及到一些很细节的问题，比如，签约文本要有几本？一般来讲，要有双方各自所保留的文本。不可能就签一个合同吧？这一个合同放谁那儿去呀？有甲方乙方的话，大家是不是都有一份文本啊？有时候它还需要公证。要不要公证人员在场，签约的时候要不要举行一个现场的签约仪式，要不要向媒体公开，要不要记者采访？另外，签字的笔是不是得准备？签字后那油墨干不了的话，是不是要用吸墨器吸一吸？这些都是非常重要的问题。

最关键的一个问题，从礼仪上来讲，则是位次排列。一般分为两种情况，即双边签约和多边签约。双边签约就是两个单位所参加的签字仪式。它一般是这样安排的：在签字厅里，签字桌是面对着门横放着。双方主签者，就是将要签字的人，应当坐在桌子后面面对正门。怎么坐呢？以右为上，客方坐在右侧，主方坐在左侧。其他助签者站在双方主签者的外侧。比如，我是主方，你是客方，我的助签人应站在我的左侧，而你的助签人则应站在你的右侧，他们实际上都处在我们各自的外侧。然后，参加仪式的人，应该是站在主签者后面，有时也可以坐在主签者的对面。如果站在主签者后面怎么站呢？要站两排，第一排要比第二排高。然后右侧高于左侧，且中央高于两侧。主左宾右，地位最高的人靠中间站，地位最低的人靠两边。

　　多边签约的话，在国内一般是按照签字者姓名的汉语拼音字母排序。在国外的话，则按照签字者姓名的外文字母排列顺序依次上去签。还有一个办法，可以按照姓名汉字的笔划的多少顺序上去签。多边签约时，可令所有的签字方的人员都在台下就坐，只设一个签字位置，按照顺序该谁签谁就上去签。这种做法一般我们称为主席式签约，届时签字的就只有一个人，就像老师讲课似的。

　　一般来讲，参加签字仪式的所有人员都要摆正位置，检点自己的临场表现。

　　临场表现——着装正式，保持肃静，注意风度，适度交际。

　　第一，着装正式。出席签约仪式时要穿套装、套裙、制式皮鞋，化淡妆并且注意发型，不要给人家邋里邋遢的感觉。你要是邋里邋遢的话，则有蔑视对方之嫌。你想想，很隆重的一个签字仪式，在一个星级酒店的签字厅里举行，你穿牛仔裤、拖鞋去了，岂非不伦不类？

第二，保持肃静。不能在签字仪式进行的整个过程中交头接耳，高声喧哗，狂打手机，手机铃声不断地响，此类表现很不合适。有教养的人在这种场合出现时都要自觉保持严肃，这是非常重要的。

第三，注意风度。按照国际惯例，双方签字成功之后，主签人要互相握手，然后互相碰杯致意，其他人也互相碰杯，特别是双方主签人和重要客人之间会互相祝贺，这个是很有讲究的。其一，签字仪式上喝的酒是香槟酒。中国人干杯时，拿什么上去都敢干，最重要的就是要把你干倒。最好是你喝酒，我喝水。正规的讲法是一定要用香槟酒，干杯酒就是香槟酒，这是画等号的，其他的酒不可以。其二，届时饮酒以一杯为限，你别狂喝，那不是过酒瘾的地方。有些同志，喜欢劝酒，满上，那可不行，香槟酒属于洋酒，饮洋酒的基本讲法是酒满欺人，而中国传统则是酒满敬人，二者孰优孰劣姑且不论，但在签字仪式上绝对不宜多饮或酗酒。

第四，适度交际。我要是你的话，参加签字仪式时，不论自己是主角还是配角，都会带上足够的名片。我甚至会提前问一下主办方：会有多少人参加，大概都是谁，据此决定我会带几张名片去，而且一定要带够。如果你碰上八个人，你只给七个人名片，落掉了一个人你不觉得自己失礼吗？再者，就是在不影响签字仪式顺利进行的前提下，在它开始之前或者结束之后，可以有意识地和自己想结识的人进行一下交流。如果跟对方不熟，可以请主人为自己引见。这是非常高档的、有身份的人所进行交流的一个场所。在这个地方，不要忘了交际，这是非常重要的。

第 17 篇

商务仪式之开业与剪彩

春天来了，一年之计在于春。很多的生意人都选择在这个时候为自己的店铺开业，那时往往避免不了要剪彩。开业和剪彩，是常见的商务仪式。在商务礼仪活动中，其实是非常必要的。今天我们介绍一下这方面的相关礼仪知识。

之前我已经讲过，礼者，敬人也。礼讲的是尊重，是道德要求。仪者，仪式也。仪讲的是具体操作。实际上，开业和剪彩就是仪的最常规的运用。在我们的日常生活中，仪是无所不在的。比如结婚，要有婚礼。婚礼就是个仪的运用。婚礼上的乐曲你不能乱奏的。届时一定要奏《婚礼进行曲》，要奏热情洋溢的、喜庆的乐曲，不能奏与那个场合不相符的乐曲。比如《中华人民共和国国歌》，就不能在那时乱奏。

这个仪有时候操作起来是有难度的。比如，你注意过剪彩时，花球的具体数量吗？几个？不一定的。其实那是一块绸布所挽成的几个花球。但这个花球的具体数量是有讲究的。第一个办法，就是剪彩者在花球中间剪。也就是说，花球永远比剪彩的人数多一个。第二个办法，剪彩者就只剪彩球的两边了。也就是说，花球比剪彩的人数少一个。实际上这就是仪的运用。在日常工作和交往中，作为一个企业，它需要内强素质，外塑形象。在力所能及的范围内举办开业和剪彩仪式，至少有以下三个作用：

第一，对外推广和宣传自己的公司或企业。它可以让人家知道我

271

们的存在，提高自己的知名度和美誉度，这是企业形象的问题。

第二，促使广大员工产生凝聚力。我们的成绩既要让外人知道，也得让自己的员工知道。公司、企业的形象好，名气大，员工在这儿干也觉得值，他们会产生荣誉感和尊严感。

第三，使社会各界和我们互动。开业或剪彩会请社会各界人士参加。把客人请来，一方面是我们和社会各界人士有交流了；另一方面社会各界人士也愿意来。为什么呢？除了跟我们认识之外，他还可以跟别人认识，他也有多交朋友、广结善缘的愿望。说实话，这是宾主皆大欢喜的事情，所以这是开业与剪彩受重视的因素之一。

具体而论，开业与剪彩各自有各自不同的要求。

从礼仪上讲，在开业时有什么具体要求吗？

开业其实是一个比较笼统的说法，具体来讲，它有很多具体的形式，比如店铺开业，我们一般叫开业。有的大型建筑物开工的时候，则叫开工仪式、奠基仪式。展览会揭幕，轮船首航的仪式，大桥通车的仪式，道路开通的仪式，机场启用的仪式，它们其实都是开业。那么从总体上来讲，从礼仪的角度来说，操作开业仪式一般需要注意以下六个方面的问题：

首先，要注意宣传。我们已经强调，开业也好，剪彩也好，主要意在提高自己公司、企业的知名度和美誉度。我花钱，花人力，花物力，我就想要物有所值，投入和产出成正比。公司、企业要提高自己的知名度，所以对开业仪式进行必要的宣传是要重视的。比如，场地要进行适当的装扮，要有那种喜庆的氛围，要装饰鲜花，装饰彩球彩带，诸如此类。搞得乌烟瘴气的话，像垃圾场似的，或者不修边幅，就很不好了。同时还要注意，在力所能及的范围之内，要邀请媒体人士到场。你自摸自和、自说自话地说自己好，跟大众传媒说你好，介绍你，完全是两个概念。所以在举行开业仪式之前，要和大众传媒诸如广播、电视、报纸、杂志以及互联网有一种互动。

其次，要注意来宾。一般来讲，开业仪式要请哪些人参加呢？从礼仪的角度来讲，下面这些人士是应该优先考虑邀请的。第一，本单位的员工。工作是谁做的？是大家做的，不是领导一个人做的，也不是老总一个人干的。所以，为了提高员工的荣誉感，一定要请本单位的员工来参加。有些单位的剪彩仪式会让一个普通的员工去剪彩。这样做意义重大，让大家享受到主人翁的尊严。第二，重要的合作伙伴。此处指的是与公司、企业关系密切者，诸如供、产、销、建筑等等，即帮我忙的人。第三，新闻界人士。新闻界人士来参加，一方面是帮助我们壮大军威，另一方面也可以对我们进行适当的宣传和帮助。第四，社会知名人士。形象学上有一个词，叫名人效应，意即在社会公众之中，名人是有号召力的。很多商场、游乐园、高档楼盘开业的时候，

你注意了没有，它们往往会请一些文艺界名流去，请什么刘德华、张柏芝、梁朝伟、章子怡、赵薇这些人去。一般人你要让他去看看楼盘剪彩，他未必去，但他听说某个明星去了，没准他就会去看一看。名人名气大，名人号召力，有的时候，名人本身就是有号召力。你不认是不行的。第五，在可能的情况下，还可以邀请所在社区的领导，地方政府的领导参加。

再次，要注意场地。开业仪式所选的场地是很有讲究的。大体上来讲，选择场地时，主要是有两个考虑的：第一，一般是在现场。比如，展览会揭幕，你不在现场揭幕，你在 800 公里之外揭幕，有意义吗？轮船下水也好，大桥通车也好，飞机场启用也好，一般都是在现场为宜。包括奠基仪式，奠基仪式就是在拟建的建筑物的中心位置或者正前方埋一个奠基石，就是在其现场举行。第二，本单位的广场。有些活动在现场举行不方便。来宾太多了或者媒体报道有难度的，在本单位里举行也是可以的。

除了这些，我们还需要注意哪些知识呢？

此外，要注意程序。所谓仪式，实际上是由一系列的程序所决定的。虽然具体来说，揭幕、开业、通车、奠基等的程序不一样，但是宏观地概括一下，它们大概都有以下几个程序。

开业仪式的程序主要有六个：

第一项，宣布仪式开始。一般是主办方单位的公关人员，或者是主要负责人之一来主持这个活动。实际上，这个宣布仪式开始的人就是主持人。

第二项，介绍现场的嘉宾。新闻界人士、社会名流、主要合作伙伴等等，届时都要介绍一下。你不介绍别人不认识嘛。

第三项，现场操作。 比如要揭幕了，那么现场操作的这个人——揭幕人，有的时候可能是一个人，有的时候则不止一人。往往首选的人是谁呢？首选的是本单位员工，其次是本单位负责人，再次是社会名流。

第四项，请主办方领导致词。 致词内容主要是说明这项活动的意义，这个活动是干什么的？比如这个展览会，展览的是什么东西，这个新桥通车，这个桥大概多长，建筑上有什么特色，哪些人给了我帮助。

第五项，请嘉宾致词。 嘉宾是否致词，宜讲究主随客便。不过若有可能，还是事先安排一下为好。

第六项，现场参观。 举个例子：如果你是嘉宾，被邀请去参加磁悬浮列车开通仪式。光让你参加，不让你坐上去尝试尝试，你感觉如何？可能是心里痒痒的。新楼启用了，新工厂启用了，新工艺启用了，在不泄露商业秘密的前提下，可安排大家去现场看一看。

接下来，要注意礼品。 合作伙伴或者好友什么的，会不会送一些礼品给主人？比如用以祝贺的花篮、贺幛。同样的道理，作为主办方，来而不往非礼也，通常也会为客人准备一些礼品。但开业仪式所准备的礼品有以下三个基本要求，这个一定要讲。

第一，宣传性。 我们这儿送的礼品，不是拉人家下水，不是腐蚀别人，而是提高企业的知名度和美誉度。就是要让别人知道我们这个单位，记住我们。一般可以送一些产品模型、宣传画册、有关的明信片等等，借机宣传我们的公司或企业。必要的话，还可以同时提供一些文字性说明材料，光盘要能做出来那当然更好了。

第二，纪念性。 要让客人记住这件事，记住我们这个公司，记住我们这个企业，记住我们这个活动，记住我们这个生产线。有的礼品不妨有创意一些。我有一次参加一个单位的开业仪式，对方送我们的那个礼品，大概二十块钱，但令人感觉很好。你知道是什么东西吗？就是我们那些嘉宾在现场的照片集萃。我当时是嘉宾之一，而且参加了剪彩仪式。那个单位办事很有效率，我们参加活动的时间一共不到两个小时，他们把我们那几个人在仪式现场的情景，尤其是挥刀剪彩的整个过程的照片，都整理出来，并装订成相册送给我们。你说一张照片才几毛钱，一本相册才几块钱？但它很有意义。人们都愿意看到自己的照片。有朝一日拿起自己的照片，不仅看到自己，也想起此情此景，此事此人，是不是很有纪念性？！

第三，便携性。你得容易带。我有一次参加一项活动，有一个同志送了我一对瓶子。他告诉我，金教授，送你一对瓶子吧。我挺高兴的，平平安安、平平稳稳，挺吉利，讨个口彩啊。结果我一看，那居然是两个跟我一样高的瓶子。我就问他，你是要把我装进去吗？它们好是好，但实在不容易带。你想想，我一手拎一个也拎不动啊。

最后，要注意接待。一般来讲，现场一定要设置迎宾人员，而且在迎宾人员的选择上要注意选那些年富力强、容易行动，反应比较敏捷，语言表达好的。形象上倒不一定非得是美女帅哥，但是至少应当是看着得过得去的，不能一群歪瓜裂枣，人家会说咱们这儿没人了，这不合适，有损企

业形象，这个要注意的。

此外，客人要有重点照顾。我主张对临时抽来搞接待的员工要培训，要告诉他们基本的接待技巧。比如，引导就很有讲究。如果我一个人，引导几位客人，专业讲法，就要把墙让给客人，就是要让客人靠内侧走。引导人员在哪里呢？引导人员在左前方。我们已经讲了位次排列顺序，以右为上。我们一般是右行。右行的话，把墙让给客人，实际上让客人走在右侧，就是靠内侧。我要引导，我是带路的，我不可能在客人后面引导。我怎么引导？我在客人的左前方引导。再如，我跟被引导者保持的距离应该是一米左右。别离太远，离太远别人跟不上。再者，要注意那些拐弯，上楼下楼，进出电梯等处，要提前打个招呼："请留意，这地方灯光比较暗"或"注意，现在上楼了。"我得提示一下，别光顾着跟人说话，摔人家一个屁墩儿。

在具体操作开业仪式时，需要强调的是：隆重、节俭、缜密。

第一，要隆重。所谓隆重，就是要郑重其事，热烈进行。

第二，要节俭。即一定要反对铺张浪费。钱是要花的，关键是花这钱值不值，重点就是要量力而行。我强调量力而行，反对铺张浪费。比如仪式时间要短一些。你的时间宝贵，别人的时间也宝贵，你不可能一个开业仪式搞十个小时。一般来讲，一个小时左右就差不多了。重要的是，要把可有可无的环节去掉，可搞可不搞的项目省掉，可来可不来的人不请，可省可不省的钱要省。

第三，要缜密。具体而言，就是要谋而后动，要把具体的环节及其衔接搞清楚，而且要有专项分工，让大家各司其职，各尽其责，这是非常重要的。

那么，在剪彩时礼仪上有什么要求呢？剪彩其实是一种特殊的开业仪式，类似于揭幕。一般来讲，剪彩时有些地方一定要注意，要依礼而行。其实，剪彩是有典故的。据说，剪彩最早是在一个世纪以前的美国出现的。在一个小镇上，当时有一个老板叫威尔逊。他新开了一家百货商店，说好了下午大概三点钟开业。但毕竟是一个世纪以前嘛，可能当地的百货商店也少，还没有到开业的时间，外面就来了很多人。他怕有人冲进去，因为里面还没有准备好，所以就临时拉了一条红布把门口给拦上了。可是没有想到他女儿领了一条小狗过来了。那小狗一看见红布，激动得就冲进去了，随后小姑娘也冲进去了。这一冲，就把那块红布给拽断了。后面的人不知道具体情况，一看见红布被拽断了，大家就一涌而进。结果这天店里人山人海，大赚特赚，店主也觉得特吉利。后来人们就把这个做法推而广之了，剪彩仪式由此而来。

一般来讲，剪彩仪式有一系列很具体的准备工作。

第一，现场的准备。剪彩前，大的环境要干净、整洁、清爽。另外，参加者的人数与场地的比例一定要注意。一般来讲，一个人一平方米的现场面积是比较好的。比如，这个地方大概要来六十多人，那么这个场地至少应该是六十平方米左右。别搞得悬殊太大。二百人去参加一个活动，只有二十平方米，这不行。同样的道理，二十个人参加的活动，场地有三千平方米也不行。来的人太少，多寂寞啊！

第二，工具的准备。剪的这个彩，一般指的是绸缎。现在为了节约，代之以一般的红布，或者纸张、塑料都可以。但是，它通常必须是红色的，这个比较吉利。彩带上的花朵，也要编制好。我刚才讲过了，花可以比剪彩者的数目多一个，也可以比剪彩者的数目少一个。

再者，剪彩用的工具要准备好。被剪的那个"彩"，不可能拿牙咬断，也不是用手给扯断、撕断的。它是拿剪子剪断的，所以要有剪子。

一般剪彩者的人数和剪子的数量是对等的，一个人一把剪子。

此外还要注意，剪刀一般是礼仪小姐放在托盘里托上去的。托盘上面一般铺一块丝布或绸缎，礼仪小姐则是戴着手套的。剪彩者在现场也戴着白手套。有的时候，出于礼仪方面的考虑，往往还把剪彩所用的那把剪子作为礼品送给剪彩者，当然你不能借机行贿。你要是搞一把黄金的剪子给别人，人家该不敢要了。

第三，剪彩的人员确定。依据惯例，在剪彩仪式上，以下几种人员不可缺少。

其一，剪彩者。本单位的员工，有影响的社会名流，单位的领导，为企业发展作出贡献的人，或者现场的顾客临时请来一个，都是可以充当剪彩者的。但是这个人数要限定，而限定它的原因跟那个花朵的数量有关系。你不可能让大家挤到一起去，拔河呀，那不可能。一般来讲，单数也好，双数也好，还是入乡随俗最佳。

其二，助剪人。剪彩的时候，两边得有人拉着那个"彩"。不能把那个"彩"吊到树上去,也不能铺到地上去。实际上是要安排两个小姐,她们在两侧负责拉着它。

其三,托盘人。通常,应由礼仪小姐托着放着剪子的托盘。我刚才讲了,这个环节一定要注意。

以下,谈一下有关剪彩的具体程序。剪彩一般有这样几个程序:宣布仪式开始;请礼仪小姐引导剪彩者上台;然后剪彩。剪彩时,剪彩者在示意之下,大家同时开剪。要是剪彩者只有一个人的话,就自己下剪子。要是五六个人的话,大家则要同时剪。剪完了之后,花朵应该恰到好处地落到托盘里面,而不是掉到地上去。剪完彩之后,剪彩者要挥剪向大家致意,说明这是自己剪的,然后把那把剪子放到盘子里,接着被引导人员引下去。

实际从具体环节上来讲,剪彩还有一些很具体的讲究。比如,剪彩者上台,应该是礼仪小姐引导。引导的话,引导者在前,并且要把剪彩者带到适当的位置上。比如说,在哪个位置?谁在中间,谁在两边,提前都要安排好,并打过招呼,不能争先恐后。剪彩时所使用的剪子,必须是开了刃的,不能剪不动。被剪的那个"彩"应该是好剪的,剪完之后的花朵则是不能掉到地上去的。

第 18 篇

商务仪式之庆典与发布会

在商务活动中，庆典仪式和发布会是必不可少的。好多商界的朋友都非常缺乏这方面的知识，那么我们现在就来探讨一下这方面的内容。

在商务交往中，尤其是在较为重要的场合和较为重大的活动中，庆典和发布会是我们经常接触的和不可回避的一种重要的场合。既然是重要的场合，在那里个人形象就和企业形象画了等号，所以它的礼仪规范是非常重要的。所谓庆典，指的就是重大的庆祝活动，以及为此而举行的重要的仪式。所谓发布会，通常又叫新闻发布会或者记者招待会，则指的是有关单位就重大信息对外进行的沟通与交流。在这样一些场合，礼节性问题是非常重要的。

先说说庆典吧，庆典的礼仪总体上来讲有以下两大部分：

第一部分，举办者的礼仪。换句话说，就是具体操作这件事的人员所要注意的问题。

第二部分，参加者的礼仪。

庆典的礼仪，首先需要作好必要的准备工作。

第一，要确定来宾。实际上，对于任何活动，谁来参加都是很重要的。没有人参加，你这个活动就没有意思了。在讲到开业的时候，已经讲过这个问题了。但是庆典的规模往往比较大，它更需要隆重而热烈。来宾如果很少，有时只有三五个人，那你这就别叫庆典了。

既然庆典需要很大的规模，那么在确定来宾时，你就要特别注意两个问题：其一，来宾中的主角和重要的客人。你要确保他参加，因为这实际上与庆典规模的大小和它实际产生的效果是有一定关系的。规模，指的是人数。除了规模的大小，还有规格的大小。规格的大小，实际上就是指来宾的级别、社会地位。如果举办庆祝活动时来了一些社会名流，来宾的层次比较高，那么无形之中也就说明了你的实力。但是说实话，如果你这个活动来的人层次比较低，那就不好说了。其二，安全第一。生命是最宝贵的，我们一定要有这种安全意识。举办重大的庆典活动前，要先向当地公安部门报告，要经过批准才行。不是说你想搞集会就搞集会的。国家有治安条例，有法律条文规定，不能乱来。再者，就是举行庆典的场地要注意防火、防水、防风、防爆炸、防践踏。说实话，很多人没有这个意识。经常会有那种本来是很好的事情，很高兴的活动，其间竟然出现了人身重大伤亡事故。比如突然停电了，大家不知道怎么回事儿，跑，乱跑，结果发生了践踏。这个事儿若事先不考虑，最终搞得大家乐极生悲，那就非常不好了。

第二，要关注场地。一般来说，庆典可以分两种情况：其一，室内活动。其二，室外活动。例如，开业和剪彩，一般都属于在现场举行的所谓的室外活动。但是室外活动有时会有以下两个问题：一个问题是天气状态不好控制。本来你把它摆设得挺好，装潢得也很好，来宾也都到了，突然晴天霹雳、大雨倾盆，搞得大家如落汤鸡似的，把你的东西给毁了，你又无法控制。另一个问题是有时音响效果不好。它不像室内专门的剧场，专门的场所，传声效果肯定不会太好。但是室外活动又有两个好处：一是现场感比较强；二是相对来讲有更大的社会反响。

　　通常在具体安排布置场地时，我们一般要注意什么问题呢？首先强调的一点，参加的人数和实际的面积大体应该平均。有一次，我被一个单位请去讲课。那个单位的领导跟我讲大概来一千人，他们借了个一千人的剧场。结果阴差阳错，有的单位当天有事儿来不了，有的单位没有通知到。等我去作报告时，这个可以容纳一千多人的剧场只坐了不到二百人，还没到五分之一呢，我的积极性顿减了不少。在搞庆典的时候，如果要热烈、隆重，其规模是很重要的。

　　再者，在可能的情况下，要对现场进行一定的美化。比如，要摆放花卉，要设置彩球、彩带之类，还要注意现场空气的清洁。我特别在意后面这条。过去讲的美化现场，很多人讲的就是窗明几净、地下无尘，其实在我看来，通气、通风效果好非常重要，温度适宜

285

也很重要，因为现在强调以人为本，让人舒服。否则人家来参加一场庆典，本来是一件好事儿，结果人人汗流浃背，非常压抑，那就不合适了。室内如不通风，效果也非常不好。与此相关的一点，除了要考虑通风和通气的问题，还要注意什么呢？就是告诉大家要自觉。我在讲社交公德的时候，再三强调，在公众场合不吸烟是现代文明。可是就这么一个小小的要求很多人却做不到。而且有时候他不仅害己他还害人。比如，我经常遇到这样的人，他自己想抽，但是他比较高明，他不说自己抽，他劝你来一支，诱惑你。像我这种人其实是吸烟的，遭到这种诱惑时，也颇为矛盾和煎熬。他让你抽，但实际上是拉你下水呢。其实一个真正有教养的人，在大庭广众面前是不吸烟的。你如果不吸烟，但你在公众场合闻到别人吸烟，你有什么感觉？说实话我吸烟，但是我从不在外人面前吸烟，包括在我老婆面前我都不吸烟，因为她不吸烟。你要愿意吸烟，你找个没人的地方吸去。比如我们俩都吸，那就互相摧残，谁怕谁啊？但在公众场合，空气清新需要大家自觉维护。一人为大家，大家为一人，这个是应当倡导的。

　　第三，要规范程序。 接下来，庆典中还有一个问题是很关键的，即仪式的程序。隆重的庆典，除了我们讲的开业中的那些环节，要致词，要现场操作，要说明项目，诸如此类的之外，往往还有两个重要的程序不能缺少。

　　第一个重要的程序，就是要奏国歌。 这个重要的仪式按照国内和国外的常规进行。为了提升现场庄严和肃穆的气氛，调动大家的积极性，可以奏我们的国歌。与此同时，如果你们公司或者企业，有厂歌或者公司歌曲的话，也可以演奏本单位的歌曲。但是，标准的顺序是先奏国歌，后奏厂歌。

第二个重要的程序，就是还可以升国旗。与此同时，还可以升国旗、企业旗，借以激发起大家的热情和自信心，也展示了企业训练有素的形象。按惯例，国旗与本单位标志性的旗帜同时升挂的话，国旗应当先升后降。

再者，除了升国旗，奏厂歌，升厂旗这样的活动之外，庆典往往还有现场演示。演示什么呢？现场演示包括两种：第一，文艺演出。你注意了吗？庆祝活动之后，往往有一个晚会，由本单位的员工或者请来的一些著名的歌手、舞蹈家进行各种性质的文艺表演，这个也是答谢客人，增添喜庆气氛的一种措施。第二，生产环节和生产秩序的演示。比如我的新工厂开工了，那我可以请大家到我的工作现场，看一看现场的工艺、流水线、生产线，看看我的产品是怎么生产加工出来的。但是其前提是不要影响生命安全。其实这个也很有意思，很多产品，我们只看到它成型的地方，你见过汽车的生产过程吗？没有是吧。在可能的情况下，现场演示往往是庆典重要的一环，它其实也是一种宣传和推广企业形象的活动。

还要强调，举办庆典仪式一定要量力而行，要反对铺张浪费。总而言之，这个活动是要有效果的，要控制其投入。

在谈到庆典活动时，还有一个问题要讲，就是要特别注意礼宾次序。在讲礼仪惯例的时候，我特别强调了接待礼仪有三个环节：一是平衡；二是惯例；三是对等。也许有人还有印象。在举行庆典时，我们所接待的客人往往是来自四面八方的。一方面，我们要多交朋友，广结善缘。另一方面，我们对客人要公平。那么怎样排列这个顺序呢？这个大有其讲究。

287

我现在给你出一个问题，你现在请到两个著名的影星，比如周润发和成龙，或者是章子怡和赵薇。现在我要你介绍他们，介绍周润发和成龙，或者介绍章子怡和赵薇。你准备怎么介绍呀？具体说，按什么样的顺序来介绍？你一定难住了吧，他们都那么有名。他们有的可能彼此关系好一些，有的关系一般，痛苦来自比较之中，他们有时候比较在乎这样的事儿。有一次，我招研究生，我就问他们，碰到赵薇和章子怡，或者那英和田震，先介绍谁呀？还真有高人，一个学生是这样讲的：各位，非常高兴地向你们推荐两位著名的歌星，他们是谁呢，我想不用我说了吧，大家一看就清楚了，请大家给他们鼓掌。实际上这是不排列。它是一种较特殊的排序方法。

凡接待多方的时候，都要讲礼宾次序。什么叫礼宾次序？

所谓礼宾次序，就是在接待多方客人时，按照约定俗成的方法，排列来自不同国家、不同地区、不同单位、不同部门、不同身份的各方客人的具体顺序。商务礼仪中，排列顺序，大概有以下几种常规。

第一，按照行政职务的高低排列。说白了，就是按照官职和地位排序。举个例子，两家公司，一个来的是董事长，一个来的则是部门经理。在一般情况下，我们要把董事长排在部门经理前面。有的时候，我们遇到团队客人怎么办？比如那单位来了七八个人，这单位来了俩人。届时，不以人数多少论英雄，还是要讲级别高低的。这时候讲谁呢？讲领队和团长的级别高低。

此方法，适用于正式的商务交往，就是正式活动，越是正式场合越讲究这个。俗称，按官职高低排列。

第二，按照拉丁字母顺序排列。请注意我的用词，按照拉丁字母排列。拉丁字母，实际上是英文字母、法文字母、德文字母、意大利文字母的一个统称。按照拉丁字母的顺序排列，这样说就显得比较公平，省得你说按照英文字母顺序的时候，法文字母的使用者就不大高兴了，也是一种平衡术。那么它适合于什么情况呢？它更适合于国际会议。现在我们对外开放，经常有国际商务交往，召开国际会议时，就要按照来访者的国家名称或者单位名称的拉丁字母顺序排列。举个例子，一个奥地利，一个德国，一个日本，依此方法排列顺序就很容易。奥地利排在第一，德国排在第二，日本排在第三。为什么？你按照字母一看就清楚了。但有的时候会出现一个问题，就是两个国家名称的头一个字母一样。那又该怎么办呢？比如奥地利和澳大利亚，那就看其第二个字母了。那第二个也一样怎么办？

那就看第三个。有人问我：那两个国家或者两个单位所有字母都完全一样怎么办？我说没有那种可能，唯一的可能就是你把一个国家的名字写了两次。

第三，按照先来后到的顺序排列。它一般适合于非正式交往。打个比方，假定你们家兄弟姐妹七八个，过年过节时，兄弟姐妹在一块儿吃饭，你能按照其行政级别的高低排序吗？这弟弟级别最高，是一个处长，那么弟弟就坐上座吧。哥哥级别最低，在家待业呢，让他坐末座吧！有这回事儿吗？其实除了把长辈放在前面以外，家人在一起一般就是随便坐了。先来后到，这属于非正式交往的做法。

第四，按照报名顺序的早晚排列。即按照来访者告知东道主自己决定参加活动的早晚排列。它适合于什么呢？适合那种招商会、展示会、陈列会、博览会等等。打个最形象的比方，发展商在参加多种会展时，谁先报名，那里的好地儿就归谁。

第五，不排列。所谓不排列，其实也是一种排列，是在前面那几种方式不好用的情况下的一种排列。

我一定要强调一点：在庆典仪式上，不论采用哪种排列形式，一定都要提前跟有关人士招呼一声。你不说，人家就不知道你用的是哪一套方法。我还要特别强调越是重要的场合，排列顺序就越要按老规矩来，而不能随便破格。经常破格等于无格，这点一定要强调。

在庆典上，主办方员工还有一些注意事项。比如要规范仪表，要注意临场的表现，要有主人翁的意识，同时要善于在参加活动的过程中，主动地和来宾互动。仪表要整洁，这一点是非常重要的。因为员工的个人形象代表企业形象。此外要遵守现场秩序，不能高声喧哗，不能随便吸烟，不能随便走动，不能接听电话，不能做出挑衅他人的举止。与此同时，还要有主人翁意识，要维护公司或企业的形象。遇到客人时，要以礼相待。与客人发生纠纷时，要强调照顾客人。凡不涉及国格、人格的问题，就不要跟对方较真儿了。还要注意的是，在涉及到企业形象或者领导、同事时，一定不要说领导和同行的坏话。勿忘：来说是非者，必是是非人。

下面，我们介绍一下有关发布会方面的礼仪。

发布会的礼仪相对来讲就要简练一些了，因为有很多东西都是很随机的。但是，总体上来讲有几点要注意：

第一，要向社会提供真实的信息。无论新闻发布会、记者招待会，还是届时主动地去推介，被动地去防御，都要注意这一点。这点太重要了。在现代社会，大家有知情权。在不影响国家安全和商业秘密的前提下，你可以回答，可以不回答，也可以含糊其词，但就是不要误导舆论。首先，如果你提供了不真实的信息，那么你就等于得罪了媒体。因为媒体要传递信息，你误导它，等于把它骗了。你把它骗了，它会受到舆论的谴责。舆论有个导向的问题。再者，你这样做等于欺骗了社会公众，这是非常不合适的。同时我们还要注意，作为一个企业，作为一个新闻发布会的发布人员，在发布信息时，要斟酌再三，要遵守国家的法律，要遵守商业社会的游戏规则，不能发布误导舆论、影响国家安全、有违商业游戏规则的信息。必须明确，新闻发布会不是讲直言不讳的，有的话是不能说的，但是这跟发布错误信息是两回事儿，这点要说清楚。

第二，要注意现场的互动。在讲礼仪的时候，我非常强调一点，就是摆正位置，端正态度。无论记者招待会，还是新闻发布会，作为发布者、发布官或者发言人，实际上你是有义务向社会提供信息的。既然如此，你对人家应该是有问必答的。我刚才讲，你可以含糊其词，你也可以环顾左右而言它，但是一般不能说"不"，尤其不能对人家提出的问题加以指责和诽谤。这是摆正位置的问题。你经常一问三不知，说什么都不知道，"我不愿意回答"，你这样说是什么意思？这就和舆论，和公众处在了对立的角度上，这是不合适的。交际礼仪非常重要的一个原则，就是接受对方。人家记者、媒体有责任和你互动，你也有义务跟人家互动，你要配合对方。其实你敬我一尺，我敬你一丈，你尊重别人，你也会得到回报。

第三，要做好必要的先期准备。比如，如果邀请的媒体由我们自己去选择的话，那么就要注意一些具体事情了。以下几点，一定要注意：

其一，要选择合法的媒体。我注意过，有人曾被骗过，说是对方戴着什么"大帽子"，有什么证书之类。这种事国内有，国外也有。说句实在话，蒙事的人哪儿都有。在发布信息时，你得注意选择的媒体、邀请的媒体应该是合法的，否则它就有可能会给你出去胡说。我遇到过这种事，我根本没说，他给我胡编出来一段，搞得我还真没法去解释。

其二，要选择主流媒体。何为主流媒体？一般来讲，就是在社会上，在行业中影响大的。举个简单的例子，中央电视台在电视圈里，谁敢否认其主流位置？在国际华人圈里，凤凰卫视也有一席之地。美国的CNN，不管你说好还是不好，它都是有影响力的。人民日报，在我们国内报刊业处于什么位置？求是杂志，在我们的党刊里又是个什么位置？它们都是龙头老大，是主流媒体啊。主流媒体你要能邀请的话，当然比那种非主流媒体影响大。有时在商务交往中还有行业内的主流媒体。比如，我从事经济工作，那么经济日报、中国经营报，都属于我的行业内的主流媒体。

其三，要注意受众。所谓受众，就是指的信息接受者。一些媒体，倒是主流媒体，但是栏目搞得不对，时间、频道搞得不对，人家受众就不关注它了。

第四，要有应对的预案。所谓应对的预案，就是指在发布会上露面前，要做好充分准备。在一般情况下，你遇到记者提问，包括临时性的采访，要注意不卑不亢，要尊重对方，要落落大方。不要再三地回避，不要恶语相加。甚至有些单位不接受采访，把记者打出去，这不合适。只要媒体的活动是合法的，那么我们就有向对方提供信息的义务。同时要注意，要明白他会问哪些问题。

在可能的情况下不妨搞一个模拟，有备而无患。作为发言人，一方面自己要保持良好的心态，要善待他人。另一方面要尽量地琢磨一下，媒体会问到哪些问题。再者，向媒体提供的材料应该规范，有些重要的数据，必须事先经过核实，并与此前所公布的相一致。

第 19 篇

商务用餐之中餐

中国有句俗话，叫做"民以食为天"。您不吃饭是不可能的，不管您从事什么行业。对于商务人员来讲，商务用餐是在所难免的。作为中国人，我们平时商务用餐的基本选择自然是中餐。今天，我们就来谈一下商务中餐礼仪。

一般的商务活动，大多会选择中餐。从请客吃饭这个角度来说，在商务交往中，我们聚餐有时不只是自己喂自己的肚子，而主要是请客人吃饭。那肯定是要请自己在行的，中国人请人吃饭往往吃的就是中餐。不管我请的是中国人还是外国人，都是中餐。吃中餐时，有一系列的讲究，吃的时候有吃的讲究，陪的时候有陪的讲究，请的时候则有请的讲究。这些都是有说道的。请客的话，你要拿不准，有的时候是很麻烦的。问一个问题：如果你要请我吃饭，你觉得应该请我吃什么？你首先考虑的是什么事？很多人会说优先考虑对方是什么民族？忌讳什么东西？这就属于比较高端的水平了。

其实，一般人请客，主要有以下几方面的讲究：

第一，吃东西。举个例子，我现在举行一个开业仪式，或者一个庆典。假定时间比较长的话，我就得给人家来宾安排吃饭。

第二，吃特色。所谓十里不同风，百里不同俗。中国老百姓有句话：南甜、北咸、东辣、西酸。我们到任何地方去，到外国去，未必爱吃当地的菜，但总得尝尝，因为没吃过。人们到一个地方去，谈到当地

297

的文化习俗，其实印象最深的就是吃。我搞商务礼仪，往往就讲七个字：衣、食、住、行、访、谈、送。位列第二的就是食。自己吃不好会不高兴，请客人吃不好对方也会不高兴。

第三，吃环境。请重要的客人、有身份的客人吃饭，其实吃的是一种环境。我曾经在前面讲过，你邀请我到五星级酒店吃饭去，实际上我得谢谢你，我也知道那儿的菜未必好吃而且很贵，但这说明我身份高，我在你眼里有地位。请我到五星级酒店吃饭，意味着我的身份是一流的。你要把我弄到地下室吃饭去，那等于说我是盲流。所以这个差异要注意，当然更高的水平是吃文化。

中餐礼仪中有很多具体技巧，比如，要注意宴请的规模，宴请的方式，要注意菜肴的安排，等等。吃饭实际上是吃菜，最后，你还要注意举止上的要求。

首先，用餐的规模要小。从用餐的角度来讲，我们要强调少而精，要反对铺张浪费。说实话，我们的时间很值钱，大家也都不是饿死鬼。吃饭是个形式，重在沟通和交际。因此一般的宴请规模不要太大。有的时候，我们去了一个客人，那边来了八个人陪着吃饭，都不知道谁请谁。好像客人要不吃，主人就没机会吃似的。这样就喧宾夺主了，或者是有本末倒置之嫌。

其次，用餐的环境要好。环境上要注意以下这么几个点：

第一，环境要卫生。这是最基本的，那地方饭菜再好吃，你要觉得它不卫生，就很麻烦了。不仅是餐桌上卫生，地上卫生，周边环境也要卫生。比如，洗手间得干净点儿，停车场得干净点儿。人食五谷杂粮，有进有出。咱去方便去了，一进那地方，得踮着脚丫子，跳着芭蕾进去。这样的话这次宴请总体上就大打折扣了。

第二，环境要优雅。我们刚才讲了高层次的宴请是吃环境。最好宴请之处要别具特色。比如到山间吃个乡野菜，到船上吃个船菜，到傣家小楼或者闽南土楼里面吃顿当地菜。既有风情，也是文化。

我在陕北当知青时，你要请个客人盘腿坐在土炕上吃饭，背后挂着大豆、高粱，客人会觉得挺有意思。像我这种四五十岁的人，比较怀念农家菜。在我家附近有个"忆苦思甜大杂院"，我们常去。盘腿坐在土炕上，背后挂着大豆、高粱，我们其实醉翁之意不在酒，嘴里吃着熬小鱼、贴饼子，往往心里缅怀往昔的时光，很可能想起过去的"小芳"。说白了，怀旧去了。但是你让现在的孩子吃那些东西，他们没感觉。你问他吃的什么？"白薯、熬小鱼儿。""好吃吗？""一般。"他没感觉，其实人有时吃的是文化，有时候会有联想，有感觉。比如说，在外地吃一些家乡菜，是这种感觉吧？这是很有讲究的。总之，环境的优雅很重要。优雅倒不一定必须要豪华，优雅实际上讲的就是有文化，有特色。

第三，环境要安全。你别把我吃出问题了。还真别说，我那天被人家邀请去吃饭。之后我的嗓子肿了，把我吓一跳。我有个朋友被人请去喝酒，喝的是假酒，回来后眼睛都直了，成了对眼，半年才矫正过来。宴请外人时，不仅入口的东西要注意安全，周围的环境也要安全。不能有火灾隐患，不能过分拥挤，不能过于嘈杂，否则画虎不成，反类其犬。

以中餐宴请别人时，用餐的具体方式有什么讲究吗？有的，在商务用餐中，肯定要讲方式。

首先，从规模的角度来讲，宴会规模有大小之分。什么宴会是大规模的？工作餐、正式宴会等等。它往往要摆几桌，甚至几十桌；参加者几十人，甚至上百人。它亦称大型宴会。什么是小型宴会？即便宴、家宴。它通常只摆一两桌，参加者不过几人、十几人。

从餐具的角度来讲，以中餐而论，大致上有下列四种方式：

第一种方式，合餐制。或者叫混餐制。合餐制是什么意思呀？合餐制实际上就类似我们吃的那种会议餐。我们去开会时，八菜一汤，一桌上坐那么十个人或八个人，一样的菜，比如猪肉炖粉条或者是什么红烧带鱼、狮子头之类的，反正都那么一盘。量可能足够，但是你要吃的时候，就得拿自己的筷子去夹了。喝汤的话，你就拿自己的勺子去舀。从文明礼貌的角度来讲，我们不提倡如此宴请商务客人。它有两个坏处：其一，不卫生。你不知道夹菜的那个人，他用自己的筷子夹，上面是不是有病菌。有时候你还会碰上不自觉的人，他还把筷子先在嘴里"收拾"一下，再过去夹菜。此前我们所强调的"让菜不夹菜"，也是这个道理。

当然，讲礼仪需要看对象。我们前面讲了游戏规则，对象性是其基本原则。你也不能说谁夹菜给你你都不吃。我跟我女朋友约会去了，人家女孩子含情脉脉地夹着一筷子菜，向我嘴边喂过来。此刻我什么感觉？我晕菜，我找不着北了，我恨不得把筷子都吃了，那时我是绝对不会去谈论卫生的。

但是你要换一个场合，你跟客人不熟，别玩这一套，"让菜不夹菜"就是很重要的。混餐首先是不卫生，再者是不公平，。用餐时，你要是碰上哪个下手快的，就难办了。

第二种方式，分餐制。如果说合餐制适合于那种会议餐之类的话，那么小规模的、高水准的宴请，还是宜搞分餐制。

分餐制。按老百姓的叫法就是中餐西吃。比如，吃烤羊肉串，餐桌上分给每个人就那么两串，你想多吃也没有。来一条鱼端上去让大家看一看，然后服务生分了，人各一份。这种分餐制它至少有这么几个好处：其一，它在档次上显得比较高；其二，它可以满足每个人的需求。以分餐制宴请客人，届时你爱吃就吃，不爱吃就不吃。省得有时候别人出于好意给你夹过来菜，你说你吃还是不吃？一会儿给你一块而螃蟹，一会儿给你一块儿鱼，然后再给你一块儿鸡，成了填鸭了？从礼貌上来讲，别人给我夹东西，我不能不吃。其三，它既卫生，相对来讲也比较节约。所以小规模、高水准的宴请，我们都提倡分餐制。

但有时候也会有问题，客人要是太多，你就麻烦了。比如去年闹SARS，有的地方提倡要搞分餐制，最终不了了之，没有普及开来。我问过很多餐馆的老总，为什么不搞这种方式？他们告诉我：那得增加多少餐具，增加多少服务生啊。在一般情况下，大规模的活动可以搞**自助餐，此乃第三种用餐方式**。届时大家可以真正地各取所需。关于自助餐我们专门另有一讲。

第四种方式，公筷制。什么意思呢？实际上就是把那个合餐制，变变样子搬到了家里。请重要的客人来家里吃饭，即举行家宴。你说家宴要搞分餐制，是不是夸张了？家里就这么两个人：一个男主人，一个女主人。再请两个客人：一个女客人，一个男客人。一共四个人在一块搞分餐制没必要，搞自助餐制就更没有必要了。说实话，自助餐是为了省事儿，四个人搞二十个菜，反而铺张浪费。所以这个时候你可以搞那种混合形式的家宴。菜还是那些，汤也还是那些，但每人取用时要使用公用的餐具。夹菜的时候拿公筷，舀汤的时候拿公勺，吃、喝的时候用自己的餐具。不过一定要注意，公用餐具要标有特殊的标志，比如勺子足够壮，筷子也要有特殊标志。

请人吃中餐的时候还有一个问题就是点菜，点什么样的菜合适呢？这一点其实是非常有讲究的。

第一，有所不为。客人不能吃的菜，一定不要给他。你脑袋瓜里一定要有这样的意识。宴请客人，尤其小范围宴请的话，一定要首先问一下对方：各位，有什么忌口？如果请的是团队客人，至少要优先照顾其主角，主角不吃的东西你不能点。有时候不方便问他本人，则可以问他的秘书或者家人。你问他的秘书：你们董事长有什么忌口，董事长有什么特殊要求？这个可以问一下。一般而言，人们的饮食禁忌主要有这么几个：

其一，民族禁忌。我记得我前面讲过，像有些少数民族的人，他们都不吃狗肉。再比如西方人，不吃鱼翅，不吃动物内脏，他们吃的动物内脏是西式烹饪的，比如鹅肝。西方人还有个习惯，不吃动物的头和脚。中国人全鸡全鱼地吃。那鱼头的朝向都是有讲究的，西方人不行，西方人说那玩意儿太生猛，那鱼眼睛瞪着，那鸡嘴张着，简直是恐怖主义。

其二，宗教禁忌。我国实行宗教信仰自由的政策，中华人民共和国公民有信教的自由，也有不信教的自由。所以你要注意，饮食方面的宗教禁忌绝对不能冒犯，冒犯了宗教禁忌别人要翻脸的。

其三，健康禁忌。有些人有病，比如糖尿病，你不能给他吃使血糖迅速升高的吧。你告诉那个患病的老爷子，这个冰激凌好好吃呀，

302

这是三十一种味冰激凌，那是哈根达斯的，你这样做就不厚道嘛。

其四，职业禁忌。比如，司机不能喝酒。人民警察有禁令，工作场合不能饮酒，否则下岗。你在人家上班时把人家拉来喝了酒，不等于害人吗？

第二，有所为。就是说，你在选择菜肴的时候，应当选择一些什么呢？用我的话来讲，应该要注意这么几点：

其一，要吃有特色的菜。特色菜一般人倒未必爱吃，但是你应该让他尝一尝。所谓我来了，我看见，我走过。这是丰富人生的阅历，这是很有意思的。比如，你要吃上海菜，里面有些东西要没吃过，诸如排骨年糕、白斩鸡、马兰头拌豆干，清炒鸡毛菜，都没尝过，在我看来，那就不算是吃了上海菜。到海南去，加积鸭、和乐蟹、东山羊、文昌鸡，可是海南四宝，这些都可以尝尝。你到云南去，你能不吃那地方的过桥米线吗？！总之，请客要吃特色。

其二，要吃拿手的菜。你到餐馆请客时所点的菜，是不是应该是这个餐馆的拿手菜？打个比方，到全聚德吃什么去了？烤鸭呀！去全聚德不是吃涮羊肉的吧。同样的道理，到东来顺不是吃烤鸭的吧。所以这个事儿你得注意，服务生有时候会推荐。他推荐的话，往往偏重于高档菜和拿手菜。你要不点，有时候很那个。人家给你推荐了，客人在边上听着呢。

303

总而言之，安排宴请的时候，点菜还是要照顾客人的口味。在一般情况下，还是要请客人自己点。客人再三推辞，你也可以跟他交流一下。当然有的客人也比较自觉，他只点一道。他点一道，然后我们其他人都点一道，这不也就行了吗。他点的那一道菜，一般是他比较喜欢的。

点完菜，我们就该用餐了。用餐的时候，在中餐的餐桌上，有所谓的餐桌八大禁忌。

第一忌，吸烟。我已经反复强调了：有教养的人，有身份的人，是不能够污染环境的。在公众场合，在吃饭的时候，不吸烟很重要，尤其是在不吸烟者在场时切记不吸烟，不仅自己不吸烟，更要劝别人不吸烟。不能当众吸烟，不能吞云吐雾。

第二忌，乱吐。按照中餐的讲究，进嘴的东西尽量别吐出来。万不得已要吐出来时怎么办？比如有个刺，或者变味、腐败的东西，或者是骨头渣子之类，你当然要吐了。吐出来的时候最好用餐巾挡一挡或者用手挡一挡，然后吐在自己的那个垫盘里，不能吐在桌子上，尤其不能吐在地上。

第三忌，夹菜。我们刚才讲了：让菜不夹菜，是基本礼貌。你又不是人家老婆，又不是人家老爸，别操闲心。因为你夹了菜，人家就一定得吃，有时可能令对方勉为其难。

第四忌，劝酒、酗酒。对于自己来讲，你要量力而行，饮酒只宜限于自己平时三分之二的酒量，别放开喝。我见过老实人。一次有朋友请大家喝的是威士忌。我边上一位老兄就问我：威士忌几度？我说什么意思呀？他说："我平常喝六十七度的衡水老白干能喝半斤。"看来他还要换算一下自己喝威士忌的酒量。再者，要注意祝酒不劝酒。

一个有教养的人，会讲客随主便，会讲尊重他人。可以劝，但是不要灌。有的同志经常跟我说，不把你喝倒了，觉得对不起你。我说你把我喝倒了才对不起我呢，那会影响我的工作，破坏我的身体健康。

第五忌，插筷。意即筷子不能在碗里、盘里或者是那饭菜里面插着。这是很有讲究的。按照传统的说法，你把筷子插到那儿去，实际上是祭祖呢，是祭奠死人的做法，这个说白了很晦气。尤其在老人、长辈面前，别把那筷子插到碗、盘或饭菜上面去。从更高的水平来讲，使用筷子有很多讲究。比如，筷子不能含在嘴里面。另外，筷子在盘子上、碗上横放或竖放也有讲究。大家注意到一般的筷子架没有？上面的筷子是竖放的。横放是什么意思呢？横放就是逐客了，竖放则表示用餐尚在进行之中。

第六忌，更衣。讲的就是不在公众场所、餐桌上整理自己的服饰。有老兄往那儿一坐，表现得极其放肆：脱鞋，透透气。有人解开裤腰带，拉下领带，还有人把袖子一卷，好似土匪下山，那就不合适了。有教养的人，绝不可当众整理服饰。女孩子也要注意：别在餐桌上补妆或者化妆，这是一种隐私行为。要做的话，宜去洗手间或者化妆间。

第七忌，剔牙。我倒是很想给国内中餐馆提个建议，这牙签最好别再摆放在餐桌上。这东西你一放，人们就习惯性地要剔牙。剔牙是隐私的行为，最好不要当众大干。万不得已要干，是不是应该躲在没人的地方干？经常见到一些同志，吃完了饭好像意犹未尽，口衔牙签步行五十米，一边剔牙一边跟你谈话。还有更狠的，当众剔牙，一边聊天一边剔。

第八忌，沉默。宴会，其实是一种社交的形式，所以不能始终保持沉默。按照过去中国人的传统家规来说，寝不言，食不语。即睡觉

305

的时候不说话，吃饭的时候也不说话，那属于传统家教。既然宴请是个社交活动，你就要与别人互动，至少别人跟你说话，你得说上两句。你不能埋头苦干，只顾吃东西，好像吃饱了就走似的。

我们讲的这些禁忌，这样一些最重要的规则，不论中餐还是西餐，其参加者其实都要注意。否则既失敬于人，又会贻笑大方。

第 20 篇

商务用餐之西餐

说实话，西餐未必适合我们每一位中国人的口味。我老婆有一次私下跟我发表过感慨："吃西餐往往是真的受洋罪。餐具不好用，菜肴不可口，实在不敢恭维。"即便这样，在商务交往中，西餐却往往不容回避。比如，有的时候你跟外商在一块儿谈事，他请你吃西餐，你就没有办法回避。

首先，我要来简单地谈一谈什么是西餐。严格地讲，西餐这一提法是不太严谨的，你很难把西餐是什么说清楚。我们只能这样讲：所谓西餐，通常是对西方国家餐饮的一种统称。其基本特点，是要用刀叉进食。

目前，人类所通行的用餐方式实际上有以下三大类型：

第一大类型，称为东方型。其特点就是使用筷子。中国人、日本人、韩国人、老挝人等等，都是使用筷子吃东西。当然，筷子和筷子不同。比如，你要去过韩国就会发现，韩国的筷子一般是金属的，而且比较扁，带尖。中国的筷子则是长长的、圆圆的。

第二大类型，称为印度、阿拉伯类型。其特点是什么呢？是不用餐具，而用手直接取食。它的主要特点就是用右手把要吃的东西送到嘴里去。必要的话，他们会使用洗手钵，将手指头在里面涮洗。像这种情况，我们现在见得多了，自然不会少见多怪，但若干年前则闻所未闻。

若干年之前的一天，我跟几个同事吃印度菜去了。一入座，每个人前面就被放上了一只小小的、浅浅的、银质的盘子。它里面有一半是水，很清澈的，上面放着柠檬的切片和玫瑰的花瓣，很好看。我们的一位仁兄当时就发言了："还是人家外国人比较会吃，没吃饭就先给喝高汤。"说罢，下手就端起来喝。他的问题是自以为是，把人家洗手钵里的水当做高汤了。没办法，我们只能陪着他喝，一人喝了一份洗手水。因为他是主宾，你不能指正他，只能陪着他，舍命陪君子呀。

二十多年过去了，我仍然记忆犹新，忘不了这事，忘不了跟着别人喝了那么一盘洗手水，好在它还没被用来洗手。

第三大类型，西方型。 其主要特点，即运用刀叉去取食。但是严格地讲，英国菜、俄罗斯菜、法国菜、意大利菜、西班牙菜等等，在其具体内容、口味乃至餐具的使用上，还是有很大区别的。只是在中国人的眼里，它们都差不多，所以我们称之为西餐。

西餐礼仪，具体所涉及的面非常多。比如，进餐的顺序就有讲究。西餐与中餐有一个很大的不同：中餐往往是一桌菜一下子就给你上满了，西餐则是吃了一道菜之后再上另外一道。因此，它上菜的顺序颇有讲究。再者，西餐餐具的摆放和使用也很有讲究，在正式场合对其绝对不能乱放。餐桌上的举止，亦颇有讲究。譬如，吃西餐时手是不能放在桌下面去的，用餐者的两只手都要放在餐桌上面。

西餐的餐桌礼仪中还有一点是比较重要的，就是餐桌上的交际。比如，你跟谁说话，你说什么话，你先跟谁说话、后跟谁说话，都有讲究。西餐是讲女士优先的，你要去参加西餐宴会的话，作为一个有良好教养的男士，你首先所应该致意的就是女主人。如果女主人亲自下厨为你做饭的话，你还得赞美一下她的菜烧得很好吃。不管真好吃、假好吃，都得说好吃，这是对女主人的尊重，也是对她全家的尊重。下面，我给大家讲两个笑话。

大概是十几年以前，我有一次跟一个女孩子吃西餐去了。当时是公务活动，轮到我做东请她。我问："吃中餐还是西餐？"她告诉我想吃西餐。

我们到了一个雅座，很幽静的一个地方。因为女士优先，菜单先给她了，我对她说："你随意，别客气，你就点吧。"

当时，她在那儿点菜，我在边上就看看街景。那个女孩倒挺熟练，点菜点得挺快。

按照一般规定，第一道菜在点菜十分钟以后就要上桌，然后吃完一道再上一道。可是，过了15分钟都不见人影。我就出去问门口那位服务生，我说："你给我看看菜为什么没来？"

他就跑去给我找了。等了半天，菜依旧未上，他也没了。

我把领班给找来问："我的菜呢？"

他说："我马上给你催。"

一会儿，他跑回来问我："现在就上吗？"

我说："当然，马上就上。"

好家伙，随后七个服务生排成一行列队过来给我们上菜，可我们立即就傻了。你知道那位小姐点的什么吗？点了七份汤！因为当时我们用餐的地方是一家高档的法国菜馆，菜单全是法文，她不认识法文，结果就乱点鸳鸯谱，给我们要了七份汤。你说七份汤我怎么喝呀？

我还听到过更令人尴尬的事情。

我的一个男同事谈女朋友，他女朋友的女伴们起哄，说："你请我们吃饭吧？"那个男同事刚刚工作，挺开心，就答应："请，行啊。"就请大家到一家涉外酒店去了。先打了打保龄球，然后吃饭。女孩子们就在那儿点了菜，点完了半天菜也不上来。那个男同事就有点耐不住气，找总经理去了。他直截了当地问自己要的菜为什么没上？总经理找人一查说：已经上过了。他说："活见鬼了，我们三四个人在那儿坐着，难道我们骗吃吗？根本没上，盘儿都没有。"后来再一问，还真上过了。你知道他们点的什么吗？点了四首乐曲。现场演奏的钢琴曲！他们也是不懂外文瞎比画，结果

就出现问题了。

我常常跟别人开玩笑：你吃西餐也好，吃中餐也好，不认识菜名的话，千万别乱点呀！别说吃西餐，吃中餐有时候也会有根本看不懂的菜名。比如：

我有一次吃饭，见到一道菜叫青龙过江。我当时觉得这菜名挺雅致，那年正好龙年，我便要求上一道青龙过江。结果上来一根大葱！它躺在一个长条碗里，从这头趴到那头，那碗里则都是汤，此即青龙过江。我听说过一道菜叫母子重逢。什么呢？一只母鸡肚子里装着一只小鸡，此即母子重逢。光看菜名本身，有时你根本看不出来它的名堂。

点菜有时候很有讲究。中餐也好，西餐也好，你要图省事的话，点菜时有三招可以教给你。第一招，紧跟别人。就是你要不懂的话，你就紧跟着别人行动吧。比如，你觉得金教授挺在行，金教授在边上，金教授点了一份罗宋汤，点了一块儿牛排，然后再点了一个蔬菜沙拉，那你最省事的办法就是跟他一样，保证不会出错。要错大家全都错，那就不能算错。第二招，去点套餐。经济型的菜馆里面都有套餐。套餐不仅搭配合理，而且费用上还比较节省。不了解西餐特点的人，点它的套餐是最省事的，你绝对不出错。第三招，请求指导。也就是你请人帮助。实在不会点菜，那就虚心地请你周围熟悉的人，长辈、专业人士来帮个忙。你别乱来，否则会弄巧成拙。

吃西餐时，其餐具的使用多有讲究。我再讲一个道听途说来的相关的例子。据说是确有其事的。

甲午海战之后，中国蒙受屈辱，清政府曾派一个高官到日本谈事去了。此高官地位挺高，但其平时西餐很少碰到，并根本不懂餐桌礼仪，结果就犯了一个错误。西餐的餐具是不能擦的，你别看餐具放在桌子上，放在餐巾边上，它实际上是经过蒸煮消毒的。一般而论，餐具都很干净，所以你不能再去擦。如果你要在主人面前拿起餐巾把餐具擦一擦，那就等于骂他，意即餐具太脏，要求更换。清政府的这个高官当时去吃日本一个高官的请。这个高官往那儿一坐，把面前的刀叉拿过来就擦。坐他对面的日本人当时误会了，他马上告诉服务生予以更换。换了一副刀叉后，这个高官又接着擦；然后再换，接着还再擦。……历史记载"如是者七"，就是这位高官令人家把餐具连换七拨。

真是挺出洋相的。凡此种种，都是因为不懂西餐礼仪所致。以下，重点讲一些最常用的西餐礼仪。

首先，我来讲一讲西餐的餐序。所谓餐序，在此指的就是你点菜、吃菜的具体顺序。说实话，没有人在场的话，你愿意吃什么就吃什么，但是比较正规的宴请是有餐序的讲究的。西餐大体上可以分为正餐和便餐两种类别，其中正餐西餐的讲究最多。

一般来讲，正餐通常都包括如下这么几道菜：

一是头盘。严格讲，它就是开胃菜，以色拉类为主，有的时候还有什么鹅肝酱、冻子、泥子等。但是我们熟悉的头盘主要是色拉。它

314

有很多种，比如有蔬菜色拉，它比较清口。有海鲜色拉，它的价格较高。还有什锦色拉，是用很多菜混拌在一起的。头盘的基本特点是比较爽口，比较清淡，意在助你打开自己的胃口。因此，它又叫开胃菜。在正餐西餐里，它属于开始曲或前奏。

二是汤。西餐跟广东菜有点相似，是要首先喝汤的。西餐的汤叫做开胃汤。具体而言，西餐里的汤有三种类型：红汤、清汤、白汤。红汤，我们北京人比较熟悉了，因为北京人过去比较喜欢去莫斯科餐厅吃俄罗斯菜。俄罗斯菜里面的那个罗宋汤，就是红汤。它比较酸甜，很多人喜欢喝。还有就是白汤，其常见者有蘑菇汤、奶油汤等等。在法国菜里，它们都是比较常见的。再就是清汤，它是一种比较清淡的汤。

三是菜。西餐里的菜，又可分为主菜与副菜。副菜是什么？副菜一般是指海鲜类、禽类的东西，一般又叫白肉。白肉是什么？就是鱼肉和鸡肉。因为鱼肉和鸡肉做熟了之后是白色的，故称其为白肉。副

菜吃完了，就会上主菜。主菜通常都是红肉，就是牛肉、羊肉、猪肉等等，它们做熟了之后是红色的。红肉的味道比较浓、比较厚重，吃了之后耐饥耐饿，而白肉则比较清淡。一般来讲，也可以不吃副菜，直接上来就吃主菜。

四是甜品。它包括冰激凌、水果、干果、坚果、鲜果，以及各种各样的其他小吃，如布丁、炸薯条、三明治、曲奇饼、烤饼等等。

五是饮料。通常吃西餐时除可配以酒类外，饮料上的主要选择是红茶。它们全是化解油腻的。你想想这一大堆东西吃下来，多饱多撑啊，因此需要喝点什么咖啡、红茶之类的东西来化解油腻。

下面，介绍一下便餐。就餐序而言，便餐就比较简单。便餐一般是工作餐，或者自己去餐馆里点的餐食。便餐的内容一般有什么呢？色拉类要一个，汤要一份，再加上一道主菜、一个甜品，大致上足够了。有的时候，甜品也可以不要。

其次，向大家重点介绍一下西餐餐具的使用。西餐的餐具主要是刀、叉、匙、餐巾。有些中餐桌常见的东西就没有，比如，湿手巾就没有。因为外国人把吃饭当做社交活动，使用湿手巾去擦脸的话，你的妆不就白化了吗？中餐有热毛巾可以擦一擦，西餐就没这回事。此外，西餐餐桌上也没有牙签。我曾经讲过，当众剔牙是一种不文明的举止，会破坏别人的食欲。所以你在西餐餐桌上别去找牙签，更别弄巧成拙拿刀叉剔牙去。

———————————⌘———————————

下面，先来讲讲西餐的餐巾，它是很有讲究的。参加正式宴请的话，一定要牢记：女主人把餐巾铺在腿上之后，才是宴会开始的标志。

餐巾的第一个作用，是它可以暗示宴会的开始或结束。我们刚才讲过，西方人讲究女士优先，在西餐宴会上女主人是第一顺序。女主人不坐，别人是不能坐的。女主人把餐巾铺在腿上，则说明大家可以开始用餐了。同样的道理，假定女主人把餐巾放在桌子上了，便是宴会结束的标志。

使用餐巾时，必须谨记：它只能够铺在腿上，而不能放在别的地方。围在脖子上不行，那是小朋友的兜兜。没有外人在场的话，你坐汽车时吃快餐怕弄脏自己的衣服，你可以随便围，但在国际交往中或者在正式宴会上，若把餐巾围在脖子上，则绝对是令人见笑的事。我还见过，有的同志怕餐巾在干杯的时候掉到地上，将它围在腰上，掖在裤腰带上，跟厨师似的。还有人把它掖在领口。凡此种种做法，都是不对的。餐巾要铺在腿上。一般应把它叠成长条形或者叠成三角形铺在腿上。为什么要铺在腿上？铺在腿上的最重要的功能，就是防止你吃饭的时候菜肴、汤汁把你的裙子或裤子搞脏了。将它铺在腿上后，菜品流汁、流水的话，顶多是流在餐巾上。餐巾那时会挺身而出地保护你服装的整洁。为服装保洁是餐巾的第二个作用。

有时可能会出现一个技术性问题，那就是你要中途离开一下，你该把餐巾放哪儿？比如，我吃西餐时，吃着吃着突然有一个电话打进来了，我一看这号码挺重要，不能不接，但我若要在餐桌上一边吃一边接，也不太合适。我们曾经讲了，当众接听电话不仅有不尊重别人的嫌疑，而且也不适合现场的那种氛围。别人吃饭，你在旁边哇哩哇啦地大声喧哗，一看就是少调失教的。你要出去打电话，你把餐巾放哪儿？请你记住了，一般而论，回来还要接着吃的话，餐巾有一个最标准的放法,放在你座椅的椅面上。此举表示一个含义,占地儿。它就等于告诉在场的其他人,尤其是服务生,你到外面有点事,回来还要继续吃。千万别把它放桌上去。我刚才讲了,女主人要是把餐巾放在桌子上,就是宴会结束的标志,而客人要把餐巾放桌子上,则等于告诉别人自己不吃了。这是餐巾的第三个作用,暗示自己用餐的情况。

餐巾的第四个作用是用以揩拭。餐巾可以擦什么东西呢? 它可以沾沾嘴。西餐跟中餐不太一样,中餐把调料都提前放到菜里面去了。西餐的调料往往是现场搭配。根据自己的口重口轻,什么胡椒、盐,调料汁之类的,由你自己放,所以有的时候你吃西餐时搞不好会沾得满嘴角都是汤汁。因此,有经验的人都知道,吃西餐的时候,如果要跟别人交谈,一定要用餐巾先把嘴沾一沾,然后再跟别人说话。餐巾可以擦嘴,但是不能擦刀叉,也不能擦汗。

下面,我再讲讲刀叉。西餐正餐跟快餐不一样。吃快餐有时候连刀叉都没有,吃肯德基时你只要手就可以了。正餐一般有刀叉可用,

而且它们不止一副，往往是两三副。通常是刀放在你的右手，叉放在你的左手。往往是右边放两三副刀，左边放两三副叉。西餐刀叉的取用是有讲究的。我告诉你一个最省事的游戏规则：西餐的刀叉是怎么取用的呢？吃一道菜，便需要换一副刀叉。吃一顿西餐，一般可能会用三副刀叉，吃色拉，吃海鲜，吃主菜，各用一副。三副刀叉你怎么取呢？那按照顺序，由外侧向内侧取。先拿最外面那一副，一般是吃色拉的；然后再拿中间那副，一般是吃海鲜的；最后再拿最里面那一副，是吃主菜的，吃牛排的。

有一次赴西餐宴会，一名女孩子坐我对面。当时除了左右手摆着刀叉之外，每人的左前方还有一副黄油刀，像铲子似的。它是抹黄油用的。那个女孩不懂行，结果拿着那把黄油刀去切牛排。我们都快吃完了，她还没开始呢。她急了，最后狂剁，一咬牙把肉给弄到别人脖子上去了。

她的所作所为，真是贻笑大方啊。

西餐刀叉的使用，大有讲究。不管你拿哪副刀叉，一般都应当是左叉右刀。西餐的吃菜的过程，其实有点表演的性质。中国人讲究吃得爽，西方人吃东西则讲究气氛。西餐本质上就是吃气氛的。它的刀叉使用有以下两种模式。

其一，英国式吃法。英国式吃法是如何操作呢？它是这样的：用右手拿刀，左手拿叉。比如，这是一块牛排，它要求从左侧开切。切下来一块，马上就吃这一块。如果你要遇到这样做的人，你就会知道他是训练有素的。显然我们也见过那样一些人，他比较糊涂。哪儿容易切，他切哪儿。他可能先把四个角切了。还有更狠的，叉起来咬，那就让人见笑了。英国人讲绅士风度，他拿着左叉右刀从左侧切，切一块吃一块，此即英国式吃法，比较绅士。

其二，美国式吃法。美国人比较自然、散漫一些，他们可能觉得英国人的吃法不爽，切一块吃一块他觉着别扭。美国式吃法是如何操练的呢？还是左叉右刀，也是从左侧开切。但是它的特点是什么？先切完，按照你嘴巴的大小、你习惯的情况，先把它切完。相对来讲，还是切小点为好，你别弄太大。这么大一块牛排有半斤你就切两块，你这块牛排刚进嘴，我跟你说："史密斯，请教一个问题。"那时"进退两难"，会把你噎死的。美国式吃法是先把它从左侧向右侧切，切完了之后，右手拿的那把刀就放下来了，然后把左手的叉子换到右手，用右手执叉子叉而食之。主要是吃东西时不拿刀了，仅用右手执叉就可以了。可见美式英式大有差异。

我还想介绍一下，刀叉怎么放是有讲究的。跟中国人吃饭拿筷子指着别人是不礼貌的一样，西餐的刀叉是不能指人的。使用西餐刀叉切菜的时候很有讲究。一般的习惯是什么呢？左手和右手肘关节这个地方应该正好夹在腰的两侧，这样控制你的切割的动作。有同志使用刀叉时象木匠似的推拉，其动作令人恐惧，其噪音让人心烦。这种正确的姿势可将切割动作控制在一个幅度内，双肘夹在腰的两侧，其实是为了寻找一个支点。你在用餐期间打算与自己身边之人交谈，总不能拿着刀叉跟别人说话啊。此时有一个讲究，你如果要跟别人交谈的话，刀叉一定要先放下来。怎么放呢？请你注意，可在盘子上把刀叉摆放成汉字的八字。刀刃朝内，不能朝外，朝外有砍人之嫌；叉子则是弓朝上，齿朝下。这个形式表示什么意思呢？就是要告诉服务生和别人：我这个菜没吃完。你别乱放，千万不要把它们并排摆放。刀叉并排摆放，刀齿朝内，叉齿朝上，则表示自己不吃了，请人立即将其收掉。

有一次，一个男孩子请一个女孩子吃饭。那个女孩子大概为了表示对男朋友的专注，男孩子跟她说话时，她就把刀叉放在盘子上，并且并排放着。于是服务生过来就收掉了她的菜，当时她还跟别人抢，并大声说："我还没吃完呢。"她其实是自己犯了忌。

吃西餐时，它的汤匙也很有讲究。一般而论，西餐的汤匙会有好几把。需要你注意什么呢？通常，它都是放在你右手餐刀的外侧的。大概会有两把或者三把。如果是两把的话，一把是喝汤的，一把是吃甜品的。有时，另外还有一把是喝红茶或咖啡的。喝西餐的汤也好，喝红茶、咖啡也好，一定要注意勺子的几种具体用法：其一，它也是需要从外侧向内侧取用的。应先拿离你最远的那个，然后再依次取用较近的。其二，勺子是不能含在嘴里的。应以之把食物倒进嘴里，而不能含着。其三，勺子不用的时候，不能让它在杯子里面立正。我们中餐不是有一个讲究，吃饭的时候筷子不能插到米饭上去吗？不是祭祖的话，你把它插到米饭上去，有人就会不高兴。同样的道理，你在外国人那里吃饭，在重要的宴会上，咖啡也好，红茶也好，一般的汤也好，勺子不能在盘子里面或者杯子里面立正，因为那是很不好的一个含义。不用它的话，应令其平躺在盘子上，或放在杯子下面的碟子里。你要注意，享用汤的时候，是吃汤，而不是喝汤。因为它是一道菜。它怎么吃呢？不是端起来灌的。重要场合一定要拿勺子舀，向远侧舀起。记住：是往远侧舀起，把汤舀起来先往远的地方走，然后转一圈回来再送入口中。你知道为什么吗？因为西餐的汤比较浓，可能是红汤，也可能是奶油汤。你要是直接就舀入口中，搞不好会弄自己一身。向远侧舀起实际上是有一种过渡，万一流出来汤汁，它就会在这种过渡之中滴到桌上或者滴到碗里。到你这个位置时，它基本上该滴的都滴光了。

我再强调一下，在吃西餐的现场有如下三个点一定要注意：

第一，交际要注意等距离。用餐期间，除了对主人夫妇要多说两句话表示关注之外，与其他的人都应争取说上两句话。如果你是帅哥，不要盯着美女没完。假使你是美女，也别只给帅哥捧场。你得明白：那是公众场合，不要让别人说你这个人太势利，甚至说你色迷迷的，那就太麻烦了。有同志一见到美女就晕了，饭都不吃了，只顾跟别人说话，而且总向别人献殷勤。献殷勤是你的自由，不违法，但是你得注意维护自己的风度与形象。交际时，一定要注意所谓的等距离。比如，你是一位男士，你的右边和左边、对面都是女士。那么这三个人你都该与其说上几句话，你别只盯着左边看个没完，而把另外两个人冷落了，那样也不太合适。此时此刻，等距离交际是非常重要的。

第二，肢体不能频频晃动。各位，你发现了吗？有人有事没事都喜欢抖动，喜欢摇晃，来回晃悠，抖来抖去，此举往往让人心烦意乱。坐在餐桌边上时，你的腿别抖，身子别抖，手别抖，脚别抖，肢体晃动会让人有眼花缭乱的感觉，那样真的不好。

第三，餐具不宜发出声音。在享用西餐时，切勿令自己所使用的餐具铿锵作响。比如，吃完一道菜下一道菜还没来，应将餐具放下来，切勿用餐具彼此敲打，或以其敲击餐桌。那往往是孩子才干的事。但是，作为一名有文明的、有教养的、有风度的现代人，在餐桌上敲敲打打是不成体统的。

最后，需要强调的是：西餐与中餐的宴会一样，都是重在交际的。有鉴于此，在西餐宴会上进行交际时，一定要在选择对象、选择话题等问题上注意。你去参加比较重要的西餐宴会时，通常有两个人是不能绕过去的。你一定要找时间跟他们打个招呼，主动去问候一下。他们是谁呢？主人和主宾。因为此二者是宴会上的主角。有些大型宴会上，主人与主宾可能比较忙，但出于礼貌，你一定要找时间过去致意一下。当然，你也别独霸江山。假使有数百人来参加一场婚礼，你就只顾自己盯着新郎新娘聊起来没完，一点儿都不给别人与其交流的机会。总之，向主人与主宾致意问候，对赴宴者而言属于人之常情。

接下来，你所必须交际的就是自己身边的人。比如你的邻座，你是不能越过他去的。主人把你的位置排在那儿，就是想让你有机会跟他们交际，你若对别人爱搭不理，一问三不知，甚至不正眼去看别人一下，显然是非常不合适的。

最后，要善于去结交你的所谓意中人。就是你想交际、你想认识的人。有的人你想跟他建立业务上的关系，有的人你想向他请教，还有的人你就看他顺眼，想交这个朋友，他们都是你想结交的人。请你注意，你想结交的人你去跟他认识，最好采用一种有效的手段。届时最有效的手段是什么呢？请人引见。就是找一个人来替你们彼此介绍一下。举个例子，你在我们演播室里听金教授的礼仪讲座，你想向金教授请教一个问题，金教授可能很忙，中场要休息，下了课就走掉了。那你就该提前去找现场的主持人，你跟她说："我想向金教授请教一个问题，请您帮我跟金教授打一个招呼或联络一下吧。"她跟我比较熟，她的面子通常我是不会驳的，一般这个事就容易搞定。找个传话的人，由他帮忙介绍一下，这样交往起来就简单多了。切勿忽略，交际往往需要铺垫。

朋友们，吃西餐跟吃中餐一样，自然要吃好，吃饱，但同时也要不失风度，并要落落大方，不卑不亢。这就是我所讲授的西餐礼仪的基本之点。

第 21 篇

商务用餐之自助餐

在商务交往中，尤其是在大型活动或一般性场合，自助餐是一种不错的聚餐选择。面对各式各样的珍馐美味，端个盘子，随便吃，随便坐，自助餐的确给了人们极大的自由空间。自由归自由，作为一种交际活动，在满足个性的同时，自助餐也有它自己的礼数。自助餐的餐序是什么？主办自助餐时需要注意的问题有哪些？取食菜肴又有什么讲究？以下，我就和大家聊一聊自助餐中的礼仪。

别看自助餐貌似很简单，你要是不注意相关礼仪的话，有时依然会麻烦缠身。

有一次，我到北京的某家五星级酒店参加活动，正好碰到我的大学老师的女儿。我问她："你在这儿干吗呢？"

她说："金教授，我们在这里的一家公司实习。"

"晚上我请你吃饭吧？"因为她家离我家很近，我说，"然后我捎你回去。"因为老师对我挺好，他的孩子我得照顾。

她说："好吧。"

事不凑巧，到了晚上，有一名外国记者临时要采访我。于是我就提前跟这个女孩子说："不好意思，有一位外国记者要采访我，我们一边谈一边吃，你如果不嫌烦，你就过来。如果你嫌不方便，那我请你在这个酒店自己去吃自助餐，你吃完了算我的账。我已经告诉管理员了，我会替你买单，你别客气。然后你还是跟我一起走。"

那个女孩子很实在，她说："那样的话，我还是自己吃自助去吧。"

我说："行啊，你在这儿有一起的朋友吗？"

她说："有一个朋友。"

我说："那就叫上你的朋友一起去吧。"

结果她们两个人一起去了。晚上，记者采访完了之后，我约这两个女孩子一起回去。我在前面开车，她俩坐后面。路上我问："吃好了吗？"

她说："吃饱了。"

我问："什么意思？"

然后她们大笑，后来我才明白是怎么回事。原来她们对自助餐的菜式与餐序安排不太了解，乱吃了一通。吃饱了，但没有吃好。

与吃西餐或者中式宴会一样，吃自助餐时，先吃什么后吃什么，大有其讲究。我们都知道，酒店的自助餐是卖钱的。它为了卖钱，摆法很讲究。一般摆的是螺旋形，一圈一圈。你要是有足够的经验的话，在吃自助餐之前，一定要首先整体上视察一遍，这里的自助餐是什么档次，哪个菜对自己的胃口。你要首先有所了解，然后再量力而行，抓住重点。但是，那两个孩子没有这方面的经验。她们一进去就眼花缭乱了，马上就发现了冰激凌。说实话，那是最便宜的，可是好看，女孩子就爱吃这个，于是一人各吃了两个。冰激凌吃完了，又发现了蛋糕，一人又吃了两块儿。最后碰到基围虾、三文鱼之类更好吃的东西，却已经没劲了，吃不下了，所以她们自嘲是"吃饱了"。她们的小错误，主要就是因为她们对自助餐的菜序不了解啊！

以下我打算比较全面系统地谈谈有关自助餐的具体问题。

首先，我来谈一谈自助餐的含义。其实，自助餐这个说法只是在我国比较普遍。在欧美国家，它最常规的叫法则是冷餐。自助餐在国外叫冷餐，吃自助餐的聚会叫冷餐会。当然，自助餐有其一些自身的特点，比如，自助餐中以鸡尾酒为主角的，一般叫酒会，它是鸡尾酒会的简称。20世纪80年代中期以后，我国外交礼宾制度进行了改革，为了节省经费、务实为本，集中精力搞好社会主义经济建设，我们驻外使领馆每逢国庆招待会和重要的招待会，一律改成酒会，不再搞大型宴会。酒会，就是以鸡尾酒为主角的自助餐式的宴会。它除了提供几种鸡尾酒，通常还会再提供一点小吃。

此外，自助餐还有一个变种，叫茶会，它在国外比较流行。所谓茶会，在英美国家实际上是一种女士社交的活动。欧美国家一些有钱的家庭，女士在结了婚之后就不再工作，只管照料家庭，男主外女主内。但是女人也需要交际，而且夫人之间的交流对其先生的事业也会有所帮助。西方国家夫人社交，一般就采用茶会的形式。一般茶会在下午的两点到四点之间进行，设在客厅或花园里。届时，大家坐在一块儿喝喝茶，聊聊天，表面上谈谈狗，谈谈孩子，谈谈时装，谈谈消费，实际上是彼此结识，保持接触，进行沟通，进行交际。比如，你是一位建筑商的夫人，我是一位材料商的夫人。我们两个认识了，往往会对自己老公的事业有所帮助。

除了酒会、茶会之外，外国还有一种自助餐式宴会的特殊变种叫做咖啡会。表面上是大家坐在一起碰个头，喝喝咖啡，实际上它也是一种自助餐。那时你爱吃就吃，不爱吃就不吃；爱多吃就多吃，爱少吃就少吃。它的自由度很高，其参加者的沟通往往因此而更加有效。

究其根源，自助餐是谁发明的呢？全世界谁最爱吃自助餐呢？据我所知，自助餐是德国人发明的，它是德国人的专利，而全世界最爱吃自助餐的也非德国人莫属。如果你去过德国的话，你就会发现德国人最爱吃冷食，所以冷餐会最早的发源地就是德国。

自助餐的基本特点是不排座次、不讲究上菜的顺序，由大家在现场自由选取，这样大家吃东西时就比较放松。

我们就用餐之际上菜的方式来讲，有以下几种：

第一种，叫混餐制。混合用餐或者合餐，是中国家庭里请客吃饭最常用的一种方式。比如，麻婆豆腐就上一盘，大家都用自己的餐具在那儿夹；鸡汤就上一罐，大家都在那儿舀。其实这种方式不适合社交宴请，尤其不被外国朋友所接受。道理很简单，这种吃法不文明、不卫生。

北京人爱吃涮羊肉。现在讲究了，一人使用一只火锅。过去大家合用一只大锅，吃完了还要喝汤。一名外国朋友跟我讲："吃涮羊肉时，我只敢吃肉，但不敢喝汤，因为那里面全是众人的唾沫。你看大家那勺子进去来回舀啊……"

混餐，通常比较适合和自己最熟悉的人一起吃。与外人一起吃，有时候往往会有点别扭。除了不卫生之外，还不公平。比如，上大对虾，可能这盘一共只有八只，一桌子的人一人一只。碰上能吃的人，他一个人一下子就吃了三只，就会有两个人吃不上，所以这就不公平。

第二种，叫分餐制。实际上，当代的宴会比较喜欢采用分餐制。像我们现在的国宴就是分餐制，它在商界尤其盛行。分餐制，一般叫做中餐西吃，就是每道菜分给每个人一份。比如，每个人烤羊肉串就两串，玉米棒就一块，想多吃没有，不想吃也可以。这样做，想浪费也浪费不到哪儿去。分餐制的用餐方式比较文明，而且比较节约，让客人吃得放松。

第三种，叫自助制。自助式用餐，即吃自助餐。其实，用餐方式中最实惠、最省事的方式就是自助餐。到时候人们各取所需，你爱吃什么就吃什么，你想多吃就多吃，你不想吃就不吃。但是，分餐制的时候你不想吃就不行。人家隆重推荐说这道菜是看家菜，哪怕你根本就不想吃，你也得去吃。

总之，我们现在宴请一般有这三种方式：**一是混餐制；二是分餐制；三是自助餐。**此外，还有一种用餐方式叫做公筷制。它实际上是混餐制的一个变种。但是它的餐具使用有其特殊的讲究，一般比较适合家宴。比如，我请两个外国客人到家里吃饭，实行分餐制不仅小题大作，而且往往也不合适。中国菜分餐的话，它的味可能就没有了，比如，糖

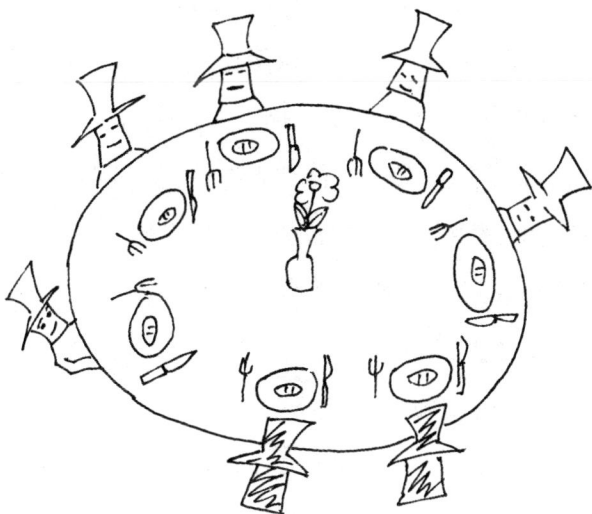

醋鱼就那么一条，一浇汁看着好看，菊花鱼整个一大盘看起来也好看。你把它切了，鱼头能分成四块吗？尾巴能分成六份吗？它不好分。所以对于家宴来说，你可以采用合餐，但是餐具应该是公用，拿公用的餐具把菜夹到自己的盘子里，然后再用自己的餐具去食用。此即所谓公筷制。届时，公用的餐具应该有特殊标志。比如，公用的餐具应该比一般的餐具稍大，或者其颜色与众不同，否则操作的时候容易失误。比如说，我拿公用的筷子夹了菜之后，本该改用自己的筷子。但此刻你却来找我说话："金教授，我问你一个问题。"这样一说话，我就忘了区分哪个是公用的哪个是自己的，结果就拿公用的筷子吃起来了。

总之，自助餐是讲究个性，讲究效率，讲究务实为本的现代人所欢迎的形式。从交际礼仪的角度来讲，自助餐有什么基本的要求呢？它一般有以下三大具体要求：

第一，形象自然。什么意思呢？就是你去吃自助餐时，没必要穿晚礼服，穿西装套装。你穿一件旗袍去肯德基吃鸡腿，好像有点小题大做吧！同样的道理，你去一个很简单的自助餐、酒会、茶会，却西服革履、浑身喷香，专门做了一个发型花了 600 元，而吃自助餐才花了 50 元，这可似乎有点得不偿失。所以说，参加自助餐这种宴会时，着装或者化妆只要过得去就行。不要光着膀子，别穿一条短裤，别趿拉一双凉鞋，别浑身恶臭，别穿着类似丐帮的服装。只要过得去，形象整洁就行了。这就是所谓形象自然。

第二，时间自由。这又是什么意思？就是你参加自助餐宴会时，没必要像参加正餐宴会那样准点到场，或与大家一起退场。在自助餐宴会上，你可以随时到随时吃，完全没有必要像正餐那样，大家都得等到主人到的时候，然后一起入场，一起就座，一起开动，一起结束，一起撤退。自助餐就是很随便，你只要不是最后到场就行。大家知道，你自己去吃自助餐，如果不用太长时间交际的话，大概半小时就能结束。但是正式宴会的话，包括家宴，大家都吃好，没有一个小时左右的时间不可能结束。如果大家说好了，今天中午去吃自助餐，你只要不最后去扫尾就行了。你最后去扫尾就不合适了，大家会感觉你就是为了吃来的。你如果怕与大家交际，吃了就走，那也不合适。一般来讲，参加自助餐聚会时，没必要准时到，准时走。你若有急事，迟到一点无所谓；吃完了，你给主人打一声招呼，你就可以先走了。

第三，不排座次。严格来讲，自助餐是不排列座次的。你可以站，也可以坐，自助餐上人们多半是自由就座的。我在国外参加过好几次非常正规的自助餐宴会，实际上是根本没有座位的。它们的布置很简单，很大的一个花园，一个很自然的派对。你去的时候只要跟主人打声招呼，签个到就行了。在那里，你可以随便走，你碰到想跟他认识的人，你就可以过去跟他交谈。你完全可以自由交际，你可以站，可以坐，随便走，随便吃。主人准备的餐食是放在某一个固定的位置的，你自己走过去拿就行了。除此之外，现场会有一些服务生端着刚刚出炉的点心、烤肉或鸡尾酒之类的，来回走动。你要想要，跟他打个招呼，过去取就行了。它讲究自由，你别替别人操心，人家爱吃什么自己会取来吃。我们有些同志爱管闲事，一会给你夹上一块儿鸡，一会替你弄块儿鱼，这样做就不好了。

————————◦◦◦◦◦————————

接下来，来谈一谈主办自助餐宴会时主人所要考虑的几个具体问题：

首先，自助餐的适用场合。主人想要举办一次自助餐宴会的话，关键是要首先关注其适宜举办的最佳场合。我的个人经验是，如果公司、企业、机关要在大型的活动之后安排宴会，那么自助餐肯定是最佳选择。像举办亚运会的时候，除了参赛者，再加上记者，加上运动员，加上裁判员，加上国际体育组织的工作人员，一家酒店或一个餐厅往往要接待上千人。各位，上千人你怎么安排宴会？要用多少张桌子？况且有那么大的宴会厅吗？所以当时就主要安排了自助餐，而且是二十四小时开放的，人们可以随时到随时吃。它很好地解决了几千人的吃饭问题。

　　如果需要宴请的客人超过百人的话，自助餐通常就是最好的选择。你想想，宴会上有上百个客人你招呼得过来吗？平均每人敬上一杯酒，不把别人喝死，也把你喝死了。其实，在自助餐上你要照顾的就是你自己。除了主角之外，你把自己照顾好就行了。所以，大型活动举办时，自助餐是待客用餐时的首选。而且自助餐往往是辅助性项目。比如，开业、剪彩、庆典、仪式，自助餐实际上都是跟这些活动捆绑在一起，作为其辅助性项目存在的。

其次，自助餐的场地选择。一般来讲，自助餐的场地有以下三种最佳选择。其一，自家地盘。如果条件允许的话，可以在自己家里或公司的礼堂、会场这样一些比较开阔的场地举行。最佳的选择是露天的庭院。比如，花园啊，园林啊，小型广场啊，在注意环保和不破坏现场的前提下，于此举办自助餐，效果是比较好的。有时候你还要考虑到其他因素的影响，例如，气候的问题。比如，北京刮起了沙尘暴怎么办露天形式的自助餐？那种时候，喝的酒全成了浑酒；吃的烤鸡全加了调料了，成了浑鸡了。下雨、刮风、下雪都会影响就餐。遇到这样的情况，我们就要考虑在室内举行。其二，星级酒店。大家都知道，一般的星级酒店，三星级以上的，都会提供自助餐，所以如果你请的客人不多，最省钱、最省事、最省气力的选择，就是到星级酒店去吃自助餐。它不仅省事，而且能保证及时供应丰富的、新鲜的食物。你要请别人吃自助餐，人越多成本越低。你一共请四五个人吃饭，却要举办宴会，怎么着也得搞十几道菜吧。你想想，你划不来的。其三，专营性的自助餐店。像北京原来有一个日式自助餐厅，大家可能都知道，当时那里就专营自助餐。像这样的自助餐店，国内外都有。你可以先与店家联系，把场地给订下来，往往会使自己省时省力。

　　最后，自助餐的时间安排。一般来讲，自助餐只限定开始的时间，并不限定结束的时间。自助餐本身并不太复杂，你可以预计它的时间是两个小时左右。对于一般人来说，半个小时就足够了。在人员的控制上，比较省事的做法就是凭券入场，划券或收券进入，否则不好控制人流。在一般情况下，邀请参加自助餐的人数要和场地面积的比例相称，要保证人均占地一平方米左右，不要显得过于拥挤。此外，还需要凭券。要不凭券的话，就控制不住人流，就有可能令自助餐的餐食供应出现问题。我就遇到过类似的情况。

有一次，我在北京的一家五星级酒店开会，主办者告诉我说吃自助餐。我也挺高兴，自助餐省事啊。没想到，他提前没有安排好，那个地方同时接待了一个旅游团，结果最多只能装一百个人的自助餐厅，却有五百人在同时就餐。我在那儿吃的东西是什么呢，我只吃了一个鸡腿，还吃了一个西红柿，这就是我在那天的自助餐上所吃到的全部东西。鸡腿还是一个工作人员友好地照顾给我的，咱总不好意思去抢吧？！

以上讲的是主办方所要考虑的问题。假如我们不是主办方，我们是被邀请的参加者，从礼仪上来讲，我们要注意哪些具体问题呢？大体上要注意下列几个问题：

第一点，要了解餐序。吃的时候，你应该按照什么顺序去吃，必须首先予以明确。不仅要吃饱，还要吃爽，吃好，而且要吃得合理，别让自己吃得拉肚了、不消化、难受。要注意，自助餐以冷餐为主，热餐为辅，除非是某些火锅店。其实严格来讲，西餐是自助餐的祖先。刚才我讲了，自助餐是德国人发明的，它实际上是西餐的一种特殊的吃法，它的餐序跟西餐差不多。标准的自助餐的餐序应该是这样的：首先吃冷菜，其次喝汤，然后吃热菜，接着吃水果，再以喝饮料结束。这个顺序你是不能搞颠倒的。你信不信？你吃自助餐的时候若是先吃水果，再把甜品一吃的话，整个人就没胃口了。我注意过我们有很多同志不在行，不懂用餐的礼仪。比如，坐飞机的时候，飞机上提供的餐食一般都是自助餐式的，有甜品、蛋糕、小饼干之类的，还有一小盘水果。我注意到很多人都是想吃什么吃什么,碰到什么吃什么。比如,上来先把蛋糕吃了。其实,这样做影响你吃热菜,吃主食的胃口。甜点一进嘴里就腻了,胃口受到影响了。就像我前文所说的那两个女孩子,她们不了解这种标准化的用餐顺序,一上来就胡乱吃,该吃的没吃到,不该吃的却全都塞进去了。此种吃法影响就餐的效果,所以需要力戒。

第二点,要排队就餐。用自助餐时,你一定要首先巡视一下全场。什么意思?如果你走进自助餐的现场的话,如果自助餐场地不是大得不得了,那么你最好先是按照一定的方向走上一圈。这样绕场一周之后,用餐前你就心中有数了:这个现场大概提供一些什么东西?冷的有什么?热的有什么?这些都是需要你掌握的情况。你别该吃的没吃,不该吃的吃了,那样多么亏待自己呀!再者,用餐时一定要依次排队。我去吃自助餐的时候,往往发现有些同志有些坏习惯:一是不排队,二是不会排队。这样就经常会出现相互拥挤或碰撞的情况。一般情况下,吃自助餐时,你可以按照某一个顺序——逆行或者顺行,按照统一的方向跟着大家一块行动,这样的话,大家都能秩序井然。你想想,如果你按照逆行的方向走,别人却按照顺行的方向走,彼此肯定会撞在一起。因此,要养成排队的习惯,并且还要会排队。

第三点,要多次少取。多次少取,是自助餐现场取餐的最基本的礼数。什么意思呢?我刚才给大家讲了,自助餐最大的特点是你可以自由选择。你想吃什么,你就吃什么。你想多吃,你就多吃。你一点儿不愿意吃,你就别吃。你想吃多少,你就吃多少。有鉴于此,在每次取餐的时候,你只能取上一点,你不能把它完全承包了。我发现某些同志比较省事,用一只大盘子狠劲地装,里面赤橙黄绿青蓝紫,有冷的,有热的,有鱼,有肉,太乱来了。咱们别说吃西餐,你吃中餐

337

不是也有经验吗？你吃了鱼，要再喝啤酒的话，自己嘴里的腥味就会很大。其实吃鱼之后，喝酒是不能喝啤酒的。讲究的人就会知道，那时喝白葡萄酒效果就比较好。这个讲究，其实也是约定俗成的搭配。你乱来就会出现麻烦。说实话，有冷的，有热的，有腥的，有不腥的，有炸的，有清炖的，你这些菜统统放在一只盘里，不仅看着不好看，而且还影响其味道。

吃自助餐时，有经验的人总是专攻一项。比如，第一道是吃冷菜，那我就会只选用冷菜。我弄几只小西红柿，弄几块儿切片黄瓜，浇点千岛汁，浇点蕃茄酱。我只吃这类菜肴，而且只取少量。那你要想吃其他的东西怎么办？比如，我爱吃扇贝。没想到这里有一大堆扇贝，我吃的时候每次也只能拿一个。别急，可以吃完了再去取。一而再，再而三是不失礼的，因为自助餐允许你多次取用同一种菜肴。但是，我见过有的不在行的同志，他心里可能会想：老去取，老去取，别人会不会笑话咱没吃过东西啊？再说这个东西那么好吃，下次去没了怎么办？所以他就犯了一个错误——"让我一次爱个够"，一下子把某种菜或几种菜取了一大堆，显得自己欲壑难填。

1995 年，在北京举行过一次大型国际会议。其间曾安排过四五百人的一次大型自助餐，在一家五星级酒店包了一个很大的大厅。当时没有想到东西竟然不够吃，为什么？因为很多人是可着劲儿地吃。好家伙，有人真是超水准地发挥。我见到一个同志啤酒连喝了四罐，鸡腿一下吃了六只，最后他的餐盘里还剩下了不少没有吃完的东西。此种情景给我一个感觉——这人是来打劫的。我对他的个人印象真的不太好。

吃自助餐时，一定要适可而止，并且要量力而行。此外，需要注意的就是要节约，要多次少取。

自助餐还有一个规定：不准外带。有的人吃不完的东西就要求给他打包。他们算计着呢，我吃自助餐128元，我吃的东西不值70元，那50多元能不能给找回来？那可不行。你爱吃什么，你可以在现场吃，但一般情况下不许外带。你口袋里塞两只苹果，包里装两瓶可乐，然后再弄一个餐盒，拿走一些牛排之类的，就会让人笑话你不懂规矩。

第四点，要送回餐具。通常，提倡用完自助餐之后，自己送回自己所用过的餐具。还别说很正规的自助餐了，你去麦当劳也好，肯德基也好，必胜客也好，你注意过吗？那里的餐盘、餐盒上都有餐具回收的标志。那些场所都会提供柜子或者车子、架子。吃完了之后，你就可以把那些废弃的物品扔到回收车里或回收柜中。有的人吃饭时，其餐桌是不够干净的。他们吃饭时吐了一桌子，或者扔了一地，吃完了扭头就走了。如果你在国外一些发达国家吃过饭的话，你会发现，你去的时候那台布有多么干净，你吃完了之后，那台布依旧洁白如雪，不像我们这里往往把它搞花了。餐台的台面或台布不洁净，肯定会影响胃口，影响食欲。请各位记住：吃过自助餐之后，一定要把用过的餐具放到回收车或回收柜里面去。

第五点，要利己利他。自助餐礼仪中还强调自我照顾和照顾他人，即利己和利他。一般而论，自助餐的就餐环境具有高度的自由性。我已经再三地强调了，你只要跟主人打个招呼，你可以随时来随时走，你只要不是在最后人家关门的时候冲进来就可以了。但是，在自助餐的整个进餐过程中，你要照顾好自己。所谓照顾好自己，我在此主要强调两点：

其一，不要只吃不说。我们把自助餐叫做冷餐会，它实际上是宴会的一种特殊形式，换言之，如果条件允许，如果你没有急事，你总得跟周围的朋友说说话，找两个朋友聊一聊，要跟老朋友续续旧，跟刚认识的人巩固一下关系，和主人打个招呼，再认识认识主宾。不要始终不吭一声。我们有些同志用餐时目标明确而简单，冲进去就吃，吃完了就走。别忘记：任何宴会，实际上吃饭只是形式，社交才是其真正的内容。那种时候，你得和他人聊聊，你得适度地和他人进行互动。

其二，注意维护形象。在一般宴会上，要讲究最基本的礼貌。比如说，吃东西不能发出声音，现场不能吸烟，当众不能化妆或补妆，这些都要注意。我曾经讲过，在西方国家里，一个女孩子在大庭广众之下化妆，不仅有失稳重，而且还会被人怀疑为特殊职业者正在开张营业。所以在你遵守基本的礼节的同时，就是在维护形象。这两点都做到了，才能说是做到了自我照顾。

此外，在自助餐上还要善于照顾好别人。一般的自助餐往往是在大型的活动之后安排的。吃自助餐时，难免会有熟人跟你一块儿去，会有上级、下级、同事、朋友。在这种情况下，就需要主动并适度地照顾他们。照顾他们的时候，有三条你必须注意：

其一，要适当地介绍菜肴。你可以介绍菜肴，但是不能够向别人摊派菜肴。比如，你可以告诉他："王总，听说这家餐厅的红焖大虾做得比较好吃,建议您试试。"这样意思到了就行了。你别表现得过了头："王总，给你来四只大虾，你吃吧。"万一那位王总有吃虾过敏症呢？这样就麻烦了。所以你可以介绍菜肴,但不要包办代替,不要越俎代庖。

其二，要为周围的人创造轻松的环境。什么叫为周围的人创造轻松的环境呢？就是在别人比较疲劳，或者跟恋人、熟人、自己人说话的时候，你要跟对方保持适当的距离，千万别凑上去。我经常遇到这样的事。比如，我跟我太太在一块儿，我们俩平时都挺累的、挺忙的，好不容易有个机会我们俩在那儿说说悄悄话，有一个同志马上凑过来："我能在边儿上站站吗？"那你能说不让他站吗？两口子想在这二人世界花香鸟语一番，这边跑来一大马蜂，实际上是他不懂得为别人创造轻松的环境。再比如，人家在吃东西的时候，你别在那儿找对方说话，这是一种常识。周围有人的话，你一句话不说不行，但你从头到尾没完没了地说也不行。

其三,要主动关照新手。年轻人、新手,有的时候比较紧张,会怯场。作为老同志、老革命、老手，你得帮助年轻人打破尴尬的场面。比如，你经常参加宴会、酒会、自助餐，人家没去过，去的路上或者在现场，你就得给人家扫扫盲。你可向对方介绍一下自助餐是怎么个吃法，要记住多次少取，等等。但是，你表达的时候要注意，别当着外人的面说："小王，给你上一课，自助餐不能朝家带，朝家里带人家会笑话你傻。"人人都有自尊心，你完全可以在没有人的情况下，或者在对方愿意的情况下，在幕后向他交待清楚就可以了。

另外，你要注意：在现场，如果你周围的某个人对某位名人、贵宾或者是异性有兴趣，想认识一下对方。你应该主动为他引荐。举个例子：你想认识我们这个电视栏目的制片人，你不认识他我认识他，我注意到你的言语里有结识他的愿望，或者你直截了当地提出来了："金教授，我想认识一下这个栏目的制片人。"那我就有义务为你引荐。当然这个引荐也有其规则。你要替别人去引荐他人的话，以下两条规则一定要自觉地予以遵守：一是要两厢情愿。你别蝶有情，花无意！这个男孩想认识那个美女，而那位女孩却不想认识这个男孩，人家早结婚了，明花有主了，那就没什么意义了。二是要首先争得对方的默许。比如，在一个酒会上，你想认识某一位电视栏目的制片人，正好他也在场，我首先需要征求一下对方的意见："你想不想认识一下那位先生，那位先生想认识你。"其次，我还要听听那位制片人的个人意见以及他在时间上的要求。他同意互相认识一下之后，我还得问：您是觉得对方现在来好，还是用餐之后再来好。或者你觉得现在不方便的话，你说个时间以后让他和你联系也好。总之，你得让制片人自己决定这些问题。

　　由此可见，参加自助餐时，在现场你不仅要照顾好自己，还要照顾好别人。

　　总而言之，作为我们在日常生活和工作中最为常见的一种宴会的形式，自助餐往往以不同的面貌出现，什么酒会啊，茶会啊，咖啡会啊，冷餐会啊，等等。但是，我们多多少少都会参与其中。倘若你在参加自助餐的时候，遵守礼仪，排队取餐、循序渐进、多次少取、送回餐具、不外带食物、利己利人，这些基本的礼节你都做到了，那样不仅会让你吃得满意，而且还会收获到来自他人的尊敬和友情，真正地多交朋友，广结善缘。

第 22 篇

商务用餐之酒水

人们常说：以茶待客，以酒会友。

古往今来，酒水在人际交往中一直都扮演着重要的角色。逢年过节时，更是少不了它们的身影，以至于无茶不会客、无酒不成宴。别看推杯换盏碰得轻松，呼朋唤友喝得酣畅，酒水中的具体礼仪还真的不少。目前，除了人们常饮的茶之外，各种各样的洋酒，各种品牌的咖啡也已悄然而至，进入了我们的日常生活。在商务交往中，酒水的具体选择多了，你所需要注意的礼数也就多了。敬茶有什么讲究？喝洋酒需要搭配什么？喝咖啡怎样才称得上优雅？如果把这些问题解决了，那么不管红茶绿茶、洋酒咖啡，你都可以应付自如。下面，我就谈谈酒水中的礼仪，以便让您喝得优雅，喝得开心。

中国人过去讲："开门七件事：柴、米、油、盐、酱、醋、茶。"由此可见，吃与喝在日常生活中向来是息息相关的。不论俗客还是雅人，吃喝都是我们每个人不能回避的大事。但是在日常交往中，掌握酒水礼仪是非常有必要的。举个例子，当你斟茶倒水或者续饮料时，是倒满了杯子好，还是不满杯为好？如果你了解现代时尚或者现代礼仪的话，就会知道其中的技巧了——酒满敬人，茶满欺人。它是我们中国人日常生活中约定俗成的规矩。但是反过来说，"酒满敬人"适用的范围大概也仅限于我们国家。在欧美一些国家，很少有把洋酒倒满杯子的时候。在那里，"酒满敬人"自然也就不灵了。比如，你到酒吧去，要一杯白兰地或者一杯威士忌，从没有见过倒满了的。中国人喝酒讲究的是"酒满敬人"，洋酒如果杯子里酒满的话，则有欺人之嫌。所以倒酒也有其分寸。另外，斟茶倒水时，上茶的前后顺序亦有其一定的讲究。

有一次，我去一个机关讲课。来者都是客嘛，所以我一进门，他们的一位领导就一直陪着我。我们就座后，他马上吩咐："上茶。"

立刻进来了一位做服务工作的女同志。她大概是同那位领导很熟，倒了第一杯茶，然后想都没想，就放到领导面前去了。结果把领导搞了一个大红脸，他对我说："你看我这单位没规矩吧！"

接下来他告诫那女同志："第一杯茶你得给金教授上，金教授是客人。"那位领导说得对，上茶时的顺序，从来都是讲究先宾后主的。

先宾后主，这是上酒水时最基本的礼貌。在日常交往中，关于酒水的礼仪很多。当然，有些也不一定是礼仪问题。比如，经常会有女同志问我："吃饭的时候，我被人家灌酒怎么办？"它显然属于我们日常交往和生活中需要注意的个人教养问题。

什么是酒水？酒水是对我们日常交往中在正式场合所饮用的饮料的一种统称。它包括含有酒精的饮料，就是我们所说的酒；还有所谓的软饮料，即不含酒精的其他饮料，比如，水、果汁以及其他类型的饮料。在日常交往与工作中，我们遇到最多的饮料，大概主要就是以下几种：茶、咖啡和洋酒。以下，分别对其基本礼仪一一进行介绍。

首先，介绍茶的礼仪。中国是茶的故乡。中国人的日常饮料，自然是以茶为主。不管饮用可口可乐多么时尚，不管喝矿泉水多么时髦，对于中国人来讲，茶才是我们待客时的首选。中国人传统的待客礼俗，无非就是两句话："坐，请坐，请上座；茶，上茶，上好茶。"所以在日常交往中招待客人时提供茶，是必不可少的礼数。我们需要注意的问题，主要有以下几点：

第一，品种的区分。中国的茶，也分很多种。正像中国地大物博一样，不同地区的人对喝茶也有不同的讲究。比如，真正的老北京人比较喜欢喝花茶；江浙人喜欢喝绿茶；在我国的台湾省、福建省、广东省，那些地方的人却喜欢喝乌龙茶。乌龙茶实际上是一种半发酵的绿茶。人家为乌龙茶取了一个非常好听的名字——"绿叶红镶边"，因为它只发酵了一半。当你把乌龙茶泡开以后就会发现：中间那块是绿的，边上发酵过的部分则是红色的。此外，去过西藏、内蒙古、新疆的人，会发现那些地方的人喜欢喝压缩茶。比如，多数生活在牧区的人，喜欢喝砖茶。把砖茶与牛奶一起煮了，就是奶茶。如果你去过云南，你还会注意到当地的普洱茶也是很不错的。

我在这儿不厌其烦地讲茶的品种，有什么用意呢？您是否记得，此前我介绍过交际礼仪有一个基本原则：交际应当是以交往对象为中心；尊重对方，就要尊重对方的选择。所以在所谓的"茶，上茶，上好茶"之前，一定要特别明确：你所认定的好茶，是否也会获得他人的喜爱。

比如，我是江浙人。在我家乡那儿，讲究喝茶时喝的是碧螺春、黄山毛尖或者西湖龙井。可如果是北京人喝茶时，则往往会偏爱花茶。所以，要以茶招待朋友时，最好先这样问："王先生，我家有新鲜的明前茶、绿茶、碧螺春，另外还有北京的花茶，而且是张一元的茉莉花茶，都是好东西，你喜欢哪一种？"要给对方留下一个可供其有所选择的余地，千万不要跟对方说："你就喝这个吧。"那样做，只能暴露你在礼仪知识方面的欠缺。

第二，茶具的选择。中国人喝茶，是特别讲究的。例如，工夫茶、三炮台，等等，其程序、用具往往颇有讲究。很多地区喝茶都是非常讲究的，要闻，要捧，要嗅，要敬，要续。茶文化传到了日本，还发展成一种所谓的茶道，一种具有表演性质的饮茶方式。在家里自己喝茶或者接待客人的时候，倒不必特别讲究这个程序，但是一定要清楚泡茶的讲究。比如，使用瓷器、瓷杯、紫砂陶具泡的茶，口味就比较好。再好的茶，你用一个普通得不能再普通的玻璃杯或不锈钢杯子去泡，就会失去了很多的味道。

此外，从以茶接待客人的角度来看，有一条礼仪是要着重注意的，即招待客人的茶具一定要干净、整洁、完整无损。这是招待客人饮茶时的最基本的礼貌。在个别公共场合用于接待客人的杯子，不是裂了，就是杯子口上缺一个边，它一上来立刻就给人一种丑陋的感觉。

我记得有一次到一位朋友家去，那位朋友用来泡茶的是一个茶垢遍布、裂了缝的、肮脏不堪的杯子。这样一来，令我十分尴尬。他用那只杯子所泡的茶端给了你，不喝吧，不礼貌；喝吧，真的难以下咽。

　　透露一个我个人的生活习惯：我去公共场合或者到别人家里的时候，如果对方给我所泡的茶使用的是公用杯子，我宁可不喝；或者只喝用一次性纸杯泡的茶。我知道用纸杯泡的茶会失去它的原汁原味，但是我宁可选择它。我经常对接待部门或负责接待的同志说："如果接待的客人比较多，需要客人自助或者实在应接不暇的话，最好用一次性纸杯去泡袋包茶。虽然纸杯泡不出好茶来，但是用它来泡袋包茶有好处：一是可以节省费用，二是取茶的方法比较文明。取茶是一个很麻烦的过程。例如，去朋友家里，或者去开会，他拿着一只茶杯帮你泡茶的时候，他说给你泡杯好茶吧，你倒是乐意，可是有人具体的取茶过程太容易让人望而生畏了。

　　有一天，我去了一个朋友家里做客。朋友对我说："老金，知道你们南方人爱喝绿茶，我这儿有新鲜的黄山毛尖，2000元一斤，给你上一杯茶品一品吧？"
　　我听后特别高兴，当然答应了。他抱着一只茶叶罐子跑了出来。突然，一场恐怖的景象出现在我的眼前：他伸手一边抓着茶叶，一边问我："够了吗？"与此同时，他还用手蹭了一下鼻子，接着再去抓茶叶。又问："够了吗？"然后又蹭了一下鼻子，……
　　唉！这杯茶让人要也不是，不要也不是；喝也不是，不喝也不是。

第三，上茶的讲究。严格来讲，在正式场合里，上茶是有讲究的。例如，给正在开会的客人上茶，最标准的做法，是从其右后侧上茶。

假如我正在台上作报告，你从正面走过来给我上茶，我就容易因此分神，台下的听众也是如此。而且你给我上完茶后，我还要表示感谢，那样会影响我的思绪。所以比较规范的做法就是从我的右后侧上茶，因为一般人都是用右手端茶杯，从这个方向上茶是最适合的。届时应当注意的是，杯子的把手要朝外，有利于饮用者拿起杯子。想想我是用右手拿杯子的，而杯子把手朝内，我应该怎么拿？这些小细节都是很有讲究的。

上茶的顺序，也有其讲究，总结下来有这样几句话：先宾后主，先女后男，先尊后卑。如果是一男一女两个人饮茶，上茶时一般都是女士优先。在外面吃饭时，这一点也是最基本的规矩。

如果在家里接待客人的话，上茶的基本顺序是先给客人上，后给主人上。宾主双方不止一个人的时候，标准化顺序是先给客人一方上，排序则是以地位的高低为准；然后再给主人上，也是以地位的高低顺序为标准。总之，在正式场合里，上茶的顺序是非常讲究的。礼仪讲究排序，排序时不可不慎。

接着，我要讲的就是品茶。在比较重要的场合，例如，茶座、茶楼、茶室，或者一些少数民族聚居区，往往会有茶道表演。对交际较多者而言，学会品茶也是必不可少的礼仪。

其一，态度要谦恭。关于品茶，首先所要注意的就是神态要谦恭。人家给你上了茶，你要说一声"谢谢"。有些地方讲究回之以"扣指礼"，就是用手指在桌子上敲一下。据说"扣指礼"是乾隆皇帝那个年代传下来的一个典故，它现在在南方地区特别盛行。

据说乾隆在位时非常喜欢微服私访。有一次他来到了苏州，当地官员知道他在这里，却又不知道他具体在哪个地方。他们担心万岁爷出事，于是就派人去四处寻找，结果发现乾隆独自一个人在茶楼里喝茶。这些人上去之后，跟乾隆跪也不是，不跪也不是。一跪人家就知道这是皇帝，没准附近就有威胁乾隆人身安全的人，那可担待不起。但是又不能不向自己的当今圣上表示恭敬之意。乾隆也是一个很有意思的人，当那些人躬身向乾隆致意的时候，他很巧妙的用右手中指和食指曲一曲，在桌子上敲了两三下，意思就是看见你们行礼了，我也回礼了。此即"叩指礼"的出处。

这一约定俗成的动作，并不一定值得我们去模仿。但当人家为你服务的时候，答之以礼则是一种基本的教养。

其二，姿态要优雅。喝茶的时候，不能发出响声，千万不要喝得噗噗噗直响。另外，茶叶万一进入嘴里，如何拿出来也是有讲究的。茶具上有一个盖，可以拿盖子撇一下茶叶再去喝。但是万一茶叶进了嘴里，千万不要再吐回茶杯里面去。

其三，品茶要得法。当别人向你献茶之后，首先应该把杯子捧到鼻子边嗅一嗅，然后抿上一小口。要让茶的液体停留在口中，先用舌头浸一浸，然后再慢慢地咽下去。不管你能不能真正喝出它的意思，但在程序上一定要做得到位。有些人只会做牛饮状，咕咚一下，一杯茶就下去了。人家表演了半天的茶道，那一杯香茶你怎么样也要喝上三四口，要对对方意思一下。一饮而尽，那是解渴，完全没有品茶的意思。

其次，介绍咖啡的礼仪。在日常工作与生活里，喝咖啡已十分普遍。如果不懂得喝咖啡的技巧，便会遇到让人尴尬的事。有一天我和一个女孩在聊天，我问她："你注意了吗？欧洲影视片里，西方人点咖啡的时候，有身份的绅士和淑女经常会选择黑咖啡。"倒过来说，他不要白咖啡。白咖啡又叫法式咖啡，即法兰西咖啡。它实际上是一种加了牛奶的咖啡。大多数人在外人面前都不会选择白咖啡，而往往只选择黑咖啡，这里面是有讲究的。

在欧洲人眼里，喝黑咖啡是有身份的象征。为什么呢？因为过去的时候，黑咖啡是在人们吃完正餐之后喝的。我们曾经讲授过西餐礼仪。一次正规的西餐，会有很多约定俗成的食用程序。先吃开胃菜，接着喝汤，然后吃鱼，接着吃肉，接着要吃布丁和冰激凌，还有水果，最后是享用点心。这样一个大全套的西餐吃下来，人们往往会感觉很腻，所以再让他喝加了牛奶的白咖啡，是根本咽不下去的。在这个时候喝一杯黑咖啡，就类似我们中国人吃了油腻的东西之后惯于喝杯酽茶去腻。只有天天吃大鱼大肉的人才会经常喝黑咖啡，因此它就成了有身份的象征。久而久之，欧洲人在应酬外人的时候点黑咖啡，就成了有身份的一种标志。

饮咖啡时，其具体品种颇有讲究。对咖啡的品种，需要了解的相关知识大体上有如下这么几点：

第一，强调上现磨现煮的咖啡。有条件的话，待客的咖啡应当是现磨现煮的。当然，很多中国人是没有这种讲究的。我们没这个能力来以此招待客人，另外也煮不出它的那种醇香的味道。在一般情况下，可以用速溶咖啡来招待客人。但是不要刻意强调它是速溶咖啡，因为它属于快餐类饮品，以之待客，就跟没有能力招待对方吃饭的时候请他吃方便面一样。

第二，关注咖啡豆的具体选择。不同产地，会出产各自不同的咖啡豆。要记住一些知名的咖啡，比如，蓝山咖啡、爪哇咖啡、巴西咖啡、哥伦比亚咖啡。有喝高档咖啡经验的人都知道，牙买加的蓝山咖啡是非常有名的。当人家告诉你："老王，这杯咖啡是蓝山咖啡。"切记要夸奖他的咖啡，因为一杯蓝山咖啡要好几百块钱，物以稀为贵。蓝山咖啡的确比较醇香，它跟一般的咖啡不可同日而语，所以煮咖啡不但要磨、要煮，而且咖啡豆的具体选择也是很讲究的。

第三，如何往咖啡里添加东西。讲到此处，普通人的经验往往就是加伴侣或牛奶，其实它还有很多加法。例如，所谓的皇室咖啡，实际上就是加入了白兰地酒的咖啡。

据说19世纪初拿破仑大帝率法军征伐俄罗斯的时候，天气非常寒冷，拿破仑和他的士兵都在挨冻。于是他想了一个办法：既然喝咖啡不能够御寒，干脆就把白兰地酒加进去。具体做法是：装上一勺白兰地酒，在泡好的咖啡上面点燃后任其挥发，使白兰地酒的香气跟咖

啡的香气混合在一起。这就是所谓的皇室咖啡。

在咖啡里，还有加入威士忌酒的，加入奶油的，甚至还有加入茶的。它们之间有着不同的讲究，比如，在日常交往中，我们出入高档社交场所的时候，往往能碰到一种所谓的高压蒸汽浓缩咖啡——意大利式咖啡。它实际上是采用一种特殊的器皿把咖啡浓缩了。它的专用杯子非常小，比成人的拇指稍大一些，可以称得上是咖啡中的精华。它可以不加牛奶，也可以加牛奶。前者即所谓浓缩的黑咖啡，后者即所谓浓缩的白咖啡。喝这种意式咖啡，通常一杯就足够了。

喝咖啡，实际上是我们社交场合的一种点缀。喝咖啡主要以提神、点缀为主，并不能为我们带来解渴的满足。所以在喝咖啡的时候千万要注意，不能连续不断、一杯又一杯地喝。虽然也有冰咖啡，但是绝大多数咖啡都是热的，甚至烫的，所以你就必须慢慢地喝。

如果在比较重要的场合喝咖啡，还要注意喝咖啡的具体程序问题。一般全套上来的咖啡，是一个碟子、一个杯子，一个勺子，还有糖、牛奶等等。那把勺子是不用的，它只是放在托盘上面的一个点缀，千万不要让勺子躺在杯子上面，更不能让它立在杯子里面，这在很多国家都是忌讳的。切记不要乱用勺子。喝咖啡时，勺子顶多有两个作用：其一，加了牛奶、糖块之后，略加搅拌。其二，咖啡比较烫，可以稍微搅一搅。

在国外，有一种社交活动的具体形式叫做咖啡会。它是一种家庭式聚会，家人、朋友之间那时会一块儿在庭院里面自由地走动、自由组合、自由交际。这个时候，咖啡杯要怎么拿呢？一般情况下，标准的拿法应该是用左手拿着碟子，然后杯子放在它的上面。千万不要像拿了一把茶壶似的用手拎着，像老人家遛鸟一样，一手拿着笼子，一手拎着茶壶。这样的动作在非正式场合是没有关系的，但是在正规场合，用手捂着咖啡杯是非常不合适的一种做法。

那么喝咖啡的时候又要注意怎样的礼仪呢？如果是坐在桌边喝咖啡，碟子在桌上放着，拿起咖啡杯直接喝就可以了。如果是坐在桌边喝咖啡，还把碟子连杯子一起端起来，会有装腔作势之嫌。但是如果是在外面走动，比如，你在露天花园里走走，或者站着和别人谈话，这个时候标准化的做法是：首先连杯子带碟子一块儿拿起来，然后把碟子端到齐胸高度，左手拿着碟子，右手把杯子拿起来喝。把碟子端到齐胸的高度，可以使流出来的咖啡正好流到碟子里，而不至于弄得自己满身都是。

最后，介绍洋酒的礼仪。洋酒作为舶来品，流传到我国也就一两百年的历史。由于各种原因，很多人对此还不太熟悉。比如，洋酒有一个最重要的讲究，就在餐桌上吃喝而论，洋酒跟菜肴之间是有其固定搭配的。吃西餐，吃不同的菜肴时，喝的洋酒往往应有所不同。最基本的规则是：吃红肉喝红酒，吃白肉喝白酒。此处所谓的白酒和红酒，指的就是干白和干红。如果你对洋酒有所了解的话，你就会知道餐桌上酒菜的具体搭配有好几种。不像我们中国人吃饭喝酒的时候，往往只是一种酒。朋友相聚，一箱啤酒往那儿一放，直到把你喝倒为止。而西方人是比较讲究的，他们吃一道菜往往换一种酒，酒和菜都有着不同的特定的搭配。

下面，把一些约定俗成的规则再具体介绍一下：

第一规则：先喝白酒，后喝红酒。这是基本的搭配。我这里所讲的红酒和白酒都是葡萄酒。

第二个规则：先喝浅色的酒，后喝深色的酒。西方人餐桌上喝的酒基本上都是葡萄酒。比如，香槟酒就是一种发泡葡萄酒，经过特殊的工艺让它发泡。白兰地酒也是一种葡萄酒，是蒸馏葡萄酒。一般而言，外国人在餐桌上所喝的酒都是葡萄酒，中国人爱喝的啤酒在他们眼里只能算是一种饮料，是不能上桌的。葡萄酒除了红和白之外，还有一种介乎二者之间的颜色——玫瑰红，国内有人叫它桃红。相对红葡萄酒来说，它的颜色比较浅。喝洋酒要讲究搭配，通常要先喝白的，后喝红的。此即第二个规则，即先喝颜色浅的，后喝颜色深的。

　　第三个规则：先喝年份近的酒，再喝年份远的酒。洋酒是讲究其储藏年份的。相对来说，存放的年份越长酒就越名贵，味道就越醇厚。所以如果在餐桌上有好几种葡萄酒的话，一定要先喝年份近的酒，后喝年份远的酒。这是为什么呢？因为年份远的酒很名贵，是要用来压轴的。

　　第四个规则：先喝味儿淡的酒，后喝味儿浓的酒。像白兰地、威士忌、金酒等一类味重的并且烈度比较大的酒，一般都是用于压轴的，是最后喝的，是用来化解油腻的。味道淡的酒，往往要先饮用。此外，如果酒的口味有甜有酸，那么就要先喝味儿酸的酒，后喝味儿甜的酒。甜酒一定要放在最后喝。道理很简单：因为甜酒很腻，一喝就饱，所以要把甜酒放在最后喝的。

　　进行社交活动时，欧美人喜欢到酒吧去喝酒。如果被外国人宴请，你会发现：工作餐、朋友会晤或聚餐，他们一般都是不喝酒的。不像中国人过得那么幸福，如果有空，每餐必喝。他们怕影响工作，影响社交，所以上班期间是不喝酒的。只有在欢迎宴会、告别宴会等一些社交场合才喝酒，还有就是休息时去酒吧里喝。那么在酒吧里应该选择什么酒呢？在酒吧里，人们比较喜欢喝威士忌和鸡尾酒。

威士忌是比较烈的。盛产威士忌的地方是英国，苏格兰威士忌非常有名。它可以加上苏打水或冰块喝，也可以净饮，但是它的酒精度比较高。威士忌酒的酒精含量是40度，这是非常厉害的度数。白兰地酒、威士忌酒，它们的酒精含量都是40度，都属于非常烈性的酒。

鸡尾酒的品种有很多。所谓的鸡尾酒就是用酒、果汁和其他饮料，包括不同酒类搭配在一起的一种混合性饮料。一般来讲，人们在酒吧或者是在各种宴会场合里比较适合喝鸡尾酒。饮用鸡尾酒时，有一个讲究需要注意：不同的鸡尾酒品种，适合不同的对象。它有一个身份的确认的问题。比如，有一种鸡尾酒叫做红粉佳人，它是适合女士们喝的一种鸡尾酒，因为它的味道比较淡。你问我："金教授，我一个大男人跟大家一块儿去泡酒吧，我也要一杯红粉佳人，那样不合适吧？"答案自不待言。还有一种名字比较女性化的鸡尾酒叫做血腥玛丽。血腥玛丽是一种酒精度比较高的鸡尾酒，虽然它有一个女性化的名字玛丽，但女士们一般是不喝这种酒的。它的酒精度比较高，要是一个年轻姑娘点这种酒，就如同我们看见一个淑女突然蓄起胡须一样，让人匪夷所思。

在餐桌上吃饭的时候，喝洋酒又有什么讲究呢？此类酒可称之为餐桌酒。餐桌酒通常可以划分为三大类型：餐前酒、佐餐酒、餐后酒。

所谓餐前酒，是指吃主菜之前所喝的酒，它是用来开胃的。这种酒的味儿比较清淡，或者以酸甜为主。西方人比较喜欢喝的餐前酒有鸡尾酒、香槟酒等。你要注意，香槟酒的杯子是有讲究的。在正式场合里，外国人会用不同的酒杯来装不同的酒，而我们的一些人往往就比较随意了，有时候拎着瓶子就喝或者拿着茶杯喝。

最常见的香槟杯，是郁金香形酒杯。它细长细长的，杯腿像是一根细长的管子，杯身则像郁金香花蕾一样。香槟酒杯标准的拿法，是用手指捏着杯腿。因为香槟酒最佳的饮用温度是四摄氏度左右，它事先需要冰镇。刚从冰桶里拿出来的香槟，瓶子一开，泡沫就会四处飞溅，有着喜庆的意味，而且泡沫飞迸，令人感觉会很好。它是因为冷冻过才有香醇的味道，用手握着杯身泡沫就会变少，喝起来也就口味不纯了。这种郁金香形酒杯，也可以装鸡尾酒。香槟酒的杯子还有另外一种：半球形酒杯。它适合在签字仪式、宴会上使用。在西方比较重要的场合里，用来干杯的酒只有香槟酒，这一点与我们是不同的，我们的一些人一般什么酒都可以干掉。外国人比较讲究程序，用来干杯的酒、祝贺的酒，只有香槟酒。此外，开业、剪彩、签字仪式、新船下水，这样一些表示祝贺的场合，他们都饮用香槟酒。

在吃肉或鱼这一类主菜的时候，所喝的酒就是佐餐酒。它一般都是白葡萄酒或红葡萄酒。在西餐宴会上，桌子上通常会放三个杯子。这三个杯子都摆在你右手的正前方，由外侧向内侧依次排列，那么这三个杯子有怎样的讲究呢？最外面是用来喝白葡萄酒的，中间的是喝红葡萄酒的，最里面的则是清水杯，杯子由外侧到里侧越来越大。白葡萄酒的酒杯最小，红葡萄的酒杯居中，水杯则最大。实际上，佐餐酒主要就是红、白这两种葡萄酒。白葡萄酒是配白肉喝的。所谓的白肉，是指鸡肉、鱼肉，是海鲜与禽类的肉。做熟之后，它们的颜色是白的，味道比较淡。白葡萄酒的味道也比较淡，所以它们搭配起来比较爽口。

需要注意的是：白葡萄酒的最佳饮用温度在十三摄氏度左右，一般应在十度到十五度之间。如何达到这个温度呢？标准化做法，就是往准备喝的白葡萄酒里加冰块儿。白葡萄酒杯与红葡萄酒杯的容量差不多,白葡萄酒杯稍小一点。但一定要记住,它的标准化拿法是拿杯腿,用手握住加了冰块儿的杯身,等于白费工夫。

　　红肉主要是指羊肉、牛肉、猪肉,它们的味道比较浓厚,带有腥臊味,适合于红烧或者烧烤。所以吃红肉时,就要配味道比较重的红葡萄酒。红葡萄酒的标准饮用温度是十八摄氏度左右。因此,喝红葡萄酒的标准做法,就是什么也不加。用我的话来讲,向红酒里面加雪碧比较傻,加柠檬尤其傻,加冰块儿特别傻,全加就是大傻,特傻!红葡萄酒的温度本身就在十八摄氏度左右,红酒杯的标准化拿法是拿杯身,而不是拿杯腿。

　　主菜吃完了,需要化解油腻。此刻喝红茶也行,喝黑咖啡也行,当然也可以喝酒。此时所饮用的酒,即餐后酒。餐后酒是指白兰地和威士忌。外国人有个习惯,吃完了主菜,主人会致欢迎辞或告别辞,致辞的时候会宾主彼此干杯,那么这个时候喝香槟酒也是可以的。有的时候,还会喝一些甜酒,像雪莉酒、金酒之类。前面已经提到过,一定要坚持先喝淡的,后喝浓的;先喝酸的,后喝甜的。在许多重要场合，我们所见到的餐后酒之中最重要的就是白兰地酒。白兰地酒是盛宴的压轴戏，通常好货都是最后出来的，所以它是最经典的餐后酒。

在白兰地酒上来的时候，主人会向你隆重地推荐它。在正规的场合，最好的酒，第一杯酒是先要给主人喝的，俗称试酒。为什么主人要首先试酒呢？它表面是要验明此酒的正身，其实是告诉客人可以放心大胆地喝，它没有毒。古代两国结盟时担心敌人下药，所以饮酒时一定要主人试酒。它其实也是一种程序。

白兰地酒的最佳饮用温度是二十摄氏度左右。白兰地酒杯是大肚子、小口、矮腿杯。其标准化拿法是：用中指和无名指夹住杯腿，让整个酒杯坐在手掌之上，用手掌托着杯身。喝白兰地酒的程序有三：其一，是观其色。先托起来看着酒杯，据说像 XO 这种高档次的酒都是清澈透明的，透过薄薄的酒杯，手指掌纹可以看得非常清楚。其二，闻其香。要把酒杯移到鼻子附近嗅一嗅，因为是好酒，所以要给主人捧场。为什么要有这个程序呢？因为一般的酒，在瓶子里时的温度大概也就是十七八摄氏度，但是白兰地酒杯杯身比较大，杯底也比较薄，在掌心托上它几分钟，实际上是通过手掌心给杯里的酒加温。这是其中的一个奥妙之处：表面上是在品酒、观酒，实际上是在给酒加温。这样一来，它喝到嘴里的味道就更香醇了。其三，小口慢品。饮用任何一种洋酒，尤其是饮用白兰地时，最忌讳狼吞虎咽，一饮而尽。一定要将它一小口、一小口地慢品细尝。

不管喝中国的酒，还是喝洋酒，我主张都要注意以下两个问题：

第一，一定要量力而行。有的时候一醉方休是一种快乐。但有的时候，一醉方休也会影响工作，甚至伤害身体，并会给别人添麻烦，所以饮酒一定要量力而行。

第二，要充分尊重客人的选择。双方之间要互相照顾，不要随便强灌别人。如果人家说不能喝、不愿意喝、不想喝，那就千万不要勉强对方。有些人总爱说，喝不喝我敬你的酒是你对我的感情问题，什么"感情深一口闷，感情浅一点点"，这些做法都不符合现代社交的时尚。

美酒加咖啡，还有茶香缕缕，往往会令我们平淡而紧张的生活有滋有味。但是，除了它们，除了要有优雅的环境之外，我们的现场交际还应包括当事人的个人教养在内。它们都缺一不可。

后 记

在当代生活中，商务交往始终是人际交往中的主旋律之一。在形形色色的商务交往中，商务人员无一不重视"内强个人素质，外塑企业形象"。因此，作为最有效的商务沟通技巧的商务礼仪，正在越来越受到国人的关注。

二十多年前，我即致力于商务外交尤其商务礼仪的研究。随着我国社会主义市场经济建设的进一步发展，改革开放的进一步加速，我个人最直观的感受是：广大中国人民正在越来越重视商务礼仪，越来越讲究商务礼仪。

几年前，我应山东教育电视台的邀请，录制了共计22集的系列电视教学片《商务礼仪》，并先后在国内几十家省市电视台播放。后经重新制作，再一轮地在多家电视台播放。直至今日，它仍被不断地播放，并成为许多公司、企业培训员工所常用的商务礼仪教材。

现在呈现在读者面前的这部谈话体礼仪新作《商务礼仪》，主要依据上述电视礼仪谈话节目整理、编改而成。为了便于阅读，并令读者获得较为系统的商务礼仪知识，我将全书从总体上划分为"商务着装"、"商务用语"、"商务往来"、"商务仪式"、"商务用餐"等五大板块。它们既相对独立，又互相关联。

在写作本书之际，语言的通俗性、案例的针对性、规范的系统性、规则的时效性以及视野的国际性,始终都是我所努力的方向。尽管如此，因作者个人水准与文体所限制，本书依旧难免存在着不少错误与不足之处。在此，我认真地恳请广大读者与专家指正与见谅，并愿意今后寻找适当的机会对其予以进一步的完善。

作　者

图书在版编目（CIP）数据

商务礼仪 / 金正昆著 .—北京：北京联合出版公司，2013.2（2025.4 重印）
（礼仪金说）
ISBN 978-7-5502-1380-7

I.①商… II.①金… III.①商务—礼仪 IV.① F718

中国版本图书馆 CIP 数据核字 (2013) 第 030780 号

商务礼仪

作　　者：金正昆
出 品 人：赵红仕
责任编辑：崔保华
封面设计：先锋设计

北京联合出版公司出版
（北京市西城区德外大街83号楼9层 100088）
北京新华先锋出版科技有限公司发行
北京雁林吉兆印刷有限公司印刷　新华书店经销
字数259千字　787毫米×1092毫米　1/16　23印张
2013年3月第1版　2025年4月第16次印刷
ISBN 978-7-5502-1380-7
定价：59.00元